城市文化传播

Urban Culture Communication

第1辑

杜剑峰　李彦冰　主编

知识产权出版社
全国百佳图书出版单位
—北京—

图书在版编目（CIP）数据

城市文化传播．第 1 辑 / 杜剑峰，李彦冰主编．—北京：知识产权出版社，2022.4
ISBN 978-7-5130-8088-0

Ⅰ．①城… Ⅱ．①杜… ②李… Ⅲ．①城市文化—文化传播—中国—文集
Ⅳ．① C912.81-53

中国版本图书馆 CIP 数据核字（2022）第 039662 号

责任编辑：王颖超 **责任校对：**王 岩
封面设计：北京麦莫瑞文化传播有限公司 **责任印制：**刘译文

城市文化传播 第 1 辑

杜剑峰 李彦冰 主编

出版发行：知识产权出版社有限责任公司 **网 址：**http：//www.ipph.cn
社 址：北京市海淀区气象路 50 号院 **邮 编：**100081
责编电话：010-82000860 转 8655 **责编邮箱：**wangyingchao@cnipr.com
发行电话：010-82000860 转 8101/8102 **发行传真：**010-82000893/82005070/82000270
印 刷：北京九州迅驰传媒文化有限公司 **经 销：**新华书店、各大网上书店及相关专业书店
开 本：720mm × 1000mm 1/16 **印 张：**19.75
版 次：2022 年 4 月第 1 版 **印 次：**2022 年 4 月第 1 次印刷
字 数：284 千字 **定 价：**98.00 元
ISBN 978-7-5130-8088-0

编委会

序

一

“人间四月芳菲尽，山寺桃花始盛开。长恨春归无觅处，不知转入此中来。”时光已届孟夏，大地春归，芳菲落尽。然而，春暖花开、姹紫嫣红的春光刚刚惊艳闪过，便定格在无以计数的镜头之下，定格在人们永恒的记忆里。玉兰花最先听到春天的脚步，是报春的使者。颐和园乐寿堂前的紫玉兰和白玉兰，是园内最古老的两棵玉兰树，是清乾隆皇帝在修建清漪园时种植的，距今已200多年。西山大觉寺南配院四宜堂院内的白玉兰树也是国内闻名的，是京城现存最为古老的一株玉兰树。这棵古玉兰是北京“古玉兰之最”，也是寺内八绝之一，即所谓的“古寺兰香”。相传是清代迦陵禅师亲手种植，树龄已近300年。与大觉寺相比，潭柘寺的玉兰树不仅数量多，而且枝繁花茂。京西千年古寺潭柘寺是北京地区历史最久远的寺庙，民间有“先有潭柘寺，后建燕京城”一说。寺内有着抢眼的明代双色“二乔玉兰”，原名“朱砂玉兰”。“二乔”是指人们熟悉的三国时期东吴乔公的两个貌美如花的女儿大乔和小乔。因为“朱砂玉兰”的花朵呈下紫上白两种颜色，如同两位风格迥异的倾城美人摇曳生姿，故而得名“二乔玉兰”。每年四月，络绎不绝的游客从四面八方赶来，在寺内一睹其芳容。

除了玉兰花，北京春天观赏丁香花也有几多去处。丁香因其独特的芳香、繁茂的花朵、优雅而和谐的色调、丰满而秀丽的姿态，深得人们青睐。别看丁香不显山不露水，可是它的叶子很像菩提树的叶子。相传佛祖释迦牟尼在菩提树下静坐七天七夜后大彻大悟，菩提树也就被视为圣树，而与之相似的丁香虽不能书写经文、描画罗汉，但也沾了点圣树的光，染了些高贵的气质。北京最古老的名刹法源寺内的前庭后院都种植丁香，不但数量繁多、千百成林，而且品种、花色各异，法源寺的丁香不但有通常的四瓣丁香，还有五瓣、六瓣，甚至罕见的七瓣、九瓣丁香，到了丁香花季，简直成了香雪海。当年泰戈尔来北京正好赶上丁香盛开时节，徐志摩和林徽因还特意陪同泰戈尔前往法源寺观赏丁香花。门头沟千年古寺戒台寺的古丁香也是寺内十分珍贵的花木之一，树龄在 200 年以上的就有 20 余株，据说这些古丁香是当年乾隆皇帝初游戒台寺时，为了给古刹增辉，特命人从圆明园、畅春园中移植而来。这可不是一般的礼遇，即使在故宫的御花园也仅有两棵而已。戒台寺的古丁香数目之多，在京城实属罕见，堪称京城第一。寺庙中种植花木，通常首选丁香。因丁香花浓香，叶片为心形，有“心诚则灵”寓意。在西城区阜成门内鲁迅故居的小院有三棵高大的丁香树，两棵是白丁香，一棵是紫丁香。两棵白丁香为鲁迅先生亲手所植，现树上挂着铭牌，写着：“1925 年 4 月 5 日，鲁迅先生手植白丁香。”由此可知，这两棵白丁香已有 90 多年的历史。每逢春季，丁香花盛开，白花满树，如银似雪；紫花如霞，芳香袭人。此外，天坛公园的春天也不时溢出浓浓的丁香味道。从北门进入向西走，有一条北京最大的丁香大道，枝繁叶茂，香远益清，丁香花盛开，人们徜徉其间，流连忘返。

“四月花吹散，海棠花依旧。”文化学者崔岱远在所著《四合院活物记》中记述：“海棠花开的时候就是春意最浓的时候，翠绿的嫩叶拥裹着簇簇白里透粉的花，嵌着点点娇艳欲滴的蕾，明媚夺目，占尽春光。”[1]海棠花自古以来是雅俗共赏的名花，素有“花中神仙”“花贵妃”之称，老北京院子里种的海棠以西府海棠居多，这种海棠树姿挺拔，枝干竖着往上长，恰好体现出“莫如兄弟”的意境。北京最有名的观赏海棠花之地莫过于宋庆龄故居。宋庆龄故居位于西城区后海北沿，始建于清康熙年间，曾

[1] 崔岱远．四合院活物记［M］．北京：商务印书馆，2021：48.

经是大学士纳兰明珠的府邸花园，纳兰明珠之子纳兰性德曾在这里研读经史、著书作诗、朋友雅集。之后曾为和珅别院、成亲王永瑆王府花园、光绪皇帝的父亲醇亲王奕譞府邸花园、末代皇帝溥仪的父亲醇亲王载沣的摄政王府花园。宋庆龄先生自1963年4月乔迁于此，直到1981年5月29日逝世，她一直都在这里工作、学习和生活。宋庆龄故居的两株西府海棠树，位于故居院内东侧，这两株海棠树胸围2.5米，树高6米，冠幅9米，树龄近300年。春天花开时节，繁花胜雪，云蒸霞蔚，为京城一大胜景。此外，中山公园、陶然亭公园、北京植物园也都是赏海棠花的好去处。更有元大都遗址公园“海棠花溪”，花开如云、花落如雪。景区内种植了西府海棠、贴梗海棠、金星海棠、垂丝海棠等28个品种的海棠树，共5000余株，是北京城内品种最多、数量最大的海棠林。

此外，玉渊潭的樱花、植物园的桃花、圆明园的梅花、凤凰岭的杏花、庞各庄的梨花、景山公园的牡丹、北海公园的荷花、陶然亭公园的月季、中山公园的郁金香、房山长沟的油菜花、东方普罗旺斯庄园的薰衣草、十三陵总神道北入口附近的七孔桥花海、居庸关长城脚下的花海……都是北京春季赏花踏青的好去处，都是用艳丽的花枝和浓郁的色块装点北京明媚的春光。北京的春天短暂，稍纵即逝，唯其如此，人们似乎更加珍视和属意与春天的遇见。杨柳依依，桃花灼灼，花团锦簇，摇曳生姿，万紫千红总是春。

二

北京是个充满文化多样性的城市，从故宫、颐和园、皇家寺庙的古都文化到天安门、红楼、香山的红色文化；从胡同、四合院、大院的京味儿文化到中关村、环保园、鸟巢、国家大剧院的创新文化，林林总总，使北京不仅成为中国文化中心，而且成为世界文化重要的组成部分。

1. 城市文化保存城市记忆

自从有城市以来，城市就以文字、建筑、文化景观、公共艺术、历史事件、代表人物以及大街小巷等方式将不同时间段的文化串联起来，在时间层面的变迁与空间层面的变化共同构筑了城市的文化记忆。城市将城市文化发展的时间线索和空间变化都刻写在各种具体的表象上，透过这些表象，城市人可以感受到城市的文化气韵和历史脉络。没有它们，城市人无法形成对城市的认同。因此，城市是城市文化记忆的源头，离开城市自身在时间与空间层面的变化来谈城市文化记忆，那城市文化记忆只能是空洞的所指。

文化记忆是相关的人们依据当下的需求对过去赋予新的意义的过程，它强调回忆和回顾以当下重塑过去为目标，而非简单地再现过去。仅以文学为例，在关乎北京的文化记忆和都市想象中，文学承担了重要的角色。从明代“公安三袁”的旅京诗文、刘侗等的《帝京景物略》，一直到 20 世纪的《骆驼祥子》《老张的哲学》《春明外史》《啼笑因缘》《北京人》《茶馆》《龙须沟》《城南旧事》《四世同堂》等小说、戏剧，以及周作人、萧乾、林语堂、郁达夫、孙福熙、邓云乡、张中行、王世襄、汪曾祺、崔岱远等关于北京的散文、随笔，乃至 20 世纪 80 年代后重新崛起的京味儿文学，如《钟鼓楼》《那五》《烟壶》《我与地坛》《卷毛》以及之后的《全家福》《采桑子》《状元媒》等，关于北京的文学表达俯拾皆是。无论关乎北京的文学呈现出怎样丰富的特征，它都无法离开北京深厚的历史文化底蕴以及鲜明的城市文化风格。

2. 城市文化明确城市定位

每一座城市从最初形成之时就会呈现出其自身的功能特征，但是在城市化加速发展的进程中，明确每座城市的文化定位是每个城市发展的首要任务。北京是世界著名古都，有着 3000 多年建城史、860 多年建都史，丰富的历史文化是北京城市的一张金名片，是中华文明源远流长的伟大见证。新中国成立以来，文化中心一直是北京重要的首都功能。城市中一处处古代遗迹和现代遗址、一座座传统建筑与皇家园林、一片片历史街区与传统民居，纵向地记忆着城市的史脉与传承，横向地展示着城市宽广深厚的阅历，并在这纵横之间交织出每个城市独有的个性。党的十八大以来，北京按照“四个中心”城市战略定位，确定全国文化中心建设“一核一城三带两区”的总体框架，大力传承发展源远流长的古都文化、丰富厚重的红色文化、特色鲜明的京味儿文化、蓬勃兴起的创新文化，着力做好首都文化这篇大文章，发挥首都全国文化中心示范作用。

3. 城市文化决定城市品质

人们对于一座城市的认知，往往都是从这座城市独具特色的地方文化开始的。比如，说到苏州，人们会想到园林文化；说到宜兴，会想到紫砂文化；说到绍兴，会想到乡贤文化；说到景德镇，会想到陶瓷文化；说到重庆，会想到麻辣鲜香的火锅文化；说到广州，会想到精致优雅的早茶文化；说到首都北京，会想到深藏于胡同四合院里的京味儿文化。城市的地方特色越鲜明、越神秘，越能增强城市的文化品质，用文化厚度可以浸润城市品质。事实上，每一个城市都具有自身独特的文化气质，并体现在城市文化的方方面面。因为城市作为人类生活的节点，集中展现了人类文明在不同领域的诸多成就，包括宗教、艺术、建筑、法律和制度等。这些成就的取得自然离不开城市的作用，因为在城市中存在着各色各样的人群和方方面面的社会力量，在相互碰撞、相互交融的基础上激活了各种创新要素，给人类的生活带来了众多变革。

4. 城市文化塑造城市精神

正如一个社会总会有其核心价值观一样，一座城市也会有自己独特的灵魂和气质，也会有自己的精神。城市作为人类的聚集地，留下了许多由人创造的共同痕迹。在这些痕迹中也承载着许许多多人类共同的精神。然而，作为有着不同历史境遇的聚集地，不同的城市必定有自己的特点，形成不同的精神特质。城市的精神特质，是由它的历史和现实地位决定的。[1]作为拥有深厚文化传统和悠久社会历史的北京，形成了自己独具特色的文化传统、生活形态以及城市精神。

---

[1] 刘陈德，魏晔玲：北京精神属不属于北京——对北京精神历史站位的思考［J］. 前线，2011（12）：11.

三

1. 城市文化符号传播

文化是一个城市资源的华服，是城市几千年来由地域、气候、环境、历史、人文等因素共同作用形成的独特个性。如今，已有越来越多的人认识到城市文化的重要性和影响力。从符号学的角度看，城市文化就是由一系列颇具象征意味的符号组成的表意系统。城市文化是无形的，城市文化符号则是浓缩了城市文化精髓的一个个符号。粉墙黛瓦的江南民居，自成天地的北京四合院，中西合璧的上海石库门，依江而建的重庆吊脚楼，遮风避雨的广东骑楼，冬暖夏凉的陕北窑洞……这些彰显着城市文化特色的经典建筑，就是一个个文化符号，无不融合了浓郁的环境气候、地域特色和地方文化。新时代城市要科学发展，必须立足于自己的城市文化特色，开发自己特有的文化符号。无论是城市精神符号，还是市民精神符号；无论是文化遗产符号，还是人文景观符号；无论是视觉的符号，还是听觉的符号；无论是经济的符号，还是社会的符号；无论是历史的符号，还是文化的符号，都要准确地开发和建构，从而实现有效的符号传播。

2. 城市文化艺术传播

北京是一座拥有丰富而绵长的历史遗存和文化记忆的城市，在诸多艺术形式关乎北京的创作中，北京早已不再是空间地理意义上的城市，而是历史与艺术想象混合的产物。在众多书写城市的作品中，作为一种强有力的艺术传播方式和手段，北京文学、北京影像、京味儿戏剧、京味儿电视剧等具有独特的艺术地位和文化意义。京味儿话剧《茶馆》《龙须沟》《什刹海》《全家福》《四世同堂》《万家灯火》《小井胡同》《天下第一楼》等，它们都在书写京城的世俗生活和社会变迁，以其京味儿生活、京味儿人物、京味儿语言构成了作品中的“京味儿”特征；北京曲剧《烟壶》《茶馆》《啼笑因缘》《骆驼祥子》《正红旗下》等，作为北京的地方戏，更是展现了地道的京味儿文化；京味儿电视剧家族则是门庭若市、济济一堂，《四世同堂》(1985)、《钟鼓楼》(1986)、《那五》(1988)、《渴望》(1990)、

《皇城根儿》(1992)、《天桥梦》(1994)、《小井胡同》(1996)、《琉璃厂传奇》(1998)、《人虫儿》(1998)、《梦开始的地方》(1999)、《一年又一年》(1999)、《大宅门》(2000)、《空镜子》(2002)、《我这一辈子》(2002)、《人生几度秋凉》(2003)、《前门楼子九丈九》(2004)、《五月槐花香》(2004)、《百年老店的故事》(2007)、《尘世笑谈》(2007)、《百年荣宝斋》(2008)、《最后的王爷》(2008)、《龙须沟》(2009)、《狼烟北平》(2009)、《鸽子哨》(2009)、《茶馆》(2010)、《全家福》(2013)、《正阳门下》(2013)、《情满四合院》(2015)、《正阳门下小女人》(2017)、《芝麻胡同》(2019)、《新世界》(2020)、《东四牌楼东》(2020)、《鬓边不是海棠红》(2020)等，剧中的四合院、北京人、北京话、北京腔、北京调，早已跨越了地域限制，嵌入国民的共同记忆，人们在这一部又一部的作品中，一遍又一遍的观赏中反复体验那曾经的岁月和不灭的记忆。作为国产剧中的一个独具特色的类型，京味儿电视剧在对老北京地理风貌、风土人情和存在状态的观照中，展现了自己独特的审美特征。观众可以充分体验老北京文化，既可以看到古都景象、市井风光，品味京畿地区的民风民俗、乡土人情；又可以聆听京腔京调、京韵京声，领略“大宅院文化”与“小胡同文化”。北京城市文化也由此通过影视剧的生产、话剧的展演、文学的书写、建筑的凝固、音乐的流淌、绘画的泼洒等艺术传播方式获得有效的发掘与传播。

3. 城市文化媒体传播

任何一种文化符号的传播都需要借助传播媒介，北京文化也不例外。互联网技术、4G 移动通信技术等高新技术的日趋普及，催生了大量数字杂志、数字报纸、数字广播、数字电视、数字电影、触摸媒体等新兴媒体，颠覆了传统传播模式。在数字化、信息化时代，北京建设“文化传播之都”要充分利用网络、移动媒介等现代传播手段，依托微信、微博、短信、移动传媒、电视广播等现代传播平台，发挥现代传播技术传播速度快、无地域限制、受众面广的优势，建设双向互动、覆盖面广、层次丰富的文化传播体系。同时，构建国际文化交流网络平台，向全世界传播中华文化，搭建国际文化交流的桥梁，进一步提高北京的文化传播力。

4. 城市文化系统传播

对于一座城市历史文化的传播来说，仅仅依靠媒体是不能胜任的，尽管启用的是“融媒体”的方略，仍须充分综合利用社会化的多种渠道进行有效传播，包括媒体、政党、社会组织（非政府组织）、家庭等，这样才能跳出单纯的媒介中心主义的视野。将历史文化既做传播内容又当传播方式，从而使传播的主体、传播的过程、传播的环节、传播的媒介更加多样化、全方位、立体化，这样才能取得更好的传播效果。在充分利用现代网络传播手段的同时，还要充分利用传统人际传播、群体传播手段。首先，要发挥基础教育在文化传播中的作用。其次，文化传播还可以通过家庭文化建设进行。最后，可以鼓励和支持各类群众团体开展形式多样的文化活动，及时报道群众团体开展文化活动的新进展、新典型、新风貌，鼓励大家加入这种自发团体共同传播正能量，展现北京作为首善之地的精神风貌。

北京联合大学新闻与传播学科 2018 年获批专业硕士点，2019 年开始招收新闻与传播硕士研究生。基于国家文化发展战略的确立、京津冀协同发展国家战略的实施、首都北京城市功能的调整和北京联合大学城市型、应用型大学的办学定位，以及我校新闻与传播学科的特质和优势，本学科立足首都北京，聚焦城市文化传播，服务首都北京全国文化中心建设，努力践行大学人才培养、科学研究、社会服务和文化传承的使命，产出骄人的成果。在相继出版《城市文化传播策论》（2017）、《城市文化传播新论》（2019）的基础上，从 2021 年始每年结集出版一册有关城市文化传播相关研究论文集，使该领域的研究持续产出新的思想火花、新的研究成果，《城市文化传播（第 1 辑）》就是新的开始。

是为序。

杜剑峰　李彦冰

2021 年 5 月

目　录

城市文化媒体传播

城市文化影像传播

城市文化艺术传播

城市文化品牌传播

城市文化系统传播

城市与地方文化传播

城市文化媒体传播

融媒体视域下文化遗产的传播路径创新

——以故宫博物院为例

王春美*

摘　要　文化遗产的保护与传承离不开传播，在新的时代环境下，要综合运用多种方式展示传统文化魅力。本研究以故宫博物院为例，通过对其网络平台搭建、主流媒体呈现、文创产品营销、前沿技术应用、线上线下联动等几个方面的研究，观察新媒体时代文化遗产的传播路径创新。研究认为，文化遗产应融于大众生活，适应网络环境，尝试新的传播平台、传播手法，并将传统文化与现代技术相结合，以新颖时尚的话语和产品去赢得当代受众的喜爱，缩短历史文化与现实语境的距离，从而扩大文化遗产的影响力，进而促使人们自发地去保护、传承与发扬优秀传统文化。

关键词　融媒体　文化遗产　传播创新　故宫博物院

传播水平的高低，关系着文化遗产的生命力和影响力在多大程度上得以发挥。当下，做好文化遗产的传承与保护工作，物质基础和技术手段已不再是难以克服的困难，尤为重要的是社会大众，尤其是年轻群体对文化

* 王春美，女，广告学博士，北京联合大学应用文理学院副教授，主要研究方向为媒体经营与管理、视听广播、广告营销等。

遗产的认知、接纳以及参与程度。关注社会大众文化需求的风向，创新文化遗产的传播形式，将之与流行元素和新技术相嫁接，成为当下弘扬和传播传统文化的一个重要突破口。作为享誉世界的文化遗产，故宫拥有众多的皇宫建筑和馆藏文物，是中国博大精深传统文化的典型代表。近年来，故宫博物院通过融通媒体资源，创新表达形式，使跨越时空流传至今的文化遗产财富，在新的时代焕发生机与活力，被社会大众认知、需要和喜爱，并自发自觉地进行传播，成为文化遗产创新传播的范例。本研究使用归纳研究法，通过对近年来故宫博物院传播过程与方法的观察，总结其传播逻辑与路径创新，为其他博物馆及文化遗产保护和传播工作提供可供借鉴的策略建议。

一、从陈列到上网，创建自有传播平台

加强文化遗产的传播，对提升全社会的文化自觉，增强文化自信具有重要意义。传播的实现有赖于平台的搭建，缺乏基于自身文化资源的平台，难以实现针对性的传播。进入21世纪以来，故宫博物院通过“自建”与“借力”两种方式，积极搭建互联网平台，从建设官方网站到开发自有客户端、运营社交媒体，借助主流媒体、文创产品等使文化资源从传统的陈列展览走向全面的网上呈现，传播力、影响力有了显著提升。

1. 开设官方网站，在线呈现文物资源

网站不仅是故宫对外展示文物资源的窗口，也是为社会大众提供服务的重要平台。早在2001年，故宫博物院就开通了网站，早期网站以简要的信息介绍为主，随着文物数字化建设的推进，网站成为故宫对外展示文物资源的重要平台。故宫推出三大主体网站，即中文官方网站、青少年网站和英文网站，针对不同受众的特点进行设计，形成信息协同，向社会公众展示立体、全面的故宫。近年来，故宫博物院加大网站建设力度，利用最新技术，吸纳新鲜元素，在网站架构、信息展示、视觉设计等方面不断改进，成为特色鲜明的高水平博物馆网站。网站的建设为文物资源的数

字化建设提供了展示和传播窗口，经过多年的拍摄整理，“故宫数字文物库”于2019年7月在官方网站正式推出，涵盖26个大类、186万多件文物的基础信息，用户可以全面检索故宫藏品信息。同时上线的“数字多宝阁”“故宫名画记”项目，利用高精度三维数据、超高清影像展示珍贵文物和藏画的细节；“全景故宫”则可顺畅浏览故宫所有开放区域的场景和介绍。与此同时，故宫博物院通过持续的网站改版，强化服务功能，为参观者、传统文化爱好者、历史文化和博物馆专业人员提供不同层面的专业服务，如全面直观的导航功能、简单便捷的购票功能、细致提供的信息查询等。此外，网站还为移动互联网时代故宫博物院的展览活动、新媒体产品、文化创意产品等进行推介，网站上有详细的相关介绍和产品链接。网站的创建为文物资源的整合提供了可能，使文化遗产可视、可感受、可揣摩、可研究，成为人们了解故宫博物院、了解传统文化的重要渠道。

2. 运营社交媒体，以互动带动传播

在急剧变化的传播环境里，文化遗产要想融入当代社会、现代生活，必须以人们喜闻乐见、具有广泛参与性的方式推广开来。以微信、微博为代表的社交媒体具有受众规模大、互动性强的特点，通过社交媒体的专业化运营，能够与社会大众展开深度互动，让文化遗产在双向的信息流动中得到二次及多次传播。2010年3月，故宫博物院开通了新浪微博账号，通过设置话题标签，以互动带动传播，对文化典藏、历史知识、故宫品牌起到了良好的推广作用。从“物、景、人、活动、时令”等角度切入，故宫博物院通过颇具特色的话题设置和话语表达方式，引导用户参与互动，搜索相关信息，进而主动分享到圈层。以2019年8月为例，其发起的话题标签包括“让我们一起来读日历”“爱上这座城”“观鱼知乐”“紫禁雅集”等十余个类别，既涵括主题展览、藏品信息、人文知识，也包括轻松有趣的评议类或抒情类文字，其中“一场紫禁城的初雪，让这座城跟你一起白了头”这条微博的点赞数突破5万个，转发数近3万条，评论数近6000条。2014年元旦，故宫博物院官方微信公众号“微故宫”上线，使用具有故宫特色的微语言，组织微话题，推出微展览，为观众参观欣赏古代建筑、文物藏品、特色展览等提供全面、立体、便捷的服务，既方便了观众参观，又传播了故宫文化和文物保护理念。此外，故宫博物院旗下相关机构在社交平台还开设了其他多个账号，每个账号立足自身特色文化资源，从不同角度共同创建传统文化在社交媒体中的传播景观，使故宫的“朋友圈”不断扩大。

3. 开发系列客户端，分类推广传统文化

随着移动互联网的发展，受众以不可逆转的趋势流向移动终端。顺应受众流动趋势，故宫博物院于2012年开始尝试探索基于移动设备的观众服务及藏品介绍应用程序。故宫博物院共研发十余款客户端，以绘画藏品、祥瑞鸟兽、历史故事、皇宫服饰、展览活动等为基础，面向不同的受众人群，以不同的文化元素切入，使用连环画、全景虚拟、拼图解谜、互动体验等方式，生动展现故宫文化。其中既有以某一藏品或某类文化为主体的产品，如“胤禛美人图”“韩熙载夜宴图”“清代皇帝服饰”；也有以时间为轴解读历史故事或藏品工艺的产品，如“每日故宫”“皇帝的一天”。2020年是紫禁城建成600周年，故宫博物院策划了系列传播活动，其中“紫禁城600”是故宫第一款以建筑为主题的客户端，用户可以通过答题闯关探索建筑知识和其背后故事，感受中华建筑文化的博大精深。

二、借助主流媒介，讲述文物故事

文化遗产只有得到广泛的传播，才会提升全社会共同参与、关注和保护的意识。利用大众传媒打开文化遗产的传播局面，既是文化遗产保护的重要目的，也是其重要内容，更是必不可少的工具。在很长一段时间，同众多的博物馆一样，故宫博物院一直埋头于文物的保护、修复和整理，与媒体并无太多交集，缺乏与大众媒体的连接，受众对故宫的广泛认知也难以实现。近年来，故宫博物院加强与主流媒体的联系，定期召开新闻发布会，公布最新动态，并通过参加电视节目、拍摄纪录片、推出影视剧、加大书刊出版等方式，挖掘传统文化精髓，扩大社会传播。

最近几年，故宫博物院工作人员以不同的方式接受报纸、电视、广播等主流媒体采访，出现在各种论坛、讲座和年会上，以开门、开放、包容的心态加强与社会的交流，其中最有代表性的是参加中央以及地方媒体的主流电视节目，如《国家宝藏》《朗读者》《面对面》《鲁豫有约》《杨澜访谈录》等，把深厚的历史底蕴与文化积淀，通过生动讲述为观众架起一座沟通的桥梁。2016 年，三集纪录片《我在故宫修文物》相继在中央电视台和网络平台播出，以平凡人物视角讲述故宫文物背后的故事，通过工匠精神的挖掘，细腻温软地描绘古老深厚的故宫，拉近了故宫与大众的距离。从揭秘文物修复师的纪录片到大型文博探索类节目，再到行业历史题材剧，让“收藏在博物馆里的文物、陈列在广阔大地上的遗产、书写在古籍里的文字都活起来”不再是一句口号。 2018 年，故宫博物院联手北京卫视摄制的文化节目《上新了，故宫》，通过引入明星嘉宾，用时尚现代的方式表达深沉古老的历史，取得了良好的传播效果。除综艺节目外，有关故宫的纪录片也在不断推陈出新。

公开发行出版物也是故宫博物院宣传、介绍和推广传统文化的重要渠道。2012 年至今，《故宫日历》进行了多次改版更新，在编辑体例、主题选择、内容介绍、印刷色彩等方面不断尝试创新。故宫出版社依托故宫博物院丰富的文化资源，形成宫廷文化、文物艺术、明清历史等板块，结合时代发展，不断丰富图书选题，推出藏品大系、故宫经典等多部丛书，持续推动优秀传统文化的传播。创刊于 1980 年的《紫禁城》杂志系统讲述故宫及其相关的历史遗存、历史掌故、古建园林和文物知识，力图实现学术成果大众化、专业知识普及化，成为故宫博物院的一个文化品牌。

三、借助文创产品，融入大众生活

沉睡在博物院里的文物资源要得到社会大众特别是青年一代的喜欢和接纳，除了多向度的传播外，还需要更多的亲身体验与接触。让文物藏品更好地融入人们日常生活中，发挥其文化价值，是故宫博物院不断追求的目标。

深入挖掘藏品内涵、文化信息，在吃透自身文化资源的基础上，故宫博物院研究当代信息消费和生活需求，面向不同阶层、不同人群，寻找故宫文化与现代生活的结合点，坚持每年研发 300 余款文创产品，并确保每件产品都富含故宫元素，让人们在现代生活中感受历史文化，感受故宫文化，让传统文化成为人们生活的一部分。这些创意产品既包括体型巨大的复原宫灯，也包括箱包、耳机、U 盘等实用小物件，涵盖印刷品、食品、电子产品、化妆品、服饰、文具等多个类别，集历史性、知识性、艺术性与实用性、互动性、趣味性于一体，不仅成为人们竞相购买的时尚用品，也成为大众茶余饭后津津乐道的创意话题，成为一种时尚年轻文化的象征。

除了文化创意产品本身的新颖性和艺术性，别具一格的新媒体营销也成为故宫传播的一大亮点。2014 年以来，以“故宫淘宝”为主体的社交媒体账号使用萌语趣图，用幽默诙谐的方式表现严肃高贵的皇宫人物，生动活泼地讲述历史故事，俏皮个性地推销产品。“傲娇可爱”的文图风格与威严肃穆的故宫印象形成了“反差萌”，成为热门话题，被广泛转发，开启了人际传播、多次推广、促进销售的良性循环。故宫文化以可亲可近的面貌进入公众视野，传统文化从符号、素材变成了鲜活的形象、生动的故事、可触摸可拥有的物品，增进了社会大众特别是青年一代对传统文化的了解和兴趣。

四、运用前沿技术，创新传播形式

随着大数据、人工智能、5G 网络的深度应用，文化与科技的交融将日益广泛和深入，科技渗透到文化传播和消费的各个层面，成为文化事业发展的重要支撑和引擎。近年来，故宫博物院加强与腾讯、网易等互联网公司以及华为、惠普等科技企业的合作力度，将深厚的文化资源与先进的技术开发相结合，极大地推动了故宫文化的创新传播。

自2016年起，故宫博物院与腾讯开展战略合作，利用社交、游戏、动漫、音乐、工具、云计算、LBS、眼动技术等，推动故宫传统文化“活起来”。以故宫的文化遗产为基础，通过青年创新赛事、跨界合作和创新人才培养等方式，探索传统文化资源的活化模式，相继推出故宫游戏大奖赛、表情包大奖赛、创意大赛、故宫音乐创新大赛等活动，产生了“穿越故宫来看你”的热门H5页面、故宫QQ表情、故宫主题漫画、《古画会唱歌》音乐专辑等优秀作品，吸引了众多年轻人的参与，推动了文化遗产的创新创意传播。此外，故宫博物院与网易联合开发手机游戏《绘真·妙笔千山》，以《千里江山图》中不同场景为创作蓝本，营造如入画境的游戏体验，将传统文化以新颖、有趣的方式呈现给用户。

故宫博物院还积极采用VR、AR、AI等前沿技术，生动再现代表性建筑和典藏，深度解析建筑背后蕴含的传统历史文化知识，为公众提供感受故宫魅力的沉浸式体验。2015年建成的端门数字博物馆，利用数字虚拟技术，游客既能直观了解故宫，也可试穿服装欣赏文物。2018年12月，发布大型虚拟现实作品《御花园》，利用三维特效还原消失许久的御花园全景，并提供互动体验。在积极运用前沿技术推动文物展示创新的同时，故宫博物院与惠普公司开展“V故宫”全国巡展活动，以数字化、智能化的展陈方式，将故宫的数字化成果推向社会。2019年3月，故宫博物院和华为公司签署战略合作协议，借助华为强大的技术研发能力和智能解决方案，建设故宫智慧院区，进一步推动文化遗产的数字化、信息化。

五、从线上到线下，推进群体传播

除了线上传播以外，故宫博物院还通过陈列展览、策划活动、学术研究、开展教育等多种方式，加强与不同群体的接触，开展线下文化传播。

在陈列展览方面，故宫博物院将藏品展览工作常态化，以历史遗存、书画器物、宫廷文化、文人雅士、节庆风俗、世界文明、考古发现等为主题，全年推出多个方面的常规展览、专题展览、赴外展览，加大文化遗产的对外开放力度。同时，加大对外交流的力度，积极参与国内外的文物博览会、交流会，加强与其他文博单位的交流与合作，充分挖掘文物资源、学术资源和数字资源的巨大潜力。

在活动策划方面，利用重要的时节节点、文化主题，面向社会公众，推出特色体验活动，如“观影周”活动、中国茶文化传承传播活动，利用“文化和自然遗产日”，策划推出“志愿讲解，弘扬文化”“非遗传承，活力再现”“修复技艺，传播传承”“徽班进京，古今交融”等系列活动。

在学术研究方面，成立故宫学院，汇集专家学者和专业院校，深入开展科研项目，培养故宫学者，举办系列讲座、高端论坛、学术研讨会和培训班，将故宫遗产的研究和教育向社会和世界传播普及，不断提升故宫博物院影响力。

在社会教育方面，通过搭建平台、开展活动，面向青少年、社区和各类文化场所、国际社会开展广泛且深入的教育与传播活动。故宫博物院一直重视面向青少年群体的文化传播与教育，经过多年的探索和积累，开发出主题多样、形式丰富的教育项目，对不同年龄段学生开设不同的学校合作课程，定期举办“故宫知识课堂”“社会大课堂”和“故宫讲坛”，逐渐形成教育特色和文化品牌。在社区教育方面，培训队伍深入社区，开展碑帖传拓培训、楷书技法培训、古琴技法、茶器与花器主题活动等，扩大传统文化在社区人群的传播。在国际教育方面，加强对外传播，成立培训机构，为国内外博物馆专业人员提供高质量的国际培训。

六、故宫博物院的传播特点与启示

面对崭新的时代语境和传播环境，故宫博物院通过传播理念、渠道、手段与话语的综合创新，实现了文化遗产的现代化传播，突出表现在以下四个方面。

第一，秉持“让文化遗产活起来”的理念。进入新时代，故宫博物院深刻认识到传播之于文化遗产保护与传承的重大意义，将“传播”提升到事关博物馆未来发展的战略高度，秉持开放、包容的心态，挖掘皇宫建筑、文物藏品的教育和文化传播功能，采用一切可能的方式让故宫文化深入人们的生活，进入大众的信息接触通道，与现代生活建立关联，引发社会对故宫文化的关注、参与和传播。通过参观环境的治理、馆藏资源的梳理、持久的数字化建设使故宫有了更多坚实的传播基础，有了更多的传播“由头”。

第二，选择全媒体贯通的传播渠道。技术进步推动传播渠道的多元化，每种传播渠道各有优势、各有侧重、各有不同的受众群体，故宫博物院综合运用各类载体，走出了一条“自建”与“借力”、数字技术与场馆陈列、线上与线下结合的全媒体传播道路，突破了时空限制，让受众可以随时随地获取有关故宫的信息。

第三，传播手段不断推陈出新。故宫博物院立足文化资源，综合运用大众传播、群体传播、人际传播等多种方式，采用社交话题、动态表情、短视频、游戏等多种传播手段，不断尝试与新兴技术合作，唤起受众对悠久文化、厚重历史的热情。

第四，话语表达适应新的网络环境。面对技术变革带来的媒介转换，将文化遗产的特性与不同媒体的运作规律结合，才能达到传播资源的最优配置和对文化遗产的广泛传播。故宫博物院通过分析网络环境下文化消费需求和信息接受习惯，用通俗易懂的语言、新颖活泼的形式，让古老建筑、沉睡文物以喜闻乐见的方式深入人心，走进百姓生活，让文化遗产在更大程度上满足人们的精神需求。

城市公共空间中的户外新媒体广告

钟静 *

摘　要　户外广告是城市公共空间不可缺少的一个组成部分，新媒介的出现和新技术的应用催生了户外新媒体广告的发展。户外新媒体广告在城市公共空间中扮演了一个什么角色，户外新媒体广告和城市公共空间之间存在怎样的互动关系，都是本文关注的问题。本文研究了城市公共空间和户外新媒体广告的概念和构成，对其中的重要组成部分移动电视广告进行了专门研究，并特别关注了户外新媒体广告的公益属性和社会属性，最后研究了城市公共空间户外新媒体广告的发展方向。

关键词　城市公共空间　户外广告　户外新媒体　移动电视

在人口聚集的城市，数不胜数的户外广告是城市公共空间内容的重要组成部分。这些户外广告承载了城市文化的表现，在公共空间里向公众传播着各种信息和价值观。随着数字技术、通信技术、网络技术、信息技术的快速发展，户外广告逐渐由单一的平面表现形式转变为多维数字化，由静态展示实现了双向互动，由广告信息“孤岛”成为与互联网、大数据连接的融媒体，一种更为新型的“户外新媒体广告”应运而生。

* 钟静，女，北京联合大学应用文理学院副教授，主要研究方向为广告传播、媒介研究、消费者研究。

一、城市公共空间及户外新媒体广告概述

1. 城市公共空间

城市居民在各种建筑设施中进行公共交往、举行各种活动的开放性场所都可以称为城市公共空间，包括山林、水系等自然环境，更多的是人为建造的公园、道路、公交系统、楼宇大厅等。从根本上说，城市公共空间是市民社会生活的场所，是城市环境的精华、多元文化的载体和独特魅力的源泉。公共空间建设的整体质量直接影响城市的综合竞争力和大众的满意度，因此，城市决策者、建设者和使用者无不对其给予特别关注。随着城市化、市场化及国际化的发展，“城市形象塑造”“城市营销”等概念逐步兴起，大规模的城市规划、城市改造以及环境与景观设计也开始兴起，这其中，户外广告也扮演着一个非常重要的角色。

2. 户外新媒体

户外新媒体是指安放在人们一般能直接看到的公共场所的数字电视等新媒体，是有别于传统的户外媒体形式（广告牌、灯箱、车体等）的新型户外媒体，比如公交、航空、地铁、轻轨，同时也包括这些交通工具相应的辅助场所，如航空港，地铁（轻轨）站，公交站内所衍生的渠道媒体——LED 彩色显示屏、视频等。其内容主要是广告，移动电视也被看作户外新媒体的一种。

在新媒体技术发展及应用越来越普及的今天，各种形形色色的户外新媒体广告层出不穷，它们出色的展示能力和强大的信息传播效果，也受到各种城市公共空间所有者和设计者的青睐。

3. 户外新媒体广告分类及特点

新媒体技术，如显示技术、自动控制技术、虚拟现实技术、人脸识别技术等的出现，也让户外新媒体广告的发展如虎添翼，为人们的生活增添了丰富的内容和感受。根据现代都市人群的生活路线图，户外新媒体广告可以划分为社区户外新媒体广告、交通户外新媒体广告和商圈户外新媒体

广告等类型。[1] 表 1 对各种户外新媒体广告的类型及主要特点进行了详细比较。

表 1 户外新媒体广告的类型及特点

类型	具体形式	特点
社区户外新媒体广告	电梯视频广告	围绕人们居住地而设计的户外广告类型，主要覆盖消费者居家生活的时间和空间，被称为连接消费的“最后一公里”。社区户外新媒体广告目前基本上都连接了互联网，演变成互联网媒体的一个终端
	智能快递柜广告	
	小区停车场广告	
	宣传栏、阅报栏广告	
	社区闸道广告	
交通户外新媒体广告	交通工具车身广告	围绕交通工具和交通出行而设计的户外广告类型，主要覆盖消费者外出通行的时间和空间。具有受众覆盖面广、封闭空间内的强制性传播等特点
	交通场站户外广告	
商圈户外新媒体广告	室外 LED 大屏幕广告	围绕商业终端而设计的户外广告类型，主要覆盖消费者进行吃、喝、玩、乐、购等活动的时间和空间。具有人流密集、品牌能够与消费者进行多样化和场景化连接等特点
	商场路演广告	
	室内美陈广告	
	地下停车场广告	
	商场户外营销活动广告	

二、城市公共空间新媒体广告的重要组成部分：移动电视广告

近年来，随着数字电视传播技术和网络与新媒体技术的发展，数字化电视开始出现在出租车、公交车、火车、轮船、飞机、地铁等各种交通工具上，成为人们出行路途中必不可少的伴随媒体之一。这种伴随交通工具

[1] 黄河，江凡，王芳 . 新媒体广告［M］. 北京：中国人民大学出版社，2019：299.

移动播出的电视媒体，统称为移动电视媒体，以示和传统电视媒体的区分，目前是户外新媒体广告中非常重要的一个类型。

移动电视是指可以在移动状态中收看的数字电视，其最大的特点是在移动状态的交通工具上能够保持电视信号的稳定和清晰，使观众可以在移动状态中轻而易举地收看电视节目及广告信息。移动电视是全新概念的信息型户外数字电视媒体，以数字技术为支撑，通过无线数字信号发射、地面数字接收的方式播放和接收电视节目和广告，是传统电视媒体的延伸。[1]按照移动电视出现的空间载体，可以将移动电视分为表2所显示的几种类型。

表2 移动电视的类型及特点

类型	特点
公交移动电视	在城市公交系统上播放的移动电视。2003年，上海首次推出城市公交移动电视服务，目前国内大中小城市已经基本普及
列车移动电视	又称列车闭路电视，伴随我国铁路建设等的快速发展而产生，主要出现在铁路客运车辆如高速列车、动车组列车、直达高速列车中
地铁移动电视	通过在地铁站台及车厢内安装的显示屏为乘客提供动态视频的列车运营信息、消费资讯及各种广告信息
出租车移动电视	安装在出租车副驾驶座头枕后方的一个触摸式彩色液晶屏，能在提供信息资讯的同时，与乘客开展独一无二的互动体验
其他移动电视	包括城际巴士移动电视、机场巴士移动电视、旅游巴士移动电视、水上巴士移动电视等

其中，公交移动电视是所有移动电视中最为成熟、特征也最为明显的。移动电视广告的主要特点表现在以下几个方面：在受众方面，受众覆盖面广，受众具有相对确定性；在内容方面，以快消品、信息告知、公益

[1] 高丽华，赵妍妍，王国胜 . 新媒体广告［M］. 北京：北京交通大学出版社，2011：206.

宣传为主，节目短小、投放精准；在信息传播方面，相对封闭环境内单一频道的强制传播，广告频次高、重复记忆、效果明显，具有伴随性。

三、城市公共空间户外新媒体广告的社会公益属性

总体来说，城市公共空间的发展趋势是功能多样化和形态多元化，只有适应不同使用需求的多样性，才能为使用者提供多样化的机会。各类公共空间承载着诸如交通、交往、休憩、散步、观赏、健身、娱乐、餐饮、展示、教化、节庆等多种功能。多种人群、多种活动、多种事件、多种故事汇聚生成了城市公共空间的场所活力，而这正是公共空间的魅力所在。因为所处空间具有这样的属性，户外新媒体广告也相应地具备了公益属性和社会属性。也正是因为如此，户外新媒体广告中有很多内容都与公益传播相关，例如遵守交通规则、如何防火防盗、讲求文明礼仪、爱国爱家等，从某种角度讲，户外新媒体广告也承担了一部分社会规范传播和教育等的功能。

1. 与公益内容相结合，赢得更多关注与传播

户外新媒体广告最主要的功能是树立品牌形象，其次才是发布产品信息。由于本文研究的户外新媒体广告大部分都出现在某一个特定的城市公共空间内，受众就是各种公共空间里日常经过或者活动的流量巨大的人群，因此这些户外新媒体广告天然具有强大的社会属性，也是最适合体现社会公益和人文关怀等创意内容的广告载体。在广告信息的传播策划时，需要特别注意这一点，让户外新媒体广告在传达商品信息之外，更多关注社会问题，为社会积极贡献正能量，宣传健康的社会文化，引导社会意识，促进社会和谐发展。

如何让户外新媒体的广告设施以一个良好的社区“公民”的形象出现在公众面前，让所宣传的产品和信息与这些功能产生相关性，是广告策划时需要特别考虑的问题。创意时需要考虑将多种户外新媒体载具组合运用、配合其他媒体整合传播，提升广告传播效果。各种在表现形式上的创

新、表现内容上的创新、表现手法上的创新、媒体运用上的创新，都有助于户外新媒体广告策划达成预期的传播效果。

2. 制造话题效应，创造全方位互动效果

现在的户外新媒体广告已经不再局限于“户外特定场所”，而是泛指室内室外无处不在的除了传统的常规媒体外、一些新型的非传统媒体类型。这里的新媒体指的是在新技术、新材料的支撑下发展形成的媒体形态。因为新媒体与人们的生活轨迹天然发生着紧密联系，手机、网络满足了“一对一”的精细化的消费者需求。而户外新媒体与上述技术和设备的联动，使得广告主能够很轻松地实施各种有针对性的营销活动，例如楼宇电视、电梯平面广告、卖场终端电视等，现在都能够实现对某一群体消费者的精确定位，这就使得新媒体在覆盖程度、精准程度、灵活程度上，都比传统媒体表现得更为优秀。

正是基于这个前提，户外新媒体广告就特别需要关注受众的反馈。而不是像过去一样，只要是曝光在户外广告之下就可以算作传播到位了。网络与新媒体的出现，能让这种互动变得简单而自然。2019 年 7 月，上海陆家嘴地铁站的一次独特的广告活动——地铁里的墙面上出现了 15 个“会吐诗歌”的 POS 机，乘客经过时只要扫码便可以得到 POS 机打印出来的一首大山里的孩子写的诗歌——就是从户外新媒体的互动创意出发，引发线上线下共同话题同频传播的例子。

四、城市公共空间户外新媒体广告的发展方向

城市公共空间是生活在城市中的人们几乎无法避开的环境，只要不在家中或工作场所，人们每天都会花费大量时间活动在各种各样的公共空间中——从小区楼下的广场到公共汽车站或者地铁站的站台，从大型购物中心到公司的大堂和电梯，从餐厅、酒吧到图书馆——人们有的是时间接触各式各样的户外新媒体广告。随着科技进步、城市发展等因素，户外新媒体广告的创新和创意也达到了前所未有的高度。

1. 与新媒体技术结合，向多元化发展

高新技术在户外广告中的广泛应用，改变了传统户外广告经常采用的二维平面信息为主的单一传播局面。虽然在新媒体时代，会出现很长一段时间内新旧媒体相互融合的状况，但不可否认的是，户外广告正是媒体融合最活跃的领域。新媒体技术极大地丰富了户外广告的表现手段，使户外广告在形式上不断突破，几乎在所有户外广告媒体中，包括交通工具、楼宇、候车室、候机厅、加油站、海报、灯箱、电子广告牌、电视屏幕墙等，都可以见到新媒体技术应用的身影。

以传统的户外灯箱路牌广告为例，现在已经逐渐被各种户外视频、户外 LED 等新形式所取代。有数据显示，近年来户外广告的增长主要来自于户外视频、户外 LED、户外 LCD、户外电子阅报栏、户外触摸查询机等新兴设备和新型广告形式。此外，公交移动电视也增速惊人。从各种形态的广告收入增长来看，户外视频广告的增长速度已经超过网络广告的增速。

技术是影响户外新媒体广告发展至关重要的因素。正因为全息投影、触控技术、虚拟现实技术等的应用，传统的橱窗广告、灯箱广告、路牌广告等都“变成了一个引流甚至交易的平台，被纳入一个全新的 O2O 传播生态体系中”[1]，焕发出新的活力。因此，在利用户外新媒体广告进行传播策划时，及时、快速地了解各种层面的新媒体技术，并且快速应用在户外广告的策划创意和表现中，是非常重要的一个意识。可以说，户外新媒体广告正面临着一个最大的机遇。户外新媒体广告在形式上、渠道上、技术上变得愈加丰富多彩。同时，数字化革命、互动技术等技术潮流也为户外新媒体广告的发展带来无数的机遇。

除了综合运用户外媒体广告的大小、形状、载具形式、色彩、三维等要素外，户外新媒体广告为了增强表现力、增加创意效果，还经常将上述元素与最新的媒体技术结合起来，借助高科技材料和技术的综合效果，更加形象生动地表现广告主题，创造出卓越强劲的视觉冲击力。一些视频、

[1] 电通安吉斯集团．智汇前瞻［M］．上海：学林出版社，2017：57.

数字和移动技术的应用，一改户外媒体以往单一平面信息传达的特点，让户外广告“动起来”。户外新媒体的屏幕化开始成为一种趋势，如各种动态大屏幕、数字视频网络播放系统等，户外新媒体广告开始朝向多元化发展，越来越富有生命力。

2. 与周围时空完美融合，实现润物细无声

户外新媒体广告具有独特的天时和地利。所谓“天时”是指 24 小时的暴露度，“地利”是指地理选择的灵活性特征。户外新媒体广告可以出现在公路、楼顶、墙面、车身、候车厅、加油站、机场、购物商场、地铁等场合，只要人们离开家或者办公室等室内空间，就一定会暴露在户外广告之下。因此户外广告具有无限的触达能力，能够产生比较复杂的接触频率。在策划创意户外新媒体广告时，需要结合周围的空间和时间等特点，让广告内容与周围时间和空间达到完美的融合，才能够达到更好的传播效果。

户外新媒体广告不仅仅满足于对资源的占用这一层面，还要特别注意对科技的应用，以及如何让整体创意与周围环境和谐有趣，使之具有独特的表现形式和发展空间。一个好的户外新媒体广告，应该与周围环境相和谐，令其面积、色彩、造型等要素都与周围景物和谐搭配，与周围环境共同作用，产生独特的美感与魅力，使人们的视觉感官体验从被动接受变成与环境相融合。

户外新媒体广告的发展，也越来越多地和环境媒体（ambient media）相结合，当广告创意内容和周围环境有机结合后，就能够借助周围空间和环境带来独特的视觉效果和冲击力。这些环境要素，可以是路牌、电子显示屏，也可以是公交车上的把手和车窗，公园里的树木和道路，甚至是人和人身上的衣服，等等。同理，户外新媒体广告在时间方面的考虑也很重要。在一个只有 5 秒停留时间和一个 5 分钟停留时间的环境中，在一个拥挤嘈杂的环境中和一个清静幽雅的环境中，在行进的车辆中和静止等候的场所前，人们的心境完全不同，对广告的关注程度也有巨大的差别。广告诉求应该简单明了还是图文并茂，广告信息是否需要详细呈现、详加解

释，都需要结合户外新媒体广告出现的时间、空间，才能够找到最适合的答案。

结 语

总而言之，活跃在城市公共空间中的户外新媒体广告，不再像传统的户外媒体广告一样以单纯的信息展示、单向传播推广为主，而是强调全面展示、增强互动体验，通过创意达到在社交媒体形成话题传播的效应，从而在很大程度上扩大了户外广告的影响力。与此同时，户外新媒体广告不仅能够从技术上做到让广告与受众之间形成对等互动交流，而且能使受众这个传播过程中的最后环节掌握选择信息的主动权，在传播中发挥更为积极的作用。从某种程度上讲，户外新媒体广告彻底颠覆了传统户外媒体广告的概念，是在新媒体环境下蓬勃兴起的一个领域，正持续且深远地影响着城市公共空间内的信息传播内容和社会氛围。作为一种日渐重要的传播工具，户外新媒体广告的价值和功能也引起越来越多的关注和研究。

VR/AR 技术在北京城市文化传播中的应用

——以“三山五园”数字化建设为例

曹莹 * 刘鸽 **

摘 要 城市文化传播需要各种媒介的支撑，VR/AR 技术应用为我们扩展了新的传播方式。本文梳理了近年来北京联合大学应用文理学院利用 VR/AR 技术在“三山五园”数字化领域进行的相关尝试，探讨其未来可期的发展空间。“三山五园”作为北京城市文化的“金名片”，其价值不仅是中国传统造园理论和实践的集大成之作，更是古都北京历史文化魅力的经典诠释。本文以基于 VR/AR 技术开发的“三山五园”交互应用为例，简述其在北京城市文化传播中的应用。

关键词 VR/AR 技术 城市文化传播 “三山五园”

“三山五园”是对北京西郊沿西山到万泉河一带以皇家园林为代表的历史文化遗产的统称，主要包括畅春园、圆明园、香山静宜园、玉泉山静明园、万寿山清漪园，此外还包含皇家赐园、私家园林以及寺庙园林等。作为北京城市文化的“金名片”，“三山五园”以无与伦比的辉煌成就在世界造园史上展现出灿烂的光辉。近年来，北京联合大学应用文理学院在

* 曹莹，女，北京联合大学应用文理学院讲师，主要研究方向为计算机应用、虚拟现实 / 增强现实技术。

** 刘鸽，女，北京联合大学应用文理学院实验师，主要研究方向为计算机应用。

“三山五园”数字化建设领域不断探索研究，希望将前沿 VR/AR 技术与传统文化有机结合，尝试用一种全新的方式助力北京城市文化传播。本文以真实案例展示相关技术在城市文化传播领域的应用，探讨其未来可期的发展空间，为后续研究抛砖引玉。

一、项目背景

1. 缘起

北京联合大学应用文理学院自 2014 年以来先后受中共海淀区委宣传部、海淀区文化发展促进中心委托，进行“‘三山五园’畅春园可视化”“畅春园全域图可视化”“香山静宜园可视化数字展示”“‘西山文脉’数字化传播与推广”等一系列项目建设。通过研究古籍文献、搜集史料、现场踏勘、摄影测量等方式，利用二维绘制工具、3D Max、VRay 渲染器、ZBrush 数字雕刻软件等构建三维模型，陆续完成畅春园中路、东路及西路部分建筑群的虚拟复原，香山静宜园二十八景建模，玉泉山静明园典型建筑的模型搭建，以及虚拟仿真动画的制作，为 VR/AR 技术应用奠定了基础。

2. 积淀

“三山五园”畅春园全域虚拟复原历时五年，为了尽量真实地还原畅春园旧貌，我们做了大量的史料搜集工作，参考最新的考古勘测数据，针对现存遗址进行信息采集，并与史料反复比对。以恩佑寺山门为例，首先根据实地勘测及摄影测量对山门的各项数据进行采集分析，然后利用 Edit Spline、Extrude、Bevel Profile、Lathe、Loft、Edit Poly 等多种方法复合建模，初步完成山门部分三维模型的搭建；材质的制作直接影响模型的视觉效果，我们选用 VRay Mtl 类型材质，通过调节反射、折射、高光等细节参数，使模型材质尽量接近实物，同时从前期实拍获得的墙体、纹饰、砖瓦等信息中，提取出清晰度高、真实感强的图片，对适用物体（如墙体部分）的材质利用 UVW 等修改器进行贴图处理，完成贴图的制作。

畅春园现存遗迹除了恩佑寺、恩慕寺的两座山门外，还有一对铜狮存世，据史料记载，它们是光绪时期重建清漪园时从被毁的畅春园中移过去的，目前这对铜狮就摆放在颐和园的排云门前。为了尽可能真实地还原畅春园昔日风采，我们根据实地采样利用ZBrush进行雕刻，对其进行了三维建模，并将建好的数字模型匹配比例置于虚拟场景中。

基于“三山五园”畅春园数字化建设，我们以“香山静宜园二十八景”为蓝本，查阅《日下旧闻考》《康熙朝满文朱批奏折全译》等大量古籍文献，从香山静宜园二十八景中遴选出部分典型建筑进行三维数字建模，同时将古地图与城市地理信息叠加比对，尝试构建以古地图为支撑的香山静宜园虚拟场景。

二、VR/AR技术应用

2016年开始基于前期的研究成果，我们尝试将完成搭建的三维模型、仿真动画、高清视频等数字资源，以一种全新的方式对“三山五园”进行呈现，利用VR/AR技术带给体验者身临其境的感觉，增强受众的参与感，希望能够帮助更多的人了解“三山五园”，感受北京文化。

1. 基于zSpace打造畅春园导览交互应用

zSpace的主设备是一款带有交互功能的3D显示屏，用户使用过程中需要佩戴特制的眼镜（或为戴眼镜的体验者特制的眼镜夹片），同时通过控制笔在虚拟的三维空间中进行交互，通过3D显示屏上方的跟踪器可以跟踪用户头部的转动和手部动作，实时调整用户看到的3D图像并进行交互。

畅春园作为京西皇家第一御园，始建于康熙二十六年（1687），是“三山五园”中最早建成的一座皇家园林，也是目前损毁最为严重的一座；虽然我们利用数字三维模型对其主要建筑群进行了虚拟复原，但是想让体验者全方位了解畅春园，还需要对它的全域布局有一定的宏观认知。出于这样的考虑，结合前面提到zSpace的基本功能，我们将zSpace作为畅春园导览应用的硬件载体，以样式雷“道光十六年对准样”为参照，将畅春园全域划分为四个区域，点击进入任一区域后，体验者可以借助控制笔完成该区域典型建筑的摆放，除了操作者以外的其他参与者，也可以佩戴特制眼镜，通过 3D 投影成像技术，观看三维空间的立体效果。通过这种交互操作，用户可以比较直观地感受畅春园的整体布局，并对典型建筑形成初步印象。

2. 基于 HTC Vive 开发畅春园虚拟漫游应用

HTC Vive 是 HTC 和 VALVE 合作研发的一款 VR 头戴式显示器，同时搭配两个无线控制手柄，用户可以在一定范围内走动，在佩戴眼镜的同时也能佩戴头显，即使没有佩戴近视眼镜，400 度左右近视依然能清楚看到画面的细节。并且它不需要借助摄像头，而是靠激光和光敏传感器来确定运动物体的位置。

体验者通过之前的导览交互应用对畅春园昔日恢宏的建筑规模有了一定的感知，这也从一个侧面激发了人们的好奇心，希望能穿越时空回到从前，身临其境般感受这座皇家御园的造园魅力，这正是我们开发畅春园虚拟漫游应用的初衷。HTC Vive 出色的沉浸感体验，使它成为虚拟漫游应用硬件支撑的首选，为了进一步帮助体验者圆梦，我们仍然延续之前四个区域的划分规则，但与导览不同的是，当体验者用手柄控制进入任意区域后，通过头戴显示器的感应装置，不仅能够体验到自己在建筑群中游走的感觉，还能感受到周围环境的鸟语花香，体验者可以利用手中的控制柄进行位置的移动，也可以在信号发射范围内自由行走，在特定的建筑物或场景中，还能够完成不同区域之间的传送体验，在场其他的参与者也能够通过传统的显示设备，看到体验者所看到的内容。

3. 基于 AR 技术实现香山静宜园典型建筑增强现实应用

近年来，随着 VR/AR 技术不断推陈出新，利用 AR 技术实现增强现实体验的应用逐步走入人们的视野，大众对这种形式不再陌生，而增强现实交互应用更是由于自身极易达成的硬件要求而被越来越多的人认同，这种技术也被广泛运用到多个领域。

在完善“三山五园”畅春园的系列交互应用的同时，随着香山静宜园“二十八景”中部分数字模型的搭建完成，我们希望尝试一种新的方式，能够让更多的参与者不再受硬件限制，方便直观地参与体验，这就是香山静宜园典型建筑增强现实应用的最初构想。我们选取了“二十八景”中的九组典型建筑，将三维数字模型与“二十八景”原图进行匹配，当体验者持有安装相应程序的移动设备，对这九组建筑图片或印有图片内容的物体进行扫描时，相应的建筑模型就会“跃然纸上”。这种互动模式不仅摆脱了硬件设备的约束，还打破了空间的限制，操作简单易懂，交互随时随地，得到了体验者的普遍认可，同时为相关文创产品的设计提供了新的思路。

三、文化传播方式

1. 以“数字体验馆”为核心的线下宣传

2016 年“三山五园”数字体验馆在北京联合大学应用文理学院初步建成，自开馆以来吸引了大量来访者，相关领域的研究学者在此进行学术交流研讨，来自全国各地的大、中、小学生开展研学，接待国际友人到访参观体验等，以“三山五园”皇家园林风采为代表的北京城市文化传播在潜移默化地进行着。

几年来体验馆的展示内容不断推陈出新，陆续引进上述提及的 VR/AR 硬件设备，并自主开发相关的交互应用。与传统文化传播方式不同，观众佩戴头显、控制手柄在虚拟空间中感受历史的厚重内涵，融入历史文化，与之面对面地交流，在虚拟游览中获得更高的视觉冲击和心灵感受。VR/AR 技术给人们提供了一个近距离游览名胜古迹、感知艺术经典的机会，当人们身临其境般漫步于皇家园林，能够以“我”的方式沉浸在这些虚拟场景之中，感受直观的视觉盛宴，虚拟现实技术相比传统媒介具有全方位沉浸式的体验感，在使用过程中能够更好地排除外界干扰，这时人们不再是单纯的旁观者，他们可以借助 VR/AR 设备，主动选择自己看待事物的角度，可以不再局限于设定好的固有路线，自由灵活的操控感给予参与者更好的文化体验。也许在现实世界中我们暂时无法复原这些历史遗迹的昔日风采，但通过 VR/AR 技术能够帮助人们实现一场圆梦之旅，感受视觉冲击和深度互动，人们更加乐于通过 VR/AR 体验的方式提升自己的文化素养，从而更加珍惜我们所拥有的，更加关注历史文化遗产的保护与传承。

2. 以“共建校本课程”为纽带的深度合作

在通过线下体验的方式传播“三山五园”历史文化的过程中，我们发现青少年作为一个特殊群体需要得到更多关注，与传统的文化传播方式不同，基于 VR/AR 技术的互动应用对“00 后”的孩子们有着更强的吸引力。如前所述，“三山五园”数字体验馆每年都会接待来自全国各地的学生团体进行研学旅游活动，孩子们通过交互操作、沉浸式体验能够更快地融入并激发学习兴趣。为了将 VR/AR 应用模式与传统文化传播方式相结合，更好地服务于青少年群体，北京联合大学应用文理学院与北京市八一学校附属玉泉中学合作开展试点项目，以 VR/AR 相关应用为基础，围绕“三山五园”主题开展一系列校本课程建设。

青少年通过阅读相关书籍、观看影像资料等方式了解和学习传统文化时，往往很难调动学习的主观能动性。我们需要不断创新，采用更具吸引力的方式帮助青少年关注悠久的历史文化，深入了解文化内涵，增加参与度。VR/AR 技术特别是在文化传播领域，能够帮助青少年直观领略皇家园林的历史风貌，从而激发他们进一步探索学习的热情，中华民族传统文化需要青少年的传承与发扬，VR/AR 技术这种新兴媒介使传统文化传播得到新的发展，使文化展示与传播更加多元化，使青少年学习体验更加立体直观。我们希望利用丰富多样的 VR/AR 交互应用吸引越来越多的青少年关注文化传承，通过传统文化传播方式与 VR/AR 技术优势的完美结合，高效传达文化信息，提升文化传播效果，同时我们也要不断努力提高自身能力素养，设计开发出更多优秀的 VR/AR 应用。

3. 以网络平台为载体的线上推广

自“三山五园”数字体验馆开馆以来，几乎每天都会接待来自各地的到访者，但是由于参观时长和场地容量的限制，有时无法充分满足人们的体验需求，为了更好地推广北京城市文化传播，帮助更多的人了解“三山五园”皇家园林的独特魅力，北京联合大学应用文理学院与北京市人民政府网站“首都之窗”栏目联合打造系列主题专栏：“探究皇家园林开启数字体验之旅——三山五园”“寻找京西皇家第一御苑——畅春园”。

以“首都之窗”门户网站为平台，搭载虚拟现实技术，我们将构建好的三维模型、渲染视频以模块化的形式发布在网站上，同时分享最新的研究成果、数字资源，让更多的人在家中就可以直观感受到古都北京的文化魅力。通过改变传统文化传播模式，带给观众全新的视觉体验，这种线上传播方式，打破了线下体验对时间、空间等客观条件的限制，让更多无法现场参与的人们能利用网络平台在线体验互动。

随着5G时代的到来，5G技术的高带宽、低时延特性将极大改善VR/AR体验，VR/AR技术的应用也将迎来全新的发展机遇，相信越来越多的人可以在家中体验VR/AR带来的技术变革。我们也将继续围绕“三山五园”历史文化场景再现开发更多高性能的多媒体AR/VR内容，希望有一天通过我们的努力，可以将北京城市悠久的历史文化传播到世界的每个角落。

结　语

随着VR/AR技术的日趋成熟，虚拟现实增强现实交互应用以其良好的沉浸感和灵动的操控性深受大众青睐，而技术本身的价值不同程度地取决于其所承载的对象，当我们赋予它深层次的文化内涵，便可在城市文化传播中彰显优势。每座城市都有太多的美好，需要我们用心去体会和传承。本文将近年来北京联合大学应用文理学院利用VR/AR技术在“三山五园”数字化领域做的一些探索工作进行了梳理，希望尽我们的绵薄之力，为北京城市文化传播贡献自己的力量。

短视频在城市文化正能量传播中的策略分析 *

闫琰 **

摘　要　城市文化传播关系着一个城市的文化软实力，因此具有重要的传播意义和价值。随着新媒体技术的日益发展，人们获取信息的形式从文字、图片到视频影像都较以往更加方便、快捷。短视频在各大互联网平台上迅速崛起，吸引着受众的大量关注。一些自媒体平台乃至主流媒体都开始运用短视频这样的传播形式进行传播尝试和传播创新。本文通过对短视频在传播正能量的策略方面进行分析和探索，以期为城市文化传播探索更多创新的传播途径和方法。

关键词　城市文化　短视频　正能量传播

一、短视频急剧发展的互联网发展业态

随着我国网络强国建设整体推进，新媒体迅猛发展，网络安全保障能力稳步提升，互联网在经济社会发展中的重要作用更加凸显。2021 年 8 月，

---

*　本文系教育部人文社会科学研究青年基金项目“新媒体背景下我国广告教育转型与发展研究”（17YJC860030）的阶段性成果。

**　闫琰，女，传播学博士，北京联合大学应用文理学院讲师，主要研究方向为新媒体广告、广告教育。

中国互联网络信息中心（CNNIC）在第48次《中国互联网络发展状况统计报告》中显示：截至2021年6月，我国网络视频用户规模为8.88亿，占网民整体的87.8%。在这个互联网高速发展的时代背景下，各种形式的新媒体传播活动无处不在，人们逐渐习惯生活在一个由它们构建的世界里。

1. 短视频传播发展现状

所谓短视频，一般指在各种新媒体平台上传播、适合在短时休闲状态下观看的视频。短视频具有时间短、传播时效性强的特征，其制作周期短、门槛低，吸引了大批受众。[1]不仅个人通过短视频分享生活，企业也通过品牌创新传播品牌形象。短视频通过故事影像参与和塑造传播活动，不仅创新了传播活动的形式，也更加丰富了传播的内容。

首先，通过对短视频的内容进行分析，发现在很多平台中搞笑视频、吃播视频的点击量较多。这样的视频比较通俗、接地气，吸引了人们的关注，让人们在观看视频时可以放松身心。其次，短视频的拍摄简便，制作门槛低，出现了很多短视频领域的网红博主。最近几年，短视频媒体发展快速提升，受到很多人的关注。

目前，短视频行业的制作模式分为两种，分别是UGC与PGC。UGC全称为User Generated Content，就是用户自己原创内容，这种模式已经成为短视频行业创作的主流。PGC，全称为Professional Generated Content，指专业生产内容，即由专业团队来打造短视频的模式，这些团队一直致力于打造精品短视频。

2. 短视频传播的优势

首先，短视频拍摄方便，花费时间短。现阶段大部分的短视频时长在15秒左右，适应现代人快节奏的生活。短视频改变了这样的情况，既可以丰富人们的视听，又满足了用户的碎片化需求。

其次，短视频拍摄成本低。以往拍摄视频需要专业设备、拍摄人员

[1] 张文红.短视频传播正能量策略分析——以“新华网”短视频为例［J］.传媒，2020(3)：69.

等，导致视频拍摄的成本非常高。如今各种视频编辑软件方便了用户拍摄和剪辑，人们只需要在手机中下载相关软件，就可以拍摄视频、进行编辑，轻松上传发布。短视频拍摄时间比较短，人们可以随时拍摄一些趣事，将其上传到网络中，花费的成本较低。❶

3. 短视频传播存在的问题

虽然说短视频广告行业发展的态势迅猛，但是其中的问题也是值得深思的。在国家提倡新媒体素养、净化网络空间的背景下，短视频在文化传播层面也带来了一些需要反思的问题。

首先，缺少创意、表现力不足是普遍存在问题。短视频种类虽然多种多样，内容也丰富有趣，但是很多短视频内容存在雷同的问题，没有新意。近几年，在短视频中也出现了一些虚假的现象，人们在观看时因为无法了解真实的状况，就会盲目追寻网红、模仿网红，也导致很多媒体对网红进行模仿，而不是对内容进行创新。

其次，短视频内容存在低俗的问题。例如，一些餐厅为了证明自己的厨房干净，将馒头放到地上滚几圈，然后吃掉等。还有一些看似有趣的视频，其实都是通过包装而制作出来的。很多人在观看短视频时会迷失自我，不清楚视频到底是现实生活还是虚拟生活。❷

二、利用短视频进行城市文化正能量传播的传播学解读

麦克卢汉曾经提出了一个著名说法——“媒介即按摩”。媒介给我们大脑以讯息，就好比按摩师按摩我们的肌肉一样。“媒介即按摩”强调媒介对受众身体和精神情感的影响，使用媒介即享受按摩，“新的媒介形态改变（按摩）着我们对于自身和社会的经验，这种影响最终比它所传达的特定讯息的内容更重要”。这种按摩可以是舒适的、愉悦的、清爽的，它

❶ 李浩 . 移动互联时代短视频发展现状及传播优势［J］. 中国报业，2020（3）：95.

❷ 李浩 . 移动互联时代短视频发展现状及传播优势［J］. 中国报业，2020（3）：95.

集中表现为一种“情感的体验”。❶

以努力重构和传播崇尚古风的乡村田园生活的短视频超级“IP”李子柒为例，其火爆全球的根本原因在于其短视频满足了公众的视觉欲望、释放了公众的精神压力、慰藉了公众的文化情感，起到了媒介按摩和情感传播的功效。这样的媒介按摩具体而言主要包括视觉按摩、话语按摩和审美按摩。❷

短视频作为方便且满足视听的新媒体传播方式，一方面满足了受众时间碎片化的需求，另一方面进行视觉、听觉及审美层面的“精神按摩”给受众以正能量的传播，是值得在城市文化传播中去挖掘和借鉴的。

三、借助短视频进行城市文化正能量传播的策略研究

在移动互联网迅猛发展的背景下，城市文化的传播及形象的塑造不再局限于传统主流媒体的构建，越来越多的内容可以借助互联网的优势进行优化传播。短视频因为短小、直接、传播迅速等特点，能够满足当下智能时代受众碎片化、快节奏汲取信息的需求。城市文化传播可以利用短视频进行城市文化的正能量传播，不断创新传播方式，起到更好的城市文化传播效果。

1. 从内容上创新传播，保证短视频内容的正能量

利用丰富的视听语言进行短视频创作时，要考虑内容的正面传播，弘扬主旋律，同时保障视听效果，才能进行有效传播。短视频不仅是日常信息传播和消遣娱乐的主要媒介手段，也可以成为展示和“活化”传统文化、唤起人们集体记忆的崭新媒介平台。以李子柒为例，在她的短视频中，蜀绣、蜡染、古法酿造、千层底儿布鞋等传统手艺经由李子柒

---

❶ [美] 斯坦利·巴兰，丹尼斯·戴维斯.大众传播理论：基础、争鸣与未来 [M].曹书乐，译.北京：清华大学出版社，2004：296.

❷ 曾一果，时静.从“情感按摩”到“情感结构”：现代性焦虑下的田园想象 [J].福建师范大学学报，2020（2）：124.

创造性的视觉再现得以“复活”。与传统文化影像不同，“李子柒短视频”通过亲身的手工劳作和生产实践演绎的活的“生命”和“传统文化”，亲力亲为地让受众在学习传统知识的同时，能从不同层面感受中国传统文化的魅力。

在经济全球化时代，民俗传统正在逐渐丧失，现代化快节奏衍生出的现代人的焦虑正日渐蔓延，成为人们一种普遍的生存状态。“李子柒短视频”返璞归真进行的正面展现，使受众在现代生活中找到传统世界的根基，引发了“情感共鸣”。

2. 从形式上创新，通过故事来增加传播的吸引力

现阶段，以故事为载体的短视频具有较好的传播效果，故事具有不可缺少的元素，包括人、时间、事件、虚拟空间以及它们在虚拟场景中体现的价值。“在未来的商业发展里，拥有想象力就可能创造极具吸引力的故事，从而获得凝聚大众的力量。”❶

另外，故事的创意也应该遵循一定的原则，即故事应该符合普世逻辑，在不会失去真实的前提下，赋予故事传奇色彩，使城市文化传播以故事为载体，通过生动、丰满的故事情节达到对目标受众潜移默化的影响。

同时，故事的情节、人物与特征搭建故事场景，塑造生活场景、消费场景等展现城市的形象与内涵。通过运用触动人心的方式呈现城市形象，激发受众的情感共鸣。总之，城市传播中的故事关注的是人类性格中最有力量的那一方面：超越物质满足，收获情感体验的正能量传播。

3. 从技术上保证专业化团队进行城市文化传播

短视频有短的特点，因此需要专业团队进行策划和拍摄，避免“点开即关掉”的命运。但是目前一些故事性短视频制作内容较粗糙，这主要是因为制作时比较仓促，没有进行专业的制作，没有做好内容创作和设计工

❶ 李姝．故事对消费者品牌认知及行为意愿的影响研究——以短视频广告为例［D］．广州：暨南大学，2018：1.

作。所以，在制作视频时一定要有对视频的剪辑、调音等方面的专业能力。制作标准要高，要排除一些低俗的内容。

在中国改革开放40周年之际，新华网发布的创意微电影《我梦想，我奋斗，我奔向》正是一部展现改革开放40周年的国家变迁史的视频。全片在8分钟内浓缩了改革开放40周年的光阴，共展现了十余个场景，并通过Milo运动控制系统做到所有场景无缝衔接，从事件选择、场景构建到时代复原、人物定位，都展现出创作团队的深厚功力。❶

随着互联网技术的不断发展和成熟，在短视频创作中还可以充分运用融合了AR、VR、3D动画等视觉特效，来提升短视频的品质和吸引力。借助专业团队做专业的短视频创作，通过精品来提升城市文化传播的效果。

4. 聚焦受众需求，关注流行话题

传播活动要满足传播对象的需求，城市文化传播就要关注流行性话题，例如娱乐新闻、实时新闻等。在表达传播内容时，一定要结合生活实际，这样才能吸引人们的关注。2018年“两会”期间，新华网打造的正能量短视频三部曲《在一起》《我奋斗》《更懂你》就是一次很好的实践。这三部成系列的短视频从生活化、平民化、接地气的场景切入，从小处着手，展现出各行各业劳动者坚守岗位、艰苦奋斗的景象。这组短视频通过记录平凡人物和平凡岗位，反映出大时代背景下的宏大主题，并鼓舞了新时代人民的奋斗精神。❷

5. 充分挖掘互联网的优势，进行互动传播

社交媒体的本质在于互动，互动的内容不仅仅是对信息内容的分享，更多的是感情的交流和共享。在当今互联网发展的背景下，技术的多样化和便利化为用户提供了互动的条件和基础，人们可以通过语言文字、图片、表情，甚至通过视频直播来表达自身的感受，这使用户能够彼此分享

❶ 张文红.短视频传播正能量策略分析——以“新华网”短视频为例［J］.传媒，2020(3)：70.

❷ 张文红.短视频传播正能量策略分析——以“新华网”短视频为例［J］.传媒，2020(3)：70.

共同的情感。

在此背景下，短视频在进行城市文化传播中可以采用更活泼、更具趣味、更富“网感”的表达方式，增加年轻人喜欢的科技、互动、卡通等元素，吸引年轻受众主动参与。同时，可以根据不同平台的特点，制作动态海报、闯关小游戏等，激发用户兴趣，促进城市文化传播内容的互动传播。

6. 细分传播对象圈层，增加传播的精准性

受众使用手机的场景时时刻刻都发生着变化，用户的每一个行为及接受信息的内容和方式都来自受众的每一个生活场景。对受众进行细分，有利于提高短视频传播的精准性。不同的受众在不同时点和不同的场景下，其周围的信息环境、兴趣偏好以及行为选择都有所不同。对受众的偏好、行为数据、心理状态的分析，能加深对用户进行细分和洞察，有助于满足受众不同场景的信息传播需求、打造良好的传播体验，同时增加传播的精准度，提升传播效果。

如受众会在“小红书”App 上建立内容兴趣社区，在这个社区可以进行内容推荐、内容“种草”、用户“拔草”。在社交平台上，用户基于兴趣、话题、生活习惯形成用户内容社区，如“知乎”“豆瓣”等内容应用服务平台。这样用户能够实时知道潮流走向、热点事件等最新信息，知道各个圈层人的兴趣点。因此，短视频内容和发布可以借助内容社区，对受众的兴趣关注点、话题讨论进行深入洞察，既有便利性，也有必要性。

结 语

利用短视频传播城市文化，就要善用社交网络，与用户建立更紧密的联系，这样才能使短视频传播取得比较好的效果，城市文化传播才能增强传播到达率，从而走进受众心里。

总之，城市文化传播中进行正能量传播是必须承载的功能。短视频的“短、平、快”为城市文化传播提供了最好的工具和平台。通过从内容

上进行创新传播、技术上进行专业化拍摄和创作，同时关注时事和民生问题，聚焦热门话题，增强互联网思维，满足用户互动分享的心理需求，就能在城市文化传播中打开新的传播渠道，不仅能够保证正能量传播的效果，也为城市文化传播提供了新的解决方案。

城市文化影像传播

北京推进“影视之都”建设的价值和意义 *

惠东坡 **

摘　要　北京影视产业取得了辉煌成就，已经成为全国重要的影视产业基地。影视文化已成为北京最具活力和感染力的软实力，拥有巨大的经济价值和市场潜力，是北京经济发展和社会进步的核心动力和重要引擎。北京推进“影视之都”建设是北京迎接世界城市新一轮竞争、符合世界城市内涵和特征的城市发展战略，在提升北京和中国文化软实力，建构和传播北京城市形象，助推北京世界城市建设，促进北京区域经济和社会发展，提升北京在全球影视产业治理中的地位等方面具有重要的价值和意义。

关键词　北京　影视之都　软实力　世界城市　城市形象

推进“影视之都”建设是北京市在影视百年发展取得辉煌成就的基础上，在中央明确了北京作为全国文化中心的城市战略定位、习近平总书记为新时期首都文化发展指明了方向、北京市第十一次党代会提出“建设中国特色世界城市”奋斗目标的背景下，实施的北京影视产业发展和全国文

*　本文系 2020 年度国家广播电视总局部级社科研究项目“中国影视剧周边传播能力建设研究”（项目编号：GD2048）的阶段性成果之一。曾发表于人民网，http：//media.people.com.cn/n1/2020/0526/c40628-31724485.html.

**　惠东坡，男，传播学博士，北京联合大学应用文理学院教授，全球修辞学会－视听传播学会常务副会长，主要研究方向为修辞与传播、新闻话语、城市文化传播等。

化中心建设的总体规划和重要举措。在北京经济发展和产业结构调整的新时期、在首都职能新定位和建设世界城市的背景下，积极推进“影视之都”建设，是北京迎接世界城市新一轮竞争、符合世界城市内涵和特征的城市发展战略。北京推进“影视之都”建设的价值和意义主要表现在以下四个方面。

一、建构和传播北京世界城市形象

作为一种无形资产，城市形象是指人们对一座城市特有的历史文化、形态特征、精神气质的具体感知、总体看法和综合评价。它能够激发人们的认知和情感活动，是一座城市客观外在形态和内在精神底蕴通过各种符号主观建构和传播的结果。每个城市都有体现自己地域、民族性特色的符号，这些符号反映它所处区域的文化、历史、社会、经济、政治、哲学思想、宗教信仰、人际关系、生活方式等。人们通过这些符号，特别是具有普遍代表性、地缘特异性、推广价值的典范标志符号来感知、认识、建构、体验、传播和评价这个城市。因此，城市形象是一个由诸多独特符号建构的象征系统。一般来说，一个城市所拥有的世界知名度高、民族独特性强、历史文化价值高的典型标志性符号越多，其认知度就越高，影响力就越大。例如，一提到自由女神像，人们就联想到纽约；一提起宫崎骏，就联系到东京；一说起埃菲尔铁搭，就想起巴黎。同样，一说起长城、故宫、鸟巢、春晚、京剧、胡同等，人们马上会联想到北京。城市符号已经超越了其文化价值和象征意义，越来越成为一个世界城市的形象名片。

城市形象的一个重要特征或标准是其“感受性”，这种“感受性”有一个较为全面的系统体系，主要包括视听、行为、消费、情感等感受系统，这些是城市形象最直接的反映。与城市形象建构的其他方式相比，影像更形象、更立体、更生动、更高效。影视艺术也因此成为视听文化主导时代城市形象建构和传播的重要手段和载体。

北京博大精深的历史积淀和兼容并蓄的现代化情怀为影视生产提供了

丰富而极具地域特色的创作素材。影视生产和运营商作为灵动的市场运作者也把这历史和现代交融并存的多姿多彩的北京地域文化反映到影视作品中。1958 年，我国第一部电视剧《一口菜饼子》就体现了鲜明的京派韵味。《茶馆》《龙须沟》《渴望》《四世同堂》《编辑部的故事》《五月槐花香》《贫嘴张大民的幸福生活》《大宅门》等影视经典充分展现了浸泡在“皇城文化”与“平民文化”中人物的生活和精神气韵。不同的视角、不同的宗旨也会建构和传播风格迥异的北京城市风貌，这在四部不同的北京城市宣传片中得到了充分体现。《北京 2008》是一部注重旅游宣传的奥运形象宣传片，《品味北京》关注饮食文化，《北京印象》集中表现北京人的生活状态，《北京风光》则是一部关注现代都市色彩的风光欣赏片。

北京打造国际影视之都，通过影视文化建构和传播北京城市形象，可以表现北京的风土人情和富有生活个性的城市景观，还可以展现北京的城市人文精神气质。这应该成为北京参与世界城市竞争、谋求更多发展机会的重要战略。

二、助推北京世界城市建设

建设“世界城市”是北京市委、市政府立足首都资源禀赋、把握时代发展趋势、推动首都未来发展作出的战略选择。作为城市发展的高端形态，世界城市的影响力不仅体现在科技、军事和经济实力上，还更多地体现在文化软实力上，从这个角度来讲，文化软实力是世界城市建设的核心。而作为文化的重要载体和文化产业的主打门类，影视产品和影视产业又是提升文化软实力和影响力的重中之重。可见，建设世界城市是一个硬实力问题，更是一个软实力和文化问题。而影视文化创意产业是最能提升城市文化软实力的重要载体。从纽约、伦敦等具有全球影响力的世界城市的发展经验来看，文化是一个城市发展的关键，大力发展包括影视文化在内的文化创意产业是一个城市提升软实力、建设世界城市的重要途径。

《北京城市总体规划（2004—2020 年）》确立了到 2050 年将北京建设

成为世界城市的奋斗目标。世界城市的竞争实力是一种包括硬实力和软实力的综合实力，硬实力是前提和基础，文化软实力是核心。公认的世界城市不仅在政治、经济上具有世界性的影响力、控制力，而且还在文化上具有独特的吸引力、深刻广泛的集聚力和辐射力。提升包括文化创意产业在内的文化软实力是世界城市建设的应有之义。东京的文化创意产业已成为支柱产业，动漫作品产量已占世界的 50%。纽约影视产业、传媒产业、文化产业的迅猛发展，国家广播公司、纽约时报集团等文化传媒龙头企业的崛起和壮大，使纽约成为处于世界领先地位的文化大都市。世界城市的发展实践证明，包括影视产业在内的文化创意产业是世界城市的内涵，也是世界城市建设的重要环节，它可以有效提升世界城市的文化软实力，增强其综合实力。

北京历史悠久、文化底蕴深厚。有 3000 多年城市发展史，秦汉以来，北京地区一直是我国北方重镇，辽、金、元、明、清等先后定都北京。2020 年，北京建都史已经长达 867 年。[1] 在历史的发展长河中，北京逐渐成为中国的经济、政治、文化中心，创造了灿烂辉煌的文化。这里既有帝王宫殿、皇家园林、王公府第、战略要塞等体现传统文化与工艺的古建筑，也有体现市民文化与风俗的北京胡同、北京四合院等；既有京剧、戏曲等民族文化精粹，也有传承百年的老店和影响了中国历史进程的风云人物、历史事件。北京是一个具有独特历史、文化魅力的古老而又现代的文化名城，深厚的民族文化积淀为发展影视文化软实力提供了得天独厚的优势。

文化作为一种“软实力”，体现了一个国家、一座城市的核心竞争力，也直接影响着城市居民的价值观念、思维方式、知识创新、智慧才干。目前，北京的文化内涵和文化影响力已经提炼和升华为以“爱国、创新、包容、厚德”为主要内容的“北京精神”。它熔铸了北京文化的独特生命力、

---

[1] 金朝贞元元年（1153），金朝皇帝海陵王完颜亮正式建都于北京，称为中都，在今北京市西南。

创造力和凝聚力，也体现了首都市民的精神文化追求。北京的文化发展和城市定位密切相关，世界城市的建设目标要求北京发掘文化潜力、融合传统与现代、整合文化资源，大力发展影视产业、传媒产业、文化创意产业，不断提升北京文化产业的国际影响力，从而推动世界城市建设。

三、提升文化软实力

文化是一个城市的灵魂和标志，世界城市的特征和标志不仅包括其对全球经济和社会活动的控制力，还包括一流的文化影响力和感染力。

在文化创意产业中，影视文化是最具活力和感染力的文化软实力。作为一种视听文化，影视产品具有多重属性和功能，是受众乐于接受、影响广泛且深刻的一门艺术。信息时代，影视作为文化软实力的重要载体，在文化传承、国际传播、城市或国家形象建构、审美娱乐、价值和观念渗透、宣传教育、金融经济等方面发挥着越来越重要的作用。影视文化软实力是诸多软实力中最重要的组成部分，以影视艺术为重要内容的文化软实力，越来越成为一个国家综合国力和城市文化影响力和竞争力的重要内容。北京建设世界城市，必须努力提升影视文化软实力的影响力和感染力。通过影视作品所传播的民族文化、当代精神、思想观念等，受众可以深刻地感受到北京与中国的精神和活力。

北京是一个典型的文化本位的城市。雍容华贵的城市气质、浓郁的民俗文化气息、深厚的文化底蕴为发展文化产业提供了得天独厚的条件。作为北京文化的重要组成部分，北京的影视文化有着久远的历史。1903 年，林祝三在北京天乐茶园公开放映电影，这是中国人自己输入影片在国内放映电影的开始。1905 年，中国人自己拍摄的第一部电影《定军山》在北京诞生，这是中国民族电影的开山之作，标志着中国电影正式诞生。1907 年，外国商人在东长安街上创办了“平安电影公司”，这是北京第一家影院。1958 年 5 月 1 日，中国第一家电视台——北京电视台（1978 年改称中央电视台）试播。百年的发展和历练，成就了北京影视文化的辉煌，也为北京影视产业的跨越式发展奠定了坚实的基础。

北京国际电影节是由国家广播电视总局和北京市人民政府主办的国际性电影文化交流活动。北京国际电影节为促进中国电影事业、产业发展，增进中外电影交流、交易、合作搭建平台，充分体现文化惠民特色，努力打造具有“国际水平、中国特色、北京风格”的世界文化交流品牌，已成为中外电影发展的“产业孵化器”。[1]2019年第九届北京国际电影节共有77家企业的40个项目达成签约合作，总金额约309亿元，同比增长约18.5%。签约项目包括电影拍摄制作、产业基金、海外发行等。[2]

影视文化是提升北京城市软实力乃至国家软实力的一支重要力量。作为中国首都和全国的政治、文化中心，作为中华民族传统文化的展示和传播平台，北京应当在建设世界城市的过程中做好影视文化产业的发展规划，有目标、有重点、有节奏地推进影视文化产业发展，通过影视作品承载和传播我们优秀的文化，在国家文化发展和北京城市文化软实力提升过程中发挥中坚和引擎作用。

四、促进区域经济和社会发展，提升北京在全球影视产业中的地位

作为文化创意产业的龙头行业，影视产业是综合性、带动力、影响力最强的产业，拥有巨大的经济价值和市场潜力，已成为助推区域经济发展和社会进步的核心动力和重要引擎。

影视文化产业发展可以拉动区域经济增长，改善区域产业结构。影视产业是一个融合性很强的行业，涉及音乐、美术、文学、道具、布景、服饰、化妆、灯光、摄像、动画、表演、编导、广告、制播技术、投融资、

---

[1] 刘璟.第五届北京国际电影节活动简介［EB/OL］.http：//www.china.com.cn/v/zhuanti/2015-04/15/content_35328250.htm.

[2] 第九届北京国际电影节项目签约309亿元创新高［EB/OL］.http：//news.cctv.com/special/bjgjdyj2019/.

制片管理、放映发行、市场营销、市场调研、受众反馈等诸多环节和行业。影视产业的发展已经突破产业内部的壁垒，使得不同产业间的合作成为必须和可能。这就打破了一个城市甚至一个国家的原有产业布局，特别是影视产业集聚区的产生和发展，很好地发挥了产业集聚效应和规模效应。它不仅促进了影视产业自身发展，也有效带动和促进了区域经济的可持续发展和产业结构转型，其绿色 GDP 贡献率首屈一指。中国（怀柔）影视产业示范区，是 2014 年 5 月 4 日经国家新闻出版广电总局批复同意设立的产业链条完整、关联企业集聚、综合服务齐全的国家级影视产业集聚区，是北京市首批文化创意产业集聚区，也是首都唯一的影视产业集聚区。怀柔区经过近几年的发展，目前已初步形成从剧本创作到拍摄、特效、制作、交易、旅游等“一条龙”全链式影视产业链，一个产城结合的国家级影视产业示范区已初现轮廓，影视产业带来的区域发展红利正逐渐显现。[1]

高新科技是影视产业发展的巨大动力，也是社会现代化进程的助推器。现代科学技术不仅丰富了影视艺术的创作手段和表现方法，还创造了蕴含智慧、知识、思想、观念的巨大精神财富。这不但促进了影视文化的传播，也有效提升了人的整体素养，从而促进了产业结构升级和社会文明的发展。尤其是移动互联网、5G、8K 等技术的出现，使得第三产业出现了结构性调整，传统的餐饮商贸、金融保险、产品运输等逐渐转向与影视产业相关联的文化行业，如传媒策划、广告营销、娱乐演出等。这些以知识、文化为特征的先导性行业的快速发展，又带动了印刷、造纸、网络传输、电子存储、信息技术、通信技术等相关行业的进步，促进了国家或区域经济的发展和整个社会的现代化建设。

在知识经济发展风起云涌的今天，经济发展越来越依靠文化的力量，文化也愈发显示出巨大的经济能量，北京大力发展影视文化产业可谓恰逢其时。在中国影视整体快速发展的态势下，北京凭借作为全国政治、文化

---

[1] 方彬楠，闫杰．影视产业成怀柔区域转型新支点［N］．北京商报区域经济周刊，2015-04-13.

中心的区域优势，影视产业发展迅速，成为推动北京传媒经济、区域经济发展的最优动力。建设国际影视之都，可以促进北京充分利用全球影视资源、参与全球影视市场竞争，吸引更多的国际影视组织和跨国影视公司落户北京，完善北京和我国的经济发展方式，从而有力地提升北京在全球影视产业治理中的地位。

总之，推进“影视之都”建设可以将首都的文化资源，特别是影视资源优势转化为现实的生产力和竞争力，为建设世界城市、新时期首都文化发展提供战略支撑，是北京建设世界城市、提升城市文化软实力和中国对外传播总体布局的关键环节。提出打造和推进“影视之都”建设的目标，不仅是适时和必要的，而且对北京影视产业发展和全国文化中心建设具有深远的战略意义和广泛影响。

京味电视剧的回忆空间与文化乡愁 *

周春霞 **

摘　要　都市新空间不断涌现的现实语境下，京味电视剧以回忆空间为书写内容，表现回忆对现实的回应；以凸显文化乡愁为特色，表现记忆对家园乌托邦的建构；以现代性反思为思想依据，表现传统与现代的辩证关系，传达着北京城市文化在现代转型中的文化坚守。

关键词　京味文化　回忆空间　文化乡愁　现代转型

本文所指的京味电视剧，特指近几年以传统北京城市空间为表现对象的电视剧作品。近几年京味电视剧日渐风靡，它们以都市新空间为参照系，不断以影像书写日渐消逝的传统空间，胡同、四合院、部队大院、大杂院、老城门日益成为重要的空间符号，出现在京味电视剧中。《正阳门下》(2013)、《情满四合院》(2015)、《生逢灿烂的日子》(2017)、《正阳门下小女人》(2018)、《芝麻胡同》(2019)等一系列电视剧的出现，营造出独特的回忆空间，勾起地域观众的怀旧思潮。从根本的意义上来说，它更

---

* 本文系北京市社会科学基金项目“北京城市新空间书写与文化认同研究”(17WXB001)、北京学基地开放课题“北京城市书写中的文化乡愁研究”(BJXJD-KT2018-YB09)的阶段成果，曾发表于《当代电视》2019年第8期。

** 周春霞，女，文学博士，北京联合大学应用文理学院副教授，硕士生导师，主要研究方向为文化研究、影视传播。

像是一种文化乡愁，意在反思突飞猛进的城市化进程中北京作为城市空间的文化价值，启发人们思考城市化、现代化转型过程中传统京味文化的弘扬与传承。

一、回忆空间：记忆与现实的辩证法

作为将城市文化、人文景观、行为主体紧密结合在一起的地域文化，“京味文化”一直以来颇受关注且成就斐然，形成了独特的审美风格、文化底蕴、思想内涵，在构建北京城市想象共同体、实现城市文化认同方面功不可没。老舍笔下的小羊圈胡同、陈建功小说中的鬈毛、王朔书写的部队大院、刘恒塑造的贫嘴张大民，承担着人们对北京的城市想象与文化观照。京味文化一直承担着书写处于变革洪流中的北京城市空间、塑造生活于其中的北京人的重要功能。

近几年，京味文化的发展越来越耐人寻味。一方面，以北京为题材的都市情感剧中的京味文化逐渐淡化，除了几个标志性建筑作为空间符号提示人们故事发生地是北京之外，人物精神气质、城市文化底蕴已同城市新空间一样面临着千人一面、千城一面的尴尬境地；另一方面，京味浓郁的电视剧越来越回归传统北京城市空间，以回忆空间引起人们的文化乡愁与怀旧情绪。在此语境下，《正阳门下》《情满四合院》《生逢灿烂的日子》《正阳门下小女人》《芝麻胡同》掀起一股京味文化的怀旧思潮。当人们在日常生活中从充斥着现代或后现代空间符号的标志性建筑如国家大剧院、鸟巢、央视大楼间穿行而过时，其情感倾向却越来越被胡同、四合院、正阳门等北京特有的城市空间所捕获。

京味电视剧重建回忆空间的行为从某种程度上显示了当代城市文化以回忆回应现实的行为。德国学者阿莱达·阿斯曼通过征引皮埃尔·诺拉“之所以有那么多人谈论记忆，因为记忆已经不存在了”这句话，引出他自己对记忆问题的思考，即“一个现象要先消失，才能完全进入人们的意识”。阿莱达·阿斯曼将之概括为回忆的“后顾性”。[1]回忆空间的建构正是在记忆与现实的辩证关系的基础之上。京味电视剧中出现的空间在现实中已难寻觅，现在这些消逝的空间不断出现在京味电视剧中，形成回忆空间。

与莎士比亚在其历史剧中通过历史回忆建构国家身份认同、卢梭的《忏悔录》通过生平回忆建构个人身份认同的意图相类似，京味电视剧很少以都市新空间为表现对象，而是主要将传统城市空间作为其表现内容，意图通过建构起回忆空间来与现实空间展开对话，以此建立城市文化身份认同。《芝麻胡同》中京味儿十足的四合院、老街坊、酱菜院子、小酒馆、熙攘嘈杂的街道以及人潮涌动的闹市等场景，勾勒出老北京的面貌，而《情满四合院》更是直接以四合院这一北京独有的空间为表现对象。《情满四合院》的导演坦言，在拍这部电视剧的时候质疑的声音很高，很多人认为京味剧过不了江。“当时有人出主意，把四合院改成筒子楼，我说那就别拍了，单元楼怎么能前脚出门，后脚推邻居家的门就进，不是那么回事”。[2]刘心武在《钟鼓楼》中以惋惜的心情用了整整一节对四合院的格局与建制进行了说明性描述，并命名为“本书的一个大主角——四合院”，“从某种意义上说，它是研究封建社会晚期市民社会的家庭结构、生活方式、审美意识、建筑艺术、民俗演变、心理沉淀、人际关系以及时代氛围的绝好资料”。[3]这种观点暗合了法国理论家列斐伏尔关于空间并不是故事的容器，其本身生产着社会关系的思想。

将空间作为研究对象，去观照自改革开放以来的京味电视剧，大体上可以发现一个趋势，即京味电视剧中对于空间的描写经历了“新空间想象”“新空间呈现”与“老空间怀旧”三个阶段，虽然各个阶段中，代表老北京空间的意象不断出现，但是从情感结构上来说，仍然可以梳理出电视

---

❶ ［德］阿莱达·阿斯曼．回忆空间：文化记忆的形式和变迁［M］．潘璐，译．北京：北京大学出版社，2016：1.

❷ 刘家成食言，再导京味剧有何不同［EB/OL］．［2019-02-21］.http://ent.sina.com.cn/zz/2019-02-21/doc-ihrfqzka7666769.shtml.

❸ 刘心武．钟鼓楼［M］// 刘心武文粹（第 1 卷）．南京：译林出版社，2016：185.

剧中人物对于新空间的向往到对旧空间怀旧的大体趋势。

改革开放初期的影视剧充斥着对胡同、四合院、大杂院的逃离情绪与对新空间的想象，在很多的作品中，旧空间是拥挤、逼仄的，而新空间是舒适、明亮的。《贫嘴张大民的幸福生活》虽题目为“幸福生活”，但实质上描述的是老北京大杂院空间里的辛酸故事，七八口人挤在只有十几平方米的房间里，吃饭、睡觉、结婚、生子都是一场场空间争夺战。当张大民一家三口坐在屋顶上，边放飞象征着自由与希望的鸽子，边讨论“人为什么活着”的时候，张大民用一贯调侃的语气说：“只要没有人枪毙你，你就活着。”这部电视剧在表现辛酸生活的同时，同这一时期的很多电视剧一样，结尾时剧中人物即将住进代表着理想空间的、象征着新生活开始的单元楼。

从空间角度而言，京味文化的韵味就蕴含在四合院、胡同、城墙城门、大院这些建筑空间里。只有在胡同四合院组成的传统建筑空间中，京味电视剧才能演绎出真正的“京味儿”，无论是演员们操着纯正的京腔，道出幽默感十足的俚语，还是骆驼拉货、北京杂耍、拉洋片儿等传统民间艺术流淌在街景间，都折射出老北京有声有色的生活画卷和历久弥新的传统文化内容。只有将故事放置在这种独特的环境中，才能表现出京味文化的独特意味。难怪芬兰建筑思想家尤哈尼·帕拉斯玛说：“建筑是我们联系时空的首要工具，并给予这些维度人性的度量。它驯化了被人类承受、安居和理解的无限的空间与时间。”❶电视剧固然要塑造人物、讲述故事，但是在空间转向之后，列斐伏尔将空间上升到本体论的地位加以研究的事实表明，空间本身即可成为艺术表现的主体。

二、文化乡愁：怀旧与乌托邦的辩证法

回忆空间引起的是怀旧情绪，是一种永恒的文化乡愁。当过去熟悉的

❶［芬兰］尤哈尼·帕拉斯玛．肌肤之目：建筑与感官［M］．刘星，任丛丛，译．北京：中国建筑工业出版社，2016：21.

街巷被拓宽成千篇一律的街道，城门风化成文物符号，修葺一新的胡同、四合院在商业化开发之后成为高档休闲娱乐场所，街头巷尾听不到叫卖声和街坊邻居的寒暄，抬望眼只看到都市新空间和新的标志性建筑的时候，人们只能从心底里涌起一种文化乡愁与怀旧情绪。既然城市不是固定静止的客观容器，它一直处于变动之中，那么这种怀旧情绪就不可避免。

近几年京味电视剧的兴盛无疑是人们怀旧情绪的镜像式表达。德国学者阿莱达·阿斯曼指出，“我们今天面临的不是记忆难题的自我消解，而是它的强化。其原因在于，如果不想让时代证人的经验记忆在未来消失，就必须把它转化成后世的文化记忆。这样，鲜活的记忆将会让位于一种由媒介支撑的记忆，这种记忆有赖于像纪念碑、纪念场所、博物馆和档案馆等物质的载体”。[1] 阿莱达·阿斯曼在这里强调的是，经验记忆只有转化成文化记忆才能真正形成集体记忆，不至于在未来消失。城市记忆在很大程度上要依赖于城市空间意象的重构。京味电视剧在此意义上表现的是北京这个城市中的文化乡愁。

京味电视剧的文化乡愁的主要载体就是胡同、四合院这些传统空间。胡同、四合院是北京的标志性建筑形式。四合院空间是公共空间与私人空间结合的典型空间意象，人们根据长幼尊卑等级而居，关上门自成一体，形成私人空间，打开门抬脚即步入公共空间之中。《情满四合院》主要突出在这个空间中人与人之间的“情谊”关系。在这个空间里，人与人之间形成熟人社会。与现代的陌生人社会相比，在熟人社会中，矛盾与问题的解决主要依赖于具有公德意识的人物。剧中的一大爷、二大爷、三大爷无疑是公正的化身，虽然他们自身也许有这样那样的缺点，但是这丝毫不影响他们在处理公共事务时的影响力。他们主持正义、打击邪恶、帮助弱小、热心公正，与现代陌生人社会情淡义薄形成反差。何雨柱被人称为“傻柱”，在揶揄中显示的是老北京的伦理道德与人情温暖，反衬与批判的

---

[1] ［德］阿莱达·阿斯曼．回忆空间：文化记忆的形式和变迁［M］．潘璐，译．北京：北京大学出版社，2016：6.

是经济社会中以金钱利益衡量价值高低的扭曲价值观。电视剧对何雨柱欲扬先抑的手法烘托出时代变迁与价值标准的变化。类似的人物还有《正阳门下》的韩春明，在社会大潮里面浮浮沉沉却始终不改其热心本性。这种人物形象与性格是四合院空间在人物的精神气质上打下的深刻烙印，脱离开这个空间，人物就失去了其文化底蕴与心理积淀。

如果说《情满四合院》是对四合院这一兼具公共空间与私人空间的空间意象的书写，《芝麻胡同》《生逢灿烂的日子》则突出展现的是胡同这一公共空间里的人生百态。自第一代京味作家老舍开始，胡同文化一直是京味文化特色之一。《四世同堂》里小羊圈胡同各色人等在国家危难面前的不同选择呈现的是北京这个城市里城与人的丰富性与复杂性。《芝麻胡同》虽然以严振声家庭婚姻生活的几次波折为主要焦点，但围绕在他身边的人物个个丰富饱满。《生逢灿烂的日子》里，老三几次改变命运的际遇都发生在胡同里。

《正阳门下小女人》则将酒馆这一空间呈现在观众面前。与上海的咖啡馆代表的现代性空间不同，酒馆着重体现北京包容厚重的文化气度。酒馆不再是故事的舞台，其本身成为电视剧呈现的主角。只有酒馆这种带有北京特色的公共空间，才是三教九流、“有里”“有面”的北京人日常生活的空间。

文化乡愁在某种程度上已经超越了具体的空间意象，成为对现代生活中“家园”失去的缅怀。胡同、四合院、酒馆的空间书写不仅体现着北京城市空间的特色，更体现着北京城市文化精神家园在向现代文化转型过程中的缺失。吉登斯曾经指出：“现代性以其前所未有的方式，把我们抛离了所有类型的社会秩序的轨道，从而形成了其生活形态。”[1]列斐伏尔从日常生活批判中看到了空间的社会生产特征。北京城市影像的回忆空间书写正是试图在传统社会与现代社会、传统精神与现代精神的断裂处进行弥合的努力与尝试。

---

[1] ［英］安东尼·吉登斯．现代性的后果［M］．田禾，译．南京：译林出版社，2000：4.

颇具讽刺意味的是，这些承载文化乡愁的胡同、四合院只是当代人想象的产物。现实生活中的这些城市空间带给人们的并非完全是美好的记忆。许多京味电视剧对记忆空间做了乌托邦化处理。“回忆的进行从根本上来说是重构性的；它总是从当下出发，这也就不可避免地导致了被回忆起的东西在它被召回的那一刻会发生移位、变形、扭曲、重新评价和更新。”❶乌托邦空间寄托着人们的美好理想。它是不存在的、遥远的，但却是人们理想中的美好空间。赵静蓉指出：“城市乌托邦与城市记忆其实是悖谬或对立的一组二元结构。一个是以未来为导向，一个是以过去为内容；一个是对希望和理想的规划，一个是对传统和历史的反思。城市乌托邦和城市记忆的并存最深刻地反映了现代城市生活的矛盾重重。”❷与雷蒙·威廉斯在对乡村与城市进行一番考辨之后所指出的，田园主义怀旧出于反对资本主义金钱秩序而将情感附着于一个理想化的前资本主义美好世界是对历史的歪曲和误读一样，将城市记忆乌托邦化也是文化乡愁的一种表达方式而已。

三、“自反性”现代性：传统与现代的辩证法

京味电视剧用怀旧的形式对城市在现代化进程中传统与现代性矛盾关系展开了反思。英国学者彼得·布鲁克将“自反性”现代性置于中心位置，认为小说和电影无疑提供了对城市空间进行反思的功能，“我一直坚持这样的观点：文学和电影通过模仿可能的、可供选择的与身份和社会性有关的故事，对现代批评文化和重塑的城市想象起着促进作用”。❸这类小说和电影要解决的是城市从何处来、向何处去的问题。多琳·马西将城

---

❶［德］阿莱达·阿斯曼．回忆空间：文化记忆的形式和变迁［M］．潘璐，译．北京：北京大学出版社，2016：24.

❷ 赵静蓉．作为时间概念的城市：记忆与乌托邦的两个维度［J］．探索与争鸣，2018（10）：125.

❸［英］彼得·布鲁克．现代性和大都市：写作、电影和城市的文艺社群［M］．杨春丽，译．南京：江苏凤凰教育出版社，2015：235.

市描述为“许多故事的交叉点”，现代主义和后现代主义文本如何阐述城市不断变化的物质形态、主体经验和社会经验，一方面去探究这些故事如何解读城市，另一方面去认识城市的形态和形成过程如何使那些解读成为可能或受到限制。城市空间与空间书写，即“想象的城市”与“书写的城市”是一种对话性关系。小说的象征性想象为现实城市空间提供了各种可能性，而城市空间造就、削弱或提供想象的材料。

本雅明在 19 世纪通过对城市、建筑以及公共空间的考察，从拱廊街中发现了真正的现代城市空间。吉登斯认为现代化经历了“时间的虚化”与“空间的虚化”，前现代社会空间和地点的一致性在现代社会被打破，“缺席”与“在场”的关系更加复杂。城市空间的演变与社会现代转型息息相关。德波拉·史蒂文森认为城市美化运动中造就了权力景观；而在北京城市现代化进程中，又增加了商业侵袭的因素。与传统的逝去相伴而来的，是“大城市病”所带来的“城愁”。没有了来路，去往何方也成了问题。

与本雅明从城市、建筑的角度进行研究的理论框架不同，西美尔从空间体验的角度研究现代性，他从心理体验的角度指出都市社会中的人由于过度刺激，“器官变得麻木不仁，毫无个性”。新空间带给人们的麻木不仁与传统历史空间共同体的解体带来的惋惜，两者共同形成了京味电视剧的思想基础与情感基础。《芝麻胡同》中对京味十足的“京片儿”的过分强调，正是这种文化心态的反映。在这部电视剧的第一集，主人公就以浓郁的京腔京韵开场：“一样的谷，养百样儿的民，二道眉的艮，大卫青的辛，三缨子的麻，张苤蓝的筋，泥偶都有三分土性，您就更甭提咱百家姓的人了，在那个想解馋，辣和咸，吃食离不开酱和盐的老式年间，活着也好比缸里腌”，“癞蛤蟆爬脚面，不咬人恶心人”。这些日常生活中都不再常见甚至罕见的语言出现在电视剧里，其实是想以一种激进的方式表现对老北京的怀念。今天京味文化电视剧中关于四合院、胡同、酒馆等空间的呈现，也多半被赋予了时代的理解与记忆。“被回忆的过去永远掺杂着对身

份认同的设计，对当下的阐释，以及对有效性的诉求。”❶

因而，这些京味电视剧的原本意义也许并不是仅仅满足于将原汁原味的带有强烈地域色彩的北京人的日常生活呈现在大家面前。它更多的意义应该在于启发人们思考：京味文化中的哪些部分被保留？我们今天的怀旧，到底在怀念什么？今天现代化的城市生活，又缺少了什么？

影视剧里的传统空间明显与现代生活空间形成鲜明对比。在现代化生活空间中，“电话、电视、录像、家用电脑之类的东西引入了一种全新的接触方式。公共空间中的直接交往现在可以为间接的远程通信所取代。身临其境、参与和体验也可以通过被动地观赏画面、了解他人在别处已经经历过的场景这种方式来代替。汽车使人们可以随心所欲地驱车出去会朋友和观光，而不断积极参与当地自然发生的社会活动”。❷我们的日常生活正在现代技术的影响之下，成为一种吉登斯意义上的“脱域”的生活。

现代都市空间的“千城一面”是现代城市文化的一个表现形式。反映现实生活的都市情感剧将写字楼、社区、单元楼作为人物主要的活动场所。这些故事也许会以某一个城市为背景，但有意思的是，如果将故事背景换为另一个城市也没有什么不妥。赵园在《北京：城与人》中强调的人与城的精神联系被割断。2019 年上映的电视剧《都挺好》引发热议，据说还带火了苏州的巷子经济，但是如果换成其他城市，也不觉得有任何违和感。《恋爱先生》中出现的高大上的工作空间，无论是外景还是空间内部设计，都与这个城市的关系不大。

现代都市空间的隔离状态是现代化对城市文化的另一个冲击。“居住方式、居住环境的改变，终将改变北京人的生活方式——尤其是人际关系、人际交往形式——这胡同文化中最足自傲的部分。”❸赵园提及，北京人的居住空间从四合院式的封闭到公寓大楼里单元房的封闭，已是全然不同的

---

❶ ［德］阿莱达·阿斯曼.回忆空间：文化记忆的形式和变迁［M］.潘璐，译.北京：北京大学出版社，2016：85.

❷ ［丹麦］扬·盖尔.交往与空间［M］.何人可，译.北京：中国建筑工业出版社，2002：53.

❸ 赵园.北京：城与人［M］.北京：北京大学出版社，2014：104.

文化。生存的空间形式对人的文化性格、城的文化面貌的影响已经显而易见了。电视剧《生逢灿烂的日子》中的父亲、母亲最终无比留恋地离开了小院，离开了生活了几十年的街坊邻居；生活在大杂院中的“张大民”们最终离开了狭窄逼仄的大杂院，住进了单元楼。现代城市空间带来了生活的便利，人与人的关系却疏离了，传统城市空间只能存在于镜像中，供人回忆，却再也回不去了。

概而言之，无论是刘家成导演的京味三部曲《正阳门下》《正阳门下小女人》《情满四合院》，还是果静霖编剧的《生逢灿烂的日子》，都是努力尝试以空间书写时间的年代大剧。他们用影像塑造出特定的京味空间，传递着对京味文化的怀旧与乡愁。京味电视剧在记忆与现实、怀旧与乌托邦、传统与现实的矛盾纠结中谱写了一曲京味文化的颂歌，表达出对北京城市文化在现代转型中的文化坚守。

京味电影的景观呈现、情感表达与怀旧气息

姚婉莉 *

摘　要　北京是京味电影的发生地，所谓“京味”，是电影影像中呈现出来的指示性的地域特征和风格样式。京味电影以其鲜明的景观呈现、独特的情感表达、浓郁的怀旧气息区别于其他类型的电影作品。京味电影一方面带有鲜明的不同时代的景观特征，另一方面也表达着导演们对于这块宝地的爱恨情仇。

关键词　京味电影　景观呈现　情感表达　怀旧气息

所谓“京味”是电影影像中呈现出来的指示性的地域特征和风格样式。京味电影以其鲜明的景观呈现、独特的情感表达、浓郁的怀旧气息区别于其他类型的电影作品。艺术家将情感投注在北京的生活经验及感受里，描写大小杂院、四合院和胡同，描写市民世俗生活所呈现的意趣风致，描写斑驳破败仍不失雍容气度的文化情趣，构成古城景观的各种职业活动和寻常琐事，这些电影洋溢着浓郁的北京地域文化特色，具有京华色彩的风俗文化、人情世态。

* 姚婉莉，女，电影学博士，河北传媒学院副教授，主要研究方向为影视编剧理论与实践。

一、京味电影中鲜明的景观呈现

北京是京味电影中故事的发生地，因而，在京味电影中，无论是故事发生的环境与场所，还是转场所用的空镜，无一不渗透着北京独有的景观。从根本上来说，京味电影与京味文学一脉相承。早期很多京味电影作品直接由京味文学改编而来，京味文学为京味电影提供了造型基础。小说中重点描绘的场景，在电影中成为重要的景观得以呈现。

1. 景观是展开故事的重要场所

话剧《茶馆》为读者塑造了一个重要的空间景观——北京的裕泰茶馆，围绕此地，各色人等粉墨登场，提笼架鸟、算命卜卦、卖古玩玉器、玩蝈蝈蟋蟀者无所不有。此话剧以北京裕泰茶馆的兴衰变迁为背景，向人们展示了清末至抗战胜利后的北京社会风貌的变化及各阶层人物的不同命运。电影《茶馆》(1982)由话剧改编而来，但是因视听语言的先天优势，在景观呈现方面有很多优势。电影通过裕泰茶馆的环境造型变化，展示了戊戌变法、军阀混战和新中国成立前夕近半个世纪中国社会的逐步黑暗和混乱，预示了否极泰来的乐观前景。

京味电影的空间景观并不是一成不变的。随着时代的发展，景观不断发生变化，而变化的景观恰好成为影片凸显时代变迁的重要造型手段。在《二子开店》中，待业青年二子带领几个有污点的青年自主创业办起了胡同小旅店。在环境造型中出现后海、胡同、四合院、北京站、正在施工的环路等符号。风格是喜剧的，摄影明丽温暖，让整个北京沐浴在阳光的普照下。影片造型告诉我们它的社会背景是改革开放初期，国家鼓励个体经济，号召改变旧有的僵化思想，实现多种经济并存。影片淡化了社会大冲突，就是刚露端倪的个体和公有的关系，新的生产关系和旧的生产关系的冲突，代之以人和人之间微小的抵触。喜剧性也来自对陈强扮演的二子父亲的讽刺上，对守旧掣肘之人的挤兑。

2. 景观是表现矛盾冲突的重要载体

电影《甲方乙方》中，我们可以看到景山下扭秧歌的队伍、有专线的公交车、北京远郊新开发出的旅游点、北京的高尔夫球场、北京的仓储大超市等。《顽主》中三个年轻人开办替人排忧解难的公司，名曰“三T”公司。他们遇到各种各样的业务，这些业务正是改革开放初期，人的欲望如潘多拉魔盒被打开后应运而生的，三个貌似离经叛道实则善良进取的年轻人没办法处理这些社会矛盾，公司最终倒闭。在影片中环境造型的符号都具有寓意，表现了国家转型时期乱象中人的痛苦。比如，主人公于观在工作中遇到困难心灰意冷之时，翻越天安门长安街上的栏杆，被交警罚站，骗警察说自己是从安定医院逃出来的，直到被女友丁小鲁接走；三T公司在美术馆前做排忧解难的咨询——“美术馆”在20世纪80年代是一个政治符号，当年要求民主自由的“星星美展”，便是在美术馆前集结的；三T公司在北京展览馆里替作家宝康颁奖等。北京展览馆是20世纪80年代城市现代性的体现，是北京标志性的建筑，留在北京市民心中昔日荣光的会议中心。影片高调表现了具有时代特征的都市新形象：车流湍急的大街、立交桥、三环路、地铁一号线等；北京展览馆里的京剧、古装、泳装等服装表演，象征改革开放初期各种思想的混杂；于观许诺来宾举办迪斯科舞会和自助餐，迪斯科舞会和自助餐等都是时代的标识。影片突出了笑点的同时，以一种戏谑的方式显示出了改革开放前后社会道德伦理、价值观念、思想观点等在日常生活各领域中出现的矛盾冲突、碰撞、整合。

除了以景观呈现社会转型带来的矛盾冲突外，一些影片也通过景观展现城乡冲突。《十七岁的单车》以北京外地民工潮为背景，描写这种社会结构性的不公平造成的人群的冲突。河南农民小贵在快递公司找到了一份称心的工作，但他把自行车丢了，失去了交通工具也就意味着丢了工作。最后小贵因为找自行车而倒霉，被裹挟着参与了一场械斗。影片中的北京是外地人眼中的北京，那种特意而为之的北京腔调也是胡同小混混的腔调。一切北京的元素都是引起不适的，比如逼仄走不出去的胡同，胡同里的麻木不仁，见打架也熟视无睹的北京底层市民，他们对弱肉强食的冷眼旁观也是对阶级分化的麻木。城市贫民住的鼓楼边上的老楼，解放前曾是资本家的官邸，现在被住成了破烂不堪的危楼大杂院。正是这里面走出来的少年面对外地同龄人依然有着精神贵族的感觉，可也沦落到与他人抢一辆自行车的地步。作为符号的影像指认了纷乱的地形芜杂的西直门大街、酒店里贵族阶级洗澡的地方、新兴的快递产业等。

3. 景观是文化记忆的重要载体

《阳光灿烂的日子》用一种迥异现实主义的更加魔幻的风格述说着时代变迁与文化记忆。影片再现了带有时代特色的军队机关大院、世俗的充斥着打群架情节的北京胡同、再现人和人亲密关系的公共澡堂、古色古香民国遗存的中学建筑、远郊的农场、露天游泳场、卢沟桥等。卢沟桥是北京的标志性建筑，古时候，北京城里的人送朋友最远就到卢沟桥，送者打道回府，行者自奔前程。影片的风格是狂欢式的，魔幻现实主义的，这种神秘怪诞风格是存在主义哲学思想影响下的最准确地表达某种情感和情绪的方式。

二、京味电影中独特的情感表达

一个城市有一个城市的独特文化和独特情感表达方式。京味电影作为北京城市文化的重要艺术形式，充分体现了京味文化雍容大度又宽厚仁和，含蓄蕴藉又温情脉脉的特点。如电影《茶馆》尊重了老舍的原作，但让结尾变成了开放式的，并没有让掌柜王利发上吊寻短见。在电影中，作者对于很多人物都报以深深的同情。尤其是常四爷和秦仲义，他们都是社会的进步力量，都在思考如何才能让国家变得更强大。秦仲义是民族企业家，主张实业救国，认为落后就活该挨打。身为八旗子弟的常四爷，看到了社会结构性的问题，阶级固化的问题，因此主张救济施舍做善事。除此之外，掌柜王利发、松二爷、刘麻子和唐铁嘴等旧时人物都被作者深深地同情和缅怀。在电影里，观众看到了历史情感的接续和传承，并没有因为新意识形态的上位而出现历史温情的断裂，不是阶级的人性观，而是普世的人性观。

这种温情脉脉的风格同样表现在《顽主》中。影片虽然对改革开放之初泥沙俱下与传统保守的现象统统给予辛辣的嘲讽。但是，影片依然保有一种温情，设计了不团圆的大团圆结局：朝阳里，濒临倒闭的公司门口排了长龙似的等候公司营业的队伍。影片预示了一个社会结构开始变化的新世界的到来，并以纯真的积极进取心态去探索未知的前景。作为主人公的三个年轻人看似离经叛道，实则是非分明，善良重情谊。他们与伪善的道德老师、知识分子、肛肠科医生划清界限，就是与改革开放前的社会思想窠臼相区别，厌恶那些知行不合一之人，用冠冕堂皇遮掩卑鄙猥琐之人。影片写出了三个年轻人的痛苦与快乐，有对未来生活的希望，也有世人皆醉我独醒的孤独。三个年轻人的三T公司虽然最终难逃关门大吉的悲剧命运，却在某种程度上暗示了对社会想象的理想主义终将回归到现实问题的解决方式方能得以根本解决。

《霸王别姬》的剧作家芦苇和导演陈凯歌同样采用一种温情的方式来抒写各色人物的最终命运。比如，成角儿后的程蝶衣和段小楼路遇太监张公公，张公公曾经猥亵过程蝶衣，但再见他时，他已经是垂垂老矣的乞丐。程蝶衣和段小楼并没有把他当敌人，而是像老朋友一样陪着他坐在路边，此时无声胜有声，多少恩怨已如历史的尘埃风吹雨打去，留下的是“六翮飘飖私自怜”的感慨。

《阳光灿烂的日子》采用主人公马小军成年后以第一人称回忆自己的青少年时代的方式来讲述故事。电影中主人公身处改革开放的20世纪90年代初，回望“文革”末期的70年代末的亲身经历。之所以感慨于有“信仰”的青少年时期，是因为迷茫于人情淡薄、纸醉金迷、人人拜金的90年代，即使曾经的信仰是乌托邦，也充满了理想主义那令人神往的牺牲精神，更何况它是一代人的集体青春记忆。影片又将青春期的生理和自我意识的启蒙同“文革”时期意识形态相冲突，造成主人公生命中一段本该华彩乐章的黯然失色，即使是这样不完美的信仰记忆也好过信仰金钱。

影片《甲方乙方》的喜剧性或对现实的讽刺仍然是温情脉脉的。讽刺守口如瓶，宁死不屈；讽刺只会奉献而不索取的妻子；讽刺假有钱人；讽刺假明星；讽刺老百姓的阿Q精神。影片的结尾是积极的，肯定了未来的道路是光明的、有希望的。炒房、投机是底层平民变特权的新途径。影片展现了人们梦想的五花八门，同时也再现着空虚，呼唤着信仰的重建。《甲方乙方》要求电影描绘出的世界是有条理的，有秩序的，有生命力的和有希望的，它要通过隐喻去净化和美化我们所表现的世界。

三、京味电影中浓郁的怀旧气息

改革开放之后，随着社会现代化进程的不断加快，新生事物层出不穷，而那些代表老北京气质与风度的老物件、老习俗渐渐远去或消逝，更加令人惋惜的是，老北京的精神气质与优良品质似乎也随之消逝，这不能不让人怅然若失。京味电影对传统的渐行渐远表现出浓郁的怀旧情绪。

1. 对传统文化习俗与人际关系的怀旧

影片《洗澡》是中国少见的写人的心理历程的电影。影片以北京大规模的拆迁搞房地产经济为背景，表现了对旧的社会生活生产关系的留恋，那种情感就像对父亲的留恋，难以割舍。拆迁就是丢掉过去，丢掉父亲和对根的记忆。影片颇为具有民族电影的风格，北京的气息扑面而来：胡同，澡堂，玩蛐蛐的老者……

拆迁的正当性与北京人对澡堂的依恋形成你死我活的冲突，澡堂所形成的特殊的人和人之间的关系就是一种隐秘的乌托邦式的社会关系，在这里人与人相互关心和救助，彼此相依偎着生活，没有等级和种族之分，在这里不是以金钱衡量一切。影片最后，深圳回来的刘二明终于感受到了这种浓得化不开的关系，对拆迁表现出反感和无奈。刘二明的思想转变就是观众思想的转变，对房地产经济破坏人文生态有了感性的认识。这同老电影《夕照街》不同，《夕照街》是 20 世纪 80 年代初的描写拆迁的电影，它拆掉的是历史的垃圾，而 90 年代末《洗澡》中丢弃的是历史的瑰宝。

2. 对社会道德伦理层面的怀旧

这一点突出表现在电影《老炮》中。六爷，张学军，即使从名字上看也是一个过去式的人物，有着鲜明的“文革”印记。《老炮》的主人公张学军就是一个沿袭了旧社会帮派习气的老江湖，这种缺失传统教育的个体“穿越”到现在又缺失了现代文明教育，完全缺去参与社会竞争的能力！

人最悲伤的便是“英雄末路，美人迟暮，江郎才尽”。主人公张学军便是昔日叱咤风云的英雄，靠打架不要命和勇猛建立了自己的江湖地位。可如今物是人非，英雄的概念变了，什么叫英雄？有钱，能创造 GDP 那才叫英雄！张学军成为都市贫民，是靠着回忆苟且偷生的人。让他变成英雄的事已经不多了，但救援儿子和举报贪官让他又如黑暗中的火星，在清冷寂寞的夜中如回光返照般用尽全身的力气闪了一闪，使正义得以昭彰，使人生得以扬眉吐气。

在《老炮》中，社会由毫无信仰对青年人来说充满江湖气氛的 20 世纪 70 年代到改革开放欣欣向荣的 80 年代再到全民经济生活取得一定成绩的 21 世纪 10 年代，中国人的经济头脑、自我意识增强了，从前评价一个人的杠杆被另一种价值标准替换了。昔日的英雄便成了不合时宜的人，成了堂吉诃德般的被人耻笑的人物，并且别具悲剧意味的是他还不自知。

结　语

以强烈地域文化彩色见长的京味电影是地域文化的产物、历史文化的产物，也是生于兹长于兹的导演们倾注了无限情感于其中的产物。因而，京味电影表现出鲜明的景观呈现、独特的情感表达、浓郁的怀旧气息也就不足为奇了。因而，京味电影一方面带有鲜明的不同时代的景观特征，另一方面，也表达着导演们对于这块宝地的爱恨和情愁。

电视剧《鬓边不是海棠红》的文化解读 *

杜剑峰 **

摘　要　于正执导的49集电视剧《鬓边不是海棠红》(2020）改编自晋江文学网人气作者水如天创作的同名小说。传统京剧借助现代媒介精彩绽放，再次引燃了梨园文化与影视结缘的话题。戏曲元素在影视剧中的运用，为影视剧故事提供更多饶有意味的层次，这种戏中戏的结构也是对中国电影影戏观念的一种映照。该剧聚焦民国时期北平梨园风貌，展现了文化迭代下的梨园想象，开启了民国故事的另一种打开方式。该剧呈现出梨园文化、性别认同、地缘文化等多种文化生态，同时也揭示了独具魅力的京腔京韵和旧京市井文化特色。

关键词　影戏结缘　民国怀旧　梨园想象　套层结构　市井文化

于正执导的49集电视剧《鬓边不是海棠红》(2020）改编自晋江文学网人气作者水如天创作的同名小说。该剧在爱奇艺首播，其网播量和综合指数在同时段位列第一，传统京剧借助现代媒介精彩绽放、异彩纷呈，再次引燃了梨园文化与影视结缘的话题。该剧以20世纪二三十年代的旧京为叙事背景，讲述了一代名伶商细蕊与爱国商人程凤台因戏结缘，两人在

* 本文系北京联合大学2020年度教育教学研究与改革项目（研究生教育类项目）“基于文化地理学的《文化传播前沿》课程建设”（JY2020Y003）的阶段性成果。

** 杜剑峰，女，北京联合大学应用文理学院教授，主要研究方向为北京城市影像及文化传播。

梨园百态和纷争战火中振兴京剧国粹，携手抵抗残酷命运的故事。两位知己因戏结缘，其身边的人和所经历的事，都与京剧密切相关，正是京剧贯穿了二人的命运轨迹。该剧展现了文化迭代下的梨园想象，开启了民国故事的另一种打开方式，被观众誉为“又一部《霸王别姬》”。

一、影视与传统文化结缘

众所周知，电影是作为一门艺术而成为文化的。尽管中国电影的媒介技术及其他表现手段都来自现代，与古代艺术文化传统看上去似乎无任何直接渊源关系，但是，“中国电影文化却总是打上中国自己的文化传统的深刻印记。中国电影在表达中国人现代乃至当代生活体验的同时，也表现出明显的传统性”。[1] 事实上，电影的诞生除了技术条件之外，尚须具备三个基本元素：城市、公共场所人群聚集和商业性。一方面城市为电影的生产与消费提供社会文化语境，另一方面电影作为一种重要文化样式参与现代城市的文化建构。尽管中国最早的电影放映是在上海，早期的电影生产基地也是在上海，甚至 1949 年以前中国电影优秀影片的生产大多都创作于上海，然而，标志着中国电影诞生的第一部电影《定军山》却在 1905 年出现于北京，尽管北京市民直到 20 世纪 20 年代末仍然对电影保持相当冷漠的态度。

《定军山》是中国人自己拍摄的第一部电影，在北京琉璃厂土地祠的丰泰照相馆摄制，并在前门大观楼放映。影片由丰泰照相馆的创办人任景丰导演，被誉为老生“后三杰”之首的谭鑫培主演。谭鑫培拍摄了《定军山》中“请缨”“舞刀”“交锋”等场面……当时为了利用日光，影片的拍摄是在丰泰照相馆中院的露天广场上进行的。摄影师是该馆照相技师刘仲伦，前后拍摄了三天，共成影片三本。这部短片是我国最早的一部戏曲

---

[1] 王一川．革命式改革：改革开放时代的电影文化修辞［M］．北京：中国电影出版社，2015：23.

片。我国第一次尝试摄制电影便与传统的民族戏剧形式京剧结合起来，这是很有意义的。

考察世界各地早期电影传播历史，我们不难发现早期电影本土化的一般规律为“开化启蒙—觉醒图存—与传统结缘—本土电影诞生”。这其中最关键的路径就是与传统文化结缘，比如与戏剧、神话、宗教、歌舞等传统艺术形式结合来拍摄电影。因此在电影本土化的过程中需要找到真正属于某个国家或某座城市的民族文化传统，所在城市根深蒂固的文化传统起着独特而关键的作用。在中国，北京丰富而独特的城市文化传统，尤其是独特的京剧文化传统促进了首部国产电影的诞生，由此看来，中国电影诞生在北京就不仅仅是历史的偶然了。电影之于中国虽然是一种舶来品，但它传入中国以后的迅速发展，却离不开对中国传统文化营养的汲取和对中国观众欣赏习惯的尊重。一百多年来，中国电影的成长和发展始终扎根于中国文化的土壤之中，由此呈现出独特的民族风格和东方美学风貌。因而，若要真正了解和认识中国影视剧，就一定要了解和认识中国文化及其对中国影视剧的影响。

2020 年热播的电视剧《鬓边不是海棠红》再度引燃了戏曲与影视结缘的话题。京剧艺术是中国的国粹，千娇百媚，美轮美奂，是中国传统文化的代表与载体，它代表了传统中国人的思维方式、处世态度与审美观念。在长期的历史进程中，京剧艺术不断发展，在剧情设计、舞台表演、音乐伴奏、人物形象等方面展现出极高的艺术价值，对中华民族的传统文化、伦理道德、人文历史起到了重要的承载作用，并在相当长一段历史时期内成为社会文化娱乐的主要形式。艺术生产与时代语境密切相关，作为一门传统艺术，京剧在当代的没落是有目共睹的，再优秀的戏曲剧种，没有观众也难以生存下去，如果仅仅是“曲高和寡”，也是难以为继的，尤其是青年观众的流失，它意味着京剧的内容与形式和当代人的审美趣味格格不入，导致最具时代气息的青年人对它的疏离。而《鬓边不是海棠红》讲述的就是“千载梨园之精魂英魂，聚此一人”“文武坤乱不当，六场通透”京剧名伶的传奇故事。该剧借助传统文化的魅力，并将传统文化与网生代的审美需求、审美趣味相结合，消解了雅俗的二元对立，实现了传统文化的当代转化和有效传播。将传统戏曲国粹与影视融合，以传统戏曲为书写对象、描述伶人命运与选择的影视剧具有非凡的魅力。这种魅力一方面体现为戏曲艺术的文化吸引力，另一方面体现为影视艺术的文化表现力，戏曲作为独特的中国传统文化，在当今的社会文化语境中有效地实现了中国与世界的对接。这种中国民间文化与传统文化的载体，借助民国怀旧与梨园想象，讲述优美而优雅的中国传统世界。

二、民国怀旧与梨园想象

北京是一座拥有丰富的历史遗存和文化记忆的城市，随着旧京的消逝和老北京的渐行渐远，记忆和书写不断呈现其无穷魅力。文化记忆是历史留给心灵的震撼，它是一座取之不尽、用之不竭的富矿，影视生产借助文化想象唤醒不可或缺的文化记忆，使之深刻地融入当代生活。电影《定军山》(1905)、《梅龙镇》(1949)、《贵妃醉酒》(1956)、《荒山泪》(1956)、《杨门女将》(1960)、《玉堂春》(1964)、《群英会》(1972)、《美猴王》(1983)、《秋海棠》(1985)、《霸王别姬》(1993)、《西洋镜》(2000)、《生旦净末》(2002)、《梅兰芳》(2008)、《大武生》(2010)、《梨花泪》(2011)、《龙凤呈祥》(2015)等；电视剧《青衣》(2003)、《夜深沉》(2006)、《金戈梨园》(2006)、《秋海棠》(2007)、《烈焰》(2011)、《丑角爸爸》(2012)、《夜深沉》(2015)、《鬓边不是海棠红》(2020)等，中国的影视剧生产借助戏曲元素唤醒文化记忆，实现文化传播。热播剧《鬓边不是海棠红》，聚焦民国时期北平梨园风貌，表现了主人公的情感世界和艺术人生，以及对京剧艺术的痴迷与坚守，体现出传统文化之命运起伏，而流动在人物命运之间的真情，则让观众感受到生生不息的文化力量。

中华民国，简称民国，是中国历史上一个特殊的年代，它指的是从清朝灭亡至中华人民共和国建立期间中国的国家名称和年号。在民国时期，西方文化的强势传入造就了中西文化并存的奇观，封建帝制被推翻，帮会林立，起义不断，袁世凯登基，张勋复辟，你方唱罢我登场，轮番上演着历史的闹剧，但都没有稳固建立起一个崭新有力的政权。民国是一个乱世，一个军阀割据的时代，一个战乱不休的时代，直奉战争、直皖战争、中原大战，没有一天消停过。民国又是一个凋敝的时代，经济匮乏，生灵涂炭。社会在一种无序中野蛮生长，混乱无序、复杂多元，充满各种变数和无限可能性，这段在中国历史上起到承上启下作用的时代，为人们提供了历史反思和娱乐消费的双重资源，许多影视作品都在这块任人涂抹的画布上展开驰骋的想象，唤醒观众关乎逝去时代的文化记忆。《鬓边不是海棠红》显然是属于更加倾向于通过娱乐消费而迎合怀旧情绪，讲述民国故事的作品，但是该剧的改编在原著的颓靡朽坏和常见民国剧的片面美化中达到了一种平衡，避免了一味地娱乐化、猎奇化、通俗化。该剧“在娱乐消费的底色上增加了一定的历史反思的意蕴。京剧伶人的生存状态反映的是梨园行当的发展，而梨园行当的兴衰折射的是旧中国的波澜。‘鬓边’的反思在于，它将个人命运和一门艺术乃至一个民族的命运缝合到一起，以主流叙事话语阐述个人与时代的关系，讴歌了乱世之中的家国大义，对如何保护和继承传统艺术提出了指涉未来的思考”。[1]

“梨园文化涵盖了中国传统文化中一切与戏曲表演艺术相关的理论与实践，是时代语境中对以中国戏曲艺术为主要内容的民族传统艺术形式的理论概括和形象性总结。”[2]京剧形成后经过数十年的发展，在剧目、表演、音乐、唱腔、舞美等方面都有了很大提高，到光绪年间趋于成熟，并呈现出繁荣局面。人才辈出，群星璀璨，流派纷呈，涌现出“同光十三绝”等一大批京剧名角，仅以旦角为例，就有“梅尚程荀”四家。各个流派不同唱腔争奇斗艳，各大京剧名家带来了早期的“名人效应”。与此同时，京师的戏班逐渐增加，多达数十个，大大小小的戏园子已有四十余处。这里的演出空前活跃，上至王公贵族、朝廷要员、富商巨贾，下至贩夫走卒、

---

❶ 范志忠，陈旭光．中国电视剧蓝皮书 2021［M］．北京：北京大学出版社，2021：313.

❷ 范志忠，陈旭光．中国电视剧蓝皮书 2021［M］．北京：北京大学出版社，2021：314.

平民百姓，无不以京剧皮黄戏作为独有的消遣方式，并使其达到一统天下的地步，巅峰时期的京剧是当时最流行和时髦的娱乐方式。《鬓边不是海棠红》通过场景的选择和氛围的营造还原了京剧在鼎盛时期的“至尊”状态。剧中无论是戏楼戏院，还是商细蕊作为班主所住的戏班“水云楼”的设计和搭建都十分考究，营造了20世纪30年代北京的文化风貌。尤其是作为享誉京城的京剧名角，商细蕊一旦出场开戏，戏迷争相抢购戏票，上座率都是十成十的，戏院坐满了戏迷观众，为了一睹名角风采，买不着座票的甚至买后面倚墙站票也在所不惜。可见那时在戏迷们的心中，京戏是多么神圣高尚的存在啊！

三、套层叙事与传统审美

法国电影学者克里斯蒂安·麦茨提出：“所谓套层结构，是指电影故事中的故事，即戏中戏，与画中有画，和小说中谈小说一样。”[1]这种结构在小说和戏剧中用得比较多，当代外国电影中也有运用，比如特吕弗《最后一班地铁》（1980）和卡洛尔·赖兹《法国中尉的女人》（1981）。从叙事功能上看，套层叙事易于形成舞台与人生的二元象征结构。通过“真实与虚构”“戏内与戏外”的故事形成互为平行的两条线索，时空交错，使电影主题呈现多重意味和多重隐喻。在套层结构中，《鬓边不是海棠红》以戏曲为题材和表现对象，以京剧伶人为主角人物身份设定。戏曲表演是本剧不可避免的情节要素，况且，剧中的戏曲不仅仅是主人公职业生活内容的一种客观展现，更是起到了推动叙事、塑造人物、表情达意、隐喻主题等作用。《桃花扇》《定军山》《宇宙锋》《帝女花》《风月关》《樊江关》《空城计》《会真记》《潜龙记》《救风尘》《小寡妇上坟》《白蛇传》《春秋亭》《长坂坡》《李娃传》《武家坡》《汾河湾》《珍珠衫》《长生殿》《贵妃醉酒》《霸王别

---

[1] ［法］克里斯蒂安·麦茨．费里尼《八部半》中的“套层结构”［J］．李胥森，崔君衍，译．世界电影，1983（2）：68.

姬》等京剧曲目和唱段在剧中轮番出现，高潮迭起，精彩纷呈。商细蕊演出的《长生殿》这出戏，对于商细蕊和程凤台的知己关系起到了确立的作用，两人的交往程度由此走向深化。《长生殿》讲述的是杨贵妃与唐明皇的爱情故事，而商细蕊的《长生殿》却与以往不同。这是他专门唱给程凤台的，力求把最完美的一面展现给程凤台，以还他包涵之情。程凤台由最初的看不懂，表情淡然，不爱看爱情故事，到身不由己地入了戏，字字句句听在心里，落在心底，他渐渐收起先前漫不经心的笑容，皱起了眉头，目光变得深邃如炬。他神魂出窍，荡游千载，心中沧海桑田瞬息万变，麻木得感觉不到自己的存在，不知不觉泪流满面。虽然《长生殿》的故事也就是帝王、妃子之间的儿女情长，但是经过商细蕊的演绎，就把该剧的重点由缠绵悱恻转移到人生起落、世态无常，格调恢宏，很能触动对人生有些感悟的人们。如果说《长生殿》使程凤台感到自己"被懂得了"，那么《救风尘》则在一定程度上推动程凤台读懂了商细蕊。

中国戏曲是中国传统文化的载体，中国电影自诞生之日起就与戏曲有着千丝万缕的联系。中国电影的第一部影片取材于京剧擅长"做""打"的武戏《定军山》，而中国第一部有声片《歌女红牡丹》(1931)也是经典的京剧唱段，当作为西方舶来品的电影在中国扎根之后，在相当长的一段时间里，电影依附于戏曲和戏剧。戏曲元素在影视剧中的运用，为影视剧故事提供了更多饶有意味的层次，这种戏中戏的结构也是对中国电影影戏观念的一种映照。

四、旧京市井文化的呈现

尽管该剧呈现出梨园文化、性别认同、地缘文化等多种文化生态，但其中给观众留下深刻印象的除了商细蕊与程凤台因戏结缘的传奇故事，还有独具魅力的京腔京韵和旧京市井文化特色。京剧是在北京形成和发展起来的，自然成为北京文化的一个代表、一个标志性符号。除去这个文化符号，要表现传统文化名城北京，自然少不了在这块土地上繁衍生息的北京人。该剧把历史背景放在 20 世纪 30 年代的北平，除了京剧名伶商细蕊和富商程凤台等一干人物，剧中也通过剧情延展、人物活动、场景空间、民俗风情、日常饮食等方面展现民国旧京的市井风情。

由于清军进入北京城后，禁止汉人住在内城，因此，艺人来京多住在南城，戏园子也就在商号云集的前门一带应运而生。久而久之，大栅栏、椿树、广内、牛街、陶然亭、先农坛、天桥等地区，逐渐成为梨园界的聚集地。即使是大红大紫的京剧名家，在京定居也多在前门西南地区购置宅院，200 多年沿袭，祖孙师徒传承，形成了北京南城特殊的“梨园故里”。茶馆和天桥是深受老北京人喜爱的休闲娱乐场所，同时也是老北京平民阶层的典型意象。《鬓边不是海棠红》从人物、空间、声音、民俗等几个方面呈现出京味儿市井文化的特征，观众可以看到北京锣鼓巷胡同四合院、旧王府大院、戏班戏园戏楼、黄瓦财神庙，以及天桥喧嚣的市集、茶馆等。《鬓边不是海棠红》使北京天桥的风貌得以集中展现，“只觉得这里有一种天然的‘俗’和‘糙’，是别的地方所没有的，热辣可爱，别有风趣”。[1]沿街有茶馆、饭铺、估衣铺，有说书的、算命的、打把式的、卖小吃的、放风筝的、卖风车的、拉洋片的、摆地摊儿的。空地上什么人都有，唱戏的、说相声的、算卦的、要饭的，还有馄饨摊和看洋画的，人人据守一处，人头攒动，熙熙攘攘，十分热闹。剧中对饮食的诸多刻画也细致入微，为该剧塑造了很多记忆点，商细蕊动不动就啃的大肘子，趁热掰开的大油饼，程凤台第一次出场吃的铜锅涮肉，以及商细蕊心心念念的“胡记面馆”中的炸酱面和酸辣汤……悠扬的鸽哨仿佛云的回声，冰糖葫芦串串起“锵刀磨剪子”的吆喝声，更有那婉转悠扬、余音绕梁的京剧唱腔和高昂激越、铿锵有力的京剧锣鼓，这声音唤醒的不仅是北京人的记忆，也展现了渐行渐远的旧京图景，观众在关乎北京城市的想象中找寻那曾经的感知、经验和记忆。

《鬓边不是海棠红》借由传统文化的母体，利用民国故事和传统文化

[1] 水如天儿 . 鬓边不是海棠红（上）[M] . 北京：中国致公出版社，2019：104.

尤其是京剧文化自身的魅力，为人们提供了历史反思和娱乐消费的双重资源，民国既有封建社会留下的旧俗，也有西方文明的浸染与融合，这个时期的人物命运被历史洪流所裹挟、所左右，群像塑造下的人物个性鲜明独特，引发观众的共情。京剧伶人的生存状态反映的是梨园行当的发展，而梨园行当的兴衰折射的是旧中国的波澜。

从《城市 24 小时》看城市纪录片创作新路径

李瑞华 *

摘　要　纪录片《城市 24 小时》以一天的时间为线索，挖掘真实城市空间里的普通人物故事，呈现人与城市的关系，展现当下中国的城市图景和文化内涵，不仅留下了一份丰富生动的城市记忆，也为城市纪录片的发展探索出一条新路径。

关键词　城市纪录片　普通人　时间模块　真实空间

对于城市来说，纪录片是城市文化和城市血脉的精神书写。“城市纪录片是以变动着的人类城市社会为创作对象，通过展现和记录城市的社会现象、发展规律、社会问题、文化精神等，宏观地记录人类城市社会的发展和变迁，探讨人与城市、社会的关系，展现城市的整体图景，表达城市的文化内涵。”❶城市纪录片展现一座城市的历史变迁、地理资源、民俗传统、人情人事等多元化内涵，兼具文化属性中的国家想象与家园情怀。❷纪录片作为城市忠实的记录和传播媒介，既是表现城市历史与当下的重要载体，也是讲述好城市故事、传播好城市声音的重要力量。

---

* 李瑞华，女，电影学博士，北京联合大学应用文理学院教师，主要研究方向为纪录片理论与创作。

❶ 刘佳 . 中国城市纪录片研究（2011—2019）[D] . 大连：辽宁师范大学，2020：4.

❷ 张雯 . 中国城市纪录片文化传播仪式的书写范式与革新路径——以《城市 24 小时》为例 [J] . 现代视听，2019（8）：18.

近年来，中国的城市纪录片在新文旅语境下获得了较快发展，不同类型与风格的城市纪录片用独特的视角记录中国城市的发展。《城市梦想》反映城市中农民工群体的生存面貌，呈现城市生活的一些社会热点议题；《纪实72小时》(中国版)选取风格迥异的13座城市，通过72小时的观察，用25分钟浓缩记录中国人的生活状态，沉淀城市社会场景，制作当下中国的影像标本；《奇迹》以中国改革开放以及深圳建设40周年为契机，展现城市发展的时代变迁与社会进步；《奇妙之城》是一部人文旅行城市纪录片，以生活于城市中的手艺人、美食家和艺术家为切入点，呈现具有城市内在精神的人物故事，并以个人视角，探寻每个城市蕴藏在日常中的奇妙之处，从而描绘不同城市的文化内核和人的内在精神；《一城一味》以全国7个城市作为拍摄地，从美食角度呈现城市气质。这些纪录片各有千秋，用不同的角度和故事追随着中国城市化进程的发展。2019年中央广播电视总台出品的纪录片《城市24小时》成为其中的“爆款”之作，在叙事美学和传播策略上，呈现出新的风向。

《城市24小时》推出的第一季节目聚焦郑州、武汉、深圳、成都、厦门5座城市，以一天24小时为观察轴线，每个地方主创团队选择了不同职业、年龄、性格的人物来展现城市故事，通过不同时间节点上的生活图景，找寻每个城市独特的个性，从日常琐事中还原被忽略的城市之美，是一部城市素颜写真集。“2019年5月20日一经播出，就在新浪微博上以556.2万次的阅读量占据话题排行榜第三位，节目播出5天内，微信指数最高值达到283540，三百家新媒体平台纷纷发文推荐。”[1]《城市24小时》被称为“融媒体时代的城市纪录片爆款”，走出了一条在新媒体环境下城市题材纪录片创作与传播的新路径。本文尝试对《城市24小时》的影像文本进行分析，探究其在城市纪录片创作上的创新。

---

[1] 郭珂静．从央视纪录片《城市24小时》谈城市纪录片中城市性的解构与重建［J］．东南传播，2019（9）：118.

一、讲述城市中普通人的故事

城市题材纪录片从诞生的那天起，尤其偏爱宏大的“城市景观”和“城市名人”，侧重于地理文化景观宣传，拍摄内容和场景的选择多为名胜古迹和地理风光，展现一座城市外在的美丽，或者拍摄名人与城市等宏大的叙事话语，而城市的市井生活场景和城市中的普通人往往被缺席，或者沦为模糊的背景，从而少了些烟火气和个性化的书写。

《城市 24 小时》突破传统类型中视角过于宏大的局限性，抛弃观光式的城市景观浏览，通过城市空间切入，关注的是“城市普通人”，导演组选取了 30 多个温暖的现实故事，拍摄了近百个有血有肉的普通人，一起见证当代中国城市的发展变迁与历史文化。

“做这部纪录片的初衷，就是希望让大家看到一个不一样的城市纪录片。”总导演张旭认为之前关于城市的纪录片更多是偏宏观的，而《城市 24 小时》希望深入城市基底，关注个体。[1]避开以往纪录片对城市的宏观视角，呈现出没有郑东新区的郑州、没有王家墩 CBD 的武汉、没有南山区粤海街道的深圳，将城市用白描手法展现出来。正如执行总导演张昱所说，该片“镜头下的城市没有面子，只有里子”。例如《城市 24 小时 · 武汉篇》选了 6 组人物故事来串联武汉的一天。凌晨 5 点，热干面的经营者们是这个城市最早醒来的一批人，热干面也是武汉的典型代表；9：00，长江大桥铁路养护班开始巡桥，这是一个三代人都在桥上工作的故事；11：00—13:00，讲述的是在光谷淘金的年轻人的故事；14：00—16:00，镜头对准了省博物馆、东湖和楚天台编钟；17：30，青山红钢城开始热闹起来，节奏强烈的“三步踩”在街头舞起；深夜 24：00，位于汉口雪松路的宵夜一条街越来越热闹，在宵夜摊上点一份虾子，慢慢吃到深夜，这是属于武汉的市井夜生活。这六组人物故事，不同的个人最终指向武汉这座城市独有的文化主题。

---

[1] 李盛楠 .《城市 24 小时》：用时间碎片拼凑城市全貌［J］. 中国广播影视，2019（12）：70.

一座城市的特质，归根结底还是城市人的特质，人是“城市性”最根本的体现，所以人的故事是纪录片《城市 24 小时》建立支撑的核心骨架，人的愿望和需求成为故事的驱动，虽然呈现的是人物生活中的一个侧面，但是不同的人物故事拼凑出城市的群像图，通过一个个充满烟火气息的故事，将原本冰冷的城市转化成人与城市交互共生的叙事空间，将人与城市的发展互相勾连，充分展现了城市与人互为因果、共同塑造城市的逻辑。“这种塑造逻辑使得一个个片段式的人物行为重建出了每个群体的城市主体意识，这些人物的行为分别代表着城市的不同部分，也代表着整个中国社会里的不同群体，他们的角色不分轻重，他们的贡献不分大小，每个人都是这所城市里平等的一份子，城市的发展离不开每个人自己的发展。”❶用小人物的故事体现城市独特的个性与气质，实现对城市形象的重构。

二、以时间模块建构叙事结构

结构是故事的基础和链条，它是故事的脊柱，决定着你从何处开始讲故事，在何处结束，以及在这个过程中如何组织信息。❷《城市 24 小时》在叙事结构上以一天 24 小时为观察轴线，将不同时间、空间下的城市生活的典型景象和事件展现出来，每个城市 6 个故事，18 个左右的场景，按照时间顺序排布出来，把城市里人的生活浓缩在 24 小时里，选择性地呈现城市生活的一天，早晨开始晚上结束，时间串联城市故事，还原我们所感知和熟悉的城市之美。

以时间发展为结构的城市纪录片，最早可以追溯到城市交响曲电影。城市交响曲电影在 20 世纪 30 年代形成基本模型，主要代表作有《柏林：大城市交响曲》《带摄影机的人》《尼斯景象》等。这类纪录片以一天的时

---

❶ 郭珂静．从央视纪录片《城市 24 小时》谈城市纪录片中城市性的解构与重建［J］．东南传播，2019（9）：120.

❷［美］希拉·柯伦·伯纳德．纪录片也要讲故事［M］．孙红云，译．北京：世界图书出版公司，2011：63.

间为线索来拍摄早中晚城市中一天的生活，比如《柏林：大城市交响曲》以火车进入柏林开始一天的生活，工人打卡上班，机器转动；晚上工人下班，去酒吧饮酒，过夜生活；结构严谨，视觉元素饱满，历时性、完整地呈现了城市生活的一天。与过去的城市交响曲电影相比，《城市 24 小时》的时间辨识度更强，而且在这个时间线构建的框架里面，不只是碎片化的城市景观，而是具体的人物和故事。

记录一个城市，时间和空间是最主要的两条线索，时间对城市来说更为显性，有很强的塑造力，《城市 24 小时》的总导演张旭说："如果你想进入到一个城市，用时间来做分割可能是最好的。时间的概念无时无刻不在展现着一个城市的生活方式。"[1] 以时间为轴的独特视角，找出时间点的标识，奠定了整体的结构。

时间轴的结构给碎片化的素材找到了框，保证了纪录片有强烈的段落感。在每一个不同的时间节点和段落里，包含了许多镜头和场景的集合，以小时为基本的单位，每集的片段设计和人物故事都在一个具体的时间点下，使影片的板块感加强，对主体故事有巨大的推动力。《城市 24 小时》在每集 45 分钟正片中，切分重点时间段。如第一集郑州篇中，片子将故事划分为 16 个时间节点，讲述郑州火车站、服装批发市场、郑州二七塔、国棉四厂、富士康、郑州一附院等 9 个地点发生的数十位人物故事，并呈现出河南特色饮食胡辣汤、烩面等。这条全新的时间轴线，带来紧凑的叙事效果，同时，这些时间节点的故事特别符合新媒体的传播要求，可以切分成独立的短视频，形成跨媒体传播的合力。

24 小时的叙事结构，不是面面俱到展现 24 小时内的所有故事，而是将一座城市的运作过程分作若干时间板块，再往其中填充特定的人物故事，展现多个典型主体的真实生活，时间实际上只是一个显性线索，真正内在的逻辑线是紧紧围绕城市的性格和气质，用时间的碎片拼凑城市生活的气质。

---

[1] 李盛楠 .《城市 24 小时》：用时间碎片拼凑城市全貌［J］. 中国广播影视，2019（12）：70.

三、展现充满烟火气的真实空间

城市是由无数的空间组成的，空间与城市有着天然的亲密关系，空间不单单具有地理物质属性，它被赋予文化意义和社会特性。“不同地理区域场景都代表着空间的不同特征，在纪录片中呈现出人物所生活的状态环境和将要发生的事件动因，此外还创造出事件所发生的气氛”，[1] 现实空间是一个切实可见的世界，“空间首先是物理层面的，然后是社会层面和心理层面，要通过分析来说明一个更加复杂的解释空间”。[2] 城市纪录片在特定的城市空间中呈现具体的事件，事件的发生形式和呈现方法与空间有着密不可分的关系，不管是客观的记录还是主观意义的表达，城市纪录片最先进行的就是对主体进入地理空间的表达，进而产生意义。

纪录片《城市 24 小时》首先建构了典型的城市地理空间，5 个城市都采用了最具代表性的典型场景作为记录空间，也就是城市的特殊地标空间。“《城市 24 小时》中出现最为频繁的是商业空间，共计 36 次，占比 39.3%，紧随其后的是公共管理与公共服务空间，出现 24 次，再其次是出现 19 次的交通空间与 8 次的居住空间。”[3] 从数据上看，商业空间、公共服务空间、交通空间成为纪录片导演展现城市属性和意义的首选要素，郑州火车站、武汉长江大桥、成都熊猫基地和宽窄巷子、深圳华强北电子产业区、厦门鼓浪屿等，这些属于每个城市的典型地标空间对于纪录片表达来说是必需的，依托于特殊的地理空间才能产生不同的文化气质。如果没有特别鲜明的与城市相关联的唯一性和独特性空间，仅仅做了一堆碎片化的老百姓故事，就不是完成城市纪录片功能的好故事和好素材，只是一个普通人视角的普通故事而已。

---

❶ 陈欣．媒介地理学视域中的中国纪录片［M］．南京：南京师范大学出版社，2008：3.

❷ 邵培仁，杨丽萍．媒介地理学——媒介作为文化图景的研究［M］．北京：中国传媒大学出版社，2010：58.

❸ 吴卉，张晓雨．纪录影像对城市空间的再生产研究——以《城市 24 小时》为例［J］．东南传播，2020（9）：126.

与先前多数城市纪录片不同的是,《城市 24 小时》在呈现城市地标空间时,脱离了传统宏大的角度,直接深入极其微观的、极具个性的城市空间肌理,呈现带着烟火气的生活化而非景观化的真实空间。《城市 24 小时》的官方海报上写着"中国城市素颜写真集",不同于以往华丽的城市空间影像,片中的城市都素颜出镜,以往城市影像中容易被遮蔽的部分空间——拥挤的交通、脏乱差的城中村、杂乱拥挤的火车站,这些都成为《城市 24 小时》展示的城市空间的一部分,它直面城市的丰富、驳杂,并不回避通常被主流话语所忽略和遮蔽的看似不体面、不发达的城市空间。这些空间充满最具城市活力的烟火气,这些真实空间的呈现,回归了纪录片的本质,抓住了城市的精气神,让纪录片显得鲜活灵动,也获得了一致好评。

对空间的真实描绘,唤醒了观众的情感体验与身份认同,以往被遮蔽的空间被重新挖掘出一份新的内涵。以郑州为例,纪录片的开头书写了郑州火车站、郑州火车北站和郑州莆田车站三个典型空间上的人物故事。"也许你没有到过这里,但可能明天就会路过",描绘了这是一座"被火车拉来的城市",火车是这座城市最重要的意象,火车站则成为这集纪录片最为典型的城市空间。开篇第一幕中,作为典型空间的郑州火车站拥挤杂乱,火车站中席地而睡的人、人潮中与家长走失的小女孩、火车站值班站长的一夜工作、被时代抛弃的绿皮火车,突出了故事空间的主体性和价值倾向选择,这些表面上看"不体面"的空间特别接地气,搭建了观众与城市之间的沟通,唤醒了观众的城市记忆。在哔哩哔哩网站上,关于《城市 24 小时》的弹幕,"真实""接地气""素颜""城中村""老城区"等成为高频词,观众没有排斥这部纪录片中出现的衰落的老城区、喧闹的城中村、拥挤的交通、忙碌的打工人、拥挤喧嚣的大排档,而是以一种激赏的态度去接纳这部纪录片的真诚。毕竟,真实是最打动人心的力量,是纪录片最珍贵的东西。

空间是社会、文化、政治和心理层面的集合体,通过对城市地理空间和城市中个体空间的关注,《城市 24 小时》在影像上实现了对城市空间的真实描绘，复现了现实中的城市，打造了真实的纪录片审美空间。如同总导演张旭在导演手记里所说，“我愿意带着善意来对待我们的生活空间。我期待的《城市 24 小时》应该能够让人对自己正在生活或者曾经生活的城市心生眷恋或感觉温暖，前提是不粉饰、不遮挡，认真选择每座城市里真实存在的场景故事和熟悉的陌生人，唤起大家内心的回忆和共鸣”。[1]

结 语

列斐伏尔认为城市不是某个特殊的人群，不是成群的高楼，不是地理上的量度；也不是某个节点，不是转运点，也不是生产中心，它是所有这些的集合。纪录片《城市 24 小时》巧妙地抓住了城市性的核心特质，告别了城市的千篇一律，通过时间线去搜寻最能呈现城市特质的特定场景，选取典型空间和典型人物，用特定时段把场景中的人物和故事串联起来，构成观众对整个城市形象的认知。进而通过对城市精神内核的挖掘，形成富有独特气质的城市形象，书写了充满烟火气的现代城市文化，触动城市居住者内心的共通情感，击中观众的“痛点”并引发共鸣。《城市 24 小时》在当下的城市纪录片创作中，具有重要的现实价值，不仅留下了一份丰富生动的城市记忆，也为城市纪录片的发展带来很多新的启示。

[1] 李盛楠 .《城市 24 小时》：用时间碎片拼凑城市全貌［J］. 中国广播影视，2019（12）：70.

电视剧《大宅门》中的老北京传统名吃

郑伟 *

摘　要　电视剧《大宅门》讲述医药世家白家经营的“百草厅”自晚清历经百年的世道变迁。剧中多处以生活细节复现“纯京味”的传统名吃，呈现出老北京独特的宅门文化。剧作对老北京的饮食文化做了精准的文化复现，如市井小吃、贵族饮食、京城老字号等，通过老北京市井间生动的烟火之气在一定程度上展现了老北京的饮食文化。

关键词　《大宅门》　老北京　饮食文化　老字号

郭宝昌编剧、执导的电视剧《大宅门》讲述医药世家白家经营的“百草厅”自晚清历经百年的世道变迁，始终恪守传统医道、商道与处世之道。剧中多处以生活细节复现“纯京味”的传统名吃，呈现出北京独特的宅门文化。

一、市井小吃

1. 豆汁儿

汪曾祺先生在散文《豆汁儿》中写道：“没有喝过豆汁儿，不算到过

* 郑伟，男，北京联合大学应用文理学院工会干部，讲师，主要研究方向为北京市井文化。

北京。"《大宅门》第 3 集中白家人在大门口喝豆汁儿、吃焦圈儿。白家老爷子让雅萍的儿子也过来喝豆汁儿，雅萍说："我们儿子可不喝，又酸又臭的。"老爷子说："没口福。"看怀里的孙子景琦喝得欢，老爷子高兴道："瞧我这孙子，这才是真正的北京人呐！"

豆汁儿是以绿豆为原料，将淀粉滤出制作粉条等食品后的剩余残渣进行发酵产生的，具有养胃、解毒、清火的功效。这种最简单、最廉价的东西在老舍作品里是和下层贫民生活不可分割的，而在叶广芩的作品里，豆汁儿几乎被拔高成一种艺术品："豆汁儿烧开用锯末熬，点着的锯末永远处于似燃非燃状态，豆汁儿便永远处于似滚非滚模样，水乳达到充分交融。"

梁实秋先生在散文集《雅舍谈吃》中的《豆汁儿》一文中讲了一个故事，充满了淡淡的乡愁。自他离开北平，一直想念豆汁儿，有一年路过济南，在车站附近一个小饭铺的墙上看到条子说有"豆汁"发售，便叫了一碗来吃，发现原来是豆浆。他悔恨是自己疏忽，写明的是"豆汁"，不是"豆汁儿"。豆汁儿的儿化音，在北京传统方言里，意思为小的东西，这说明了它来自市井街头，地气十足。豆汁儿可以称为北京的标志性饮食。

2. 臭豆腐

白景琦为了整教书先生，去厨房夹了块臭豆腐，倒了点汁，混在先生的鼻烟里，结果又把先生给气走了。臭豆腐也是老北京的标志性饮食，用臭豆腐汤儿拌热面条，臭豆腐涂抹炸窝头片，都是老北京的特色吃食。

老北京传统的王致和臭豆腐，是豆腐乳中的一种，颜色呈青色，闻起来臭，吃起来香。发明人是安徽人王致和，流传至今已有 300 多年。清朝末年，传入宫廷。传说慈禧太后在秋末冬初喜欢吃臭豆腐，还将其列为御膳小菜，但嫌其名称不雅，按其青色方正的特点，取名"青方"。

相传慈禧太后每顿饭都离不开臭豆腐，而且必须是当天从"王致和南酱园"买来的。但有时候去晚了买不到新鲜的臭豆腐，太监们只好以旧充新，把剩下的臭豆腐重新端上去。慈禧太后食用时，怀疑不是新的，但又抓不住证据，于是她在一次用膳时，把一粒花椒暗藏在豆腐中，到第二天进餐时，她发现那粒花椒还在，就狠狠地惩罚了有关人员。从此御膳房和太监们只好到“王致和南酱园”求方便，走后门，以保证臭豆腐不误“上用”。

3. 爆肚儿

白景琦的孙子白占元参加了解放军，解放后回到北京，白景琦和孙子一起去小饭馆吃爆肚儿，两个人吃了十五盘。

梁实秋在《雅舍谈吃》中这样写爆肚儿：“肚儿是羊肚儿，口北的绵羊又肥又大，羊胃有好儿部分：散丹、葫芦、肚板儿、肚领儿，以肚领儿为最厚实。馆子里卖的爆肚儿以肚领儿为限，而且是剥了皮的，所以称之为肚仁儿。爆肚仁儿有三种做法：盐爆、油爆、汤爆。”

爆肚儿又脆又鲜，不油不腻，据说还可治胃病。吃爆肚儿的人如会喝酒，总要喝二两，喝完酒，吃两个刚出炉的烧饼，是一大快事。老北京都喜欢吃爆肚儿，特别是立秋之后，北京人讲究“吃秋”，有“要吃秋，有爆肚儿”之说。

北京人好吃爆肚儿始于乾隆年间。到了清末、民国，爆肚儿已经相当普遍，后海、前门、天桥、东安市场……几乎每个商业区都有一两家知名的爆肚儿摊。北京天桥有“爆肚石”，门框胡同有“爆肚杨”，还有“爆肚冯”“爆肚满”等都很出名。

二、贵族饮食

从市井小吃到贵族饮食，《大宅门》中的饮食描写融合了北京城的贵族气质和平民习气，独具风格。

《大宅门》中白家做的是药铺生意，而且白家老号的原型就是享誉海内外的北京“同仁堂”。北京是全国的政治中心，京都商人往往都有着官商的做派，结交的都是皇亲贵胄。“红顶商人”曾是北京商人的代名词。《大宅门》中白家大爷是在宫中供职的御医，白景琦的堂姐白玉芬是济南巡抚的儿媳，白景琦的四哥是警察厅厅长，剧中的白家与皇家、官府有着错综复杂的联系。

二奶奶为了拉拢权贵，给太监常公公买了宅子和两个姨太太，把常公公接到新宅子里刚落座，会贤堂的“外卖”就到了。会贤堂是当年北京有名的饭庄子，在什刹海。据唐鲁孙《吃在北平》讲，会贤堂的河鲜儿“什锦冰碗”是别家饭庄子比不了的。所谓河鲜儿，是指鲜莲子、鲜藕、鲜菱角、鲜鸡头米。除了这些，冰碗里还有鲜核桃仁、鲜杏仁、鲜榛子仁、蜜饯温朴，“底下用嫩荷叶一托，红是红，白是白，绿是绿”。清代严辰《忆京都词》注：“京都夏日……宴客之筵必有四冰果，以冰拌食，凉沁心脾。”

二奶奶再次贿赂常公公，还带来了现摘的葡萄。突然，二奶奶肚子不舒服，要生了，起身要走。不知情的常公公挽留道：“我跟砂锅居要了白肉了，咱们今儿贴秋膘吧。”砂锅居位于西四牌楼缸瓦市，曾是清朝的定王府。定王府每天煮祭神肉，大家天天吃谁也吃不消，下人们就在府墙上取砖成洞，出售猪肉。主人不但不管，后来还让下人在墙外更房开店营业，于是就有了砂锅居。吃白肉时要切成小片儿，搭配酸菜、腌韭菜末、酱油、蒜末、醋等佐料。

白家老太太临终前，老大偷偷回来探望，特意带了一盒点心。老太太已经不能动了，老大把点心捏碎了，一点点喂给老太太。看特写镜头，喂的是萨其马。萨其马是满语音译，本意是“狗奶子糖蘸”。王世襄在《饽饽铺·萨其马》中说：“萨其马用鸡蛋、油脂和面，细切后油炸，再用饴糖、蜂蜜搅拌沁透，故曰‘糖蘸’。”狗奶子是东北一种野生浆果，“以形似狗奶子得名，最初即用它作萨其马的果料，入关以后，逐渐被葡萄干、山楂糕、青梅、瓜子仁等所取代。”

三、京城老字号

老字号不仅是一个品牌，更是一种文化。每家老字号在其发展过程中形成了自己的独特文化，成为一个国家、城市文化的重要组成部分。《大宅门》剧中也多次提到京城餐饮老字号，展示了京城餐饮老字号的独特魅力。

1. 天福号酱肉

白三爷跑到二爷家里偷秘方，被白景琦逮住。事后，二奶奶奖励白景琦一顿天福号酱肘子，电视剧中以特写镜头展示了白景琦食用酱肘子的过程，令人食欲大增。唐鲁孙在《北平的独特食品》中提到了西单牌楼的天福号，说会吃的主儿会将切好的酱肘子趁热放进刚出炉的叉子火烧里一起吃。剧里白景琦吃肉的确是夹在烧饼里的。

据记载，1738年，也就是清乾隆三年，山东闹旱灾，掖县人刘凤翔带着做酱肉的手艺来京城闯荡，他结识了一位山西客商，两人合伙在西单牌楼东边找了个小门脸，开了个酱肉铺，专做酱肘子。买卖开张后，店堂狭小，无名无号，所以一直不景气。不久，山西人撤股，由刘家独自经营。可是有了铺子不能没字号呀？说来也巧，有一天，刘凤翔去永定门外进货，往回走的路上，他想歇歇脚，把货停在路边，奔了一个旧货摊，冷不丁瞅见旧货摊上摆着一块旧匾，上书“天福号”三个颜体楷书，笔锋苍劲有力。刘凤翔乐了，认为“天福”含有“上天赐福”之意，正好用作字号来招揽生意。于是他买下这块旧牌匾。回家后他上漆刷油，把匾粉饰得焕然一新，嵌在了自家小店门楣上，果然气派非凡，顿使小店提气生辉。小店以此命名后，生意日渐兴隆。“天福”果然降临。于是，“天福号”这个字号在京城不胫而走。相传慈禧太后尝过之后也很欣赏，并赐给“天福号”一块腰牌，规定每天定量送进宫中。从此“天福号”酱肘子就成为贡品，享誉京城。

2. 便宜坊与全聚德的烤鸭

白景琦从山东回到北京，白三爷说：“今天老七回来了，我请客，我掏银子，咱们便宜坊叫一桌。”后来香秀去监狱给白景琦送饭，也带了一只便宜坊的鸭子。

便宜坊诞生于明永乐年间。据说是明成祖朱棣把朱元璋御厨的焖炉烤鸭法从南京带到了北京。焖炉烤鸭是先将烤炉烧热，然后灭火，将烤鸭放到炉中，用炉子的余温将鸭子焖熟。

全聚德与便宜坊是生意场上的一对劲敌。它们的竞争，早在清同治三年（1864 年）以后就开始了。挂炉烤鸭，虽不是全聚德发明的，全聚德的创始老板恐怕也没有用挂炉烤鸭来和已有着 300 多年历史的便宜坊焖炉烤鸭分庭抗礼的想法，实际的效果却是便宜坊焖炉烤鸭受到了挑战。全聚德使用的是明炉，遇到的最问题是烤好了皮，里面却没有熟。所以全聚德在鸭腔中加入了水胆，等于是外烤内蒸，所以才有外焦里嫩的效果。北京烤鸭是全聚德挂炉烤鸭与便宜坊焖炉烤鸭互补共建的北京名吃，它们各取所长，完善、发展了北京烤鸭所承载的饮食文化。

3. 信远斋酸梅汤

二奶奶去世这年夏天，京城异常之热，白景琦堂姐玉芬从济南回来，一进门就喊："哎哟，老七，热死我了！"白景琦说："莲心，赶快点儿，把那信远斋冰镇好的酸梅汤给姑奶奶端来。"玉芬喝了一碗说真痛快，还要一碗。唐鲁孙在《北平的甜食》中说，在庚子年之前，北平酸梅汤最有名的是西四牌楼的隆景和。隆景和是山西人经营的干果海味店，兼卖酸梅汤。因为闹义和团，隆景和被地痞流氓洗劫一空，大伤元气，所以琉璃厂的信远斋后来居上。在北京闷热的盛夏里，喝一碗冰镇的酸梅汤，解暑又解馋。

据传，乾隆年间，有一位姓刘的小商贩在前门外大栅栏摆摊，他有位亲戚在宫里作太监，传给他宫廷的饮料配方，小贩照其方子制成桂花酸梅汤出售，深受人们欢迎。这就是信远斋的前身。信远斋蜜果店正式开业于清咸丰年间，位于宣武门外东琉璃厂西口路南。

信远斋的酸梅汤，每年从端午节上市，到七月十五中元节为止，前后只卖 70 天。信远斋的酸梅汤，选料精、配料重、颜色深、挂碗浓，酸甜可口、冰凉沁齿。信远斋的店堂整洁干净，并设有凳子，使那些来喝酸梅汤的客人不必站在店外喝。有的人买一碗酸梅汤要坐在店里，像讲究喝茶的人品茗一样慢慢地品，一碗酸梅汤下肚，来个透心凉，舒爽滋润消暑。一些梨园界的著名演员，每逢到琉璃厂赏完古玩字画，逛完书肆，便到信远斋喝上一碗酸梅汤。梅兰芳、马连良、尚小云等人都曾是这里的常客。

4. 北京“八大楼”

白敬业在百花楼逍遥，吩咐人上庆云楼弄桌菜，并来坛好绍酒。

庆云楼始建于清道光年间，是一家鲁菜馆子。据说，庆云楼后因老板另择他业而关张，其骨干流散他处，渐渐形成了北京著名的“八大楼”。“八大楼”有不同说法，其中一个版本是指东兴楼（萃华楼）、泰丰楼、致美楼、鸿兴楼、正阳楼、庆云楼、新丰楼和春华楼。

北京的饭庄，兴起于清代末叶的慈禧垂帘听政后。“大清律”的明文规定，满洲八旗贵胄不许经商。为掩人耳目，八旗子弟则暗中投资，雇用手脚勤快、颇能吃苦的山东人为其经营。这种满汉合作的饭庄，均开设在闹市区，其字号吉祥典雅，院落清洁恬静，桌椅古香古色，一派富丽堂皇。

5. 六必居酱菜

白景琦到香秀家吃窝头，看见腌萝卜，还以为是六必居的酱菜。

六必居酱园始于明朝中叶，至今已有近 500 年的历史，是京城历史最悠久、最负盛名的老字号之一。

关于“六必居”的来历有三种传说。第一种为：“六必居”最初开业时有六人入股合开，委托当时写书法很不错的严嵩题匾。严嵩提笔便写了“六心居”这三个字。但转念一想，六心岂能合作，便在“心”上加了一撇，便成了今日的“六必居”。第二种为：“六必居”刚开始是酿酒的，而酿酒中提出“黍稻必齐，曲种必实，湛之必洁，陶瓷必良，火候必得，水泉必香”，故称“六必居”。第三种为：百姓“开门七件事：柴、米、油、盐、酱、醋、茶”，最早赵氏兄弟的小店铺，因为不卖茶，而经营“柴火油盐酱醋”，就起名为“六必居”。

6. 兰馨斋点心

在《大宅门》里，兰馨斋不止一次被提起。白颖园孝敬母亲，买的就是兰馨斋的点心。白占元和同学一起打了日本人，白景琦挺高兴，要给他们拿兰馨斋的点心吃，还有名头，叫兰馨斋的“大小八件”。

提起北京的点心铺，我们现在首先想到的是稻香村，兰馨斋貌似无名之辈。王世襄的《饽饽铺·萨其马》里面提到的北京老式饽饽铺有瑞芳斋、泰华斋、桂英斋、宝兰斋、桂福斋、致兰斋、聚庆斋。据说，兰馨斋是一家南味点心铺，1956 年公司合营，与桂馨斋、瑞馨斋合并纳入北京市宣武区酱菜厂，厂址在铁门胡同。《大宅门》的故事是从光绪六年讲起的，当时兰馨斋是否存在，有待考证。

结 语

除了电视剧《大宅门》中出现的上述风味食品，还有卤煮火烧、炒肝、烧麦、褡裢火烧、铜嘴大茶壶的茶汤等，都是地道的老北京味道。北京饮食老字号很多，都为北京饮食文化的发展作出了巨大的贡献。

北京饮食有自己鲜明的特点。一方面，北京历来被称作“首善之区”，为满足皇室、士大夫和商人等各阶层的饮食需求，集中了各地最丰美的食品；另一方面，作为汉、满、蒙古等各民族杂居之地，北京饮食吸收了各民族饮食文化的精华，荟萃万家，兼收并蓄，从而使北京菜既高贵又平民，同时兼具鲜明的北方民族特征。

公共空间视域下胡同文化的影像传播

——以电影《城南旧事》为例 *

乔谦 **

摘　要　本文以“空间理论”为理论基础，以经典电影《城南旧事》为文本，分析关于胡同文化的影像传播。胡同是典型的京味儿建筑，胡同文化是京味儿文化必不可少的一部分，是老北京题材的影视剧经常出现的一个叙事空间。电影《城南旧事》为之后的同类型影视剧提供了刻画胡同文化的参考，也为老北京胡同吸引了更多人的目光和关注。

关键词　北京胡同　公共空间　影像传播

著名作家汪曾祺说：“北京城像一块大豆腐，四方四正。城里有大街，有胡同。”[1] 大小胡同星罗棋布，是北京城的显著特征。胡同是城市的脉络，是生活的场所，是家的方向，更是京味儿文化的精髓。电影《城南旧事》改编自林海音 1960 年出版的同名短篇小说，由吴贻弓执导，沈洁、郑振瑶、张闽、张丰毅等主演，1983 年于中国内地上映。影片透过小女孩英子

* 本文系北京联合大学教育教学研究与改革项目（研究生教育类项目）“基于文化地理学的《文化传播前沿》课程建设”（JY2020Y003）的研究成果。

** 乔谦，女，北京联合大学应用文理学院 2020 级研究生，研究方向城市影像创意与制作。

[1] 汪曾祺 . 胡同文化［A］// 胡同之没 . 天津：百花文艺出版社，1996：2.

的目光，讲述了英子在北京生活时发生的三个故事，而这三个故事均与胡同这个空间有密切联系。本文以列斐伏尔的空间理论为基础，以电影《城南旧事》为文本，分析该电影是如何将胡同这一文化空间所蕴含的京味儿文化呈现出来的，以期为其他影视剧创作提供范例。

一、列斐伏尔的空间理论概述

20世纪末，文化研究目睹了一个引人注目的“空间转向”，“学者们开始刮目相待人文生活中的‘空间性’，把以前给予时间和历史，给予社会关系和社会的礼遇，纷纷转移到空间上来”。[1]1974年，法国社会学家、哲学家亨利·列斐伏尔出版《空间的生产》，他反对传统社会理论中将空间单纯地视为社会关系的容器，认为空间是在历史发展过程中生产出来的，又随着历史的演变而重新结构，是社会关系演变过程中至关重要的组成部分。列斐伏尔将空间分为三种：物质空间、精神空间、社会空间。其中物质空间就是我们所说的自然空间；精神空间是一种构造出来的想象空间。同时，他提出空间是一种社会的产物，具有社会属性，因此在物质空间和精神空间之外还有一个“社会空间”，列斐伏尔的空间理论正是着眼于这三种空间的融合。

文化是复杂而多面的。胡同反映了北京历史的面貌，是有丰富的内容的。围绕胡同的历史、建筑、人物，有着相当丰富的可挖掘的文化资源与开发价值。胡同作为京味儿文化的一部分，也是一个特殊的文化空间。在电影中，更多的是作为一种精神空间、社会空间、叙事空间存在。影像作为信息传递的重要媒介，承担着传承和发展中华优秀传统文化的重要职责和使命。胡同这一文化空间在借助影像媒介传播的过程中也是对胡同文化、中国传统文化的有效探索。

---

[1] 包亚明．现代性与都市文化理论［M］．上海：上海社会科学院出版社，2008：54.

二、胡同文化空间分析

列斐伏尔强调空间的重要性，要求构建“社会—历史—空间”的三元辩证法。每一种社会形态或者生产方式都可以用列斐伏尔的“空间三元辩证法”来解读，用“空间实践—空间表征—表征空间”的模式来解释。[1]“空间实践”也被称为“感知的空间”，比如城市道路、广场、工作场所的生产，这是一种具体化的社会生产的经验的空间，是实际存在的可以被感知到、被测量的空间，因而是“感知的空间”。“空间的表征”又称“构想的空间”，即被建构出来的空间，是一种凌驾于空间实践之上的结构，类似于马克思政治经济学中的生产关系、上层建筑等概念。“表征的空间”则是一种再现性的、包含着“空间的真理”的、人们生活其中经历和体验空间的本真性的空间，它是对于“空间的表征”的超越，又是对于“空间实践”的回归。依据列斐伏尔的概念，电影《城南旧事》中胡同文化空间可以分为社会空间、精神空间、叙事空间，来对应“空间实践”“空间表征”“表征空间”。

1. 作为社会空间

胡同作为社会空间不仅是城市的脉搏，更是北京普通老百姓生活的场所。北京人对胡同有着特殊感情，它不仅是老百姓出入家门的通道，更是一座座民俗风情博物馆，烙下了许多社会生活的印记。

在电影《城南旧事》中，英子家附近有卖水的水铺“井窝子”，水自井中升起再沿石质水槽流下，注满独轮车上两个椭圆形水柜，再送往住户家中，结账时领一张“水牌”，拿到“井窝子”换钱。英子后来搬去的新帘子胡同，有剃头挑子，两片铁夹子“唤头”弹得嗡嗡地响；有磨剪子磨刀的，他们的响器是卦连；有打糖锣的，挑子上有酸枣面儿，有印花人儿，有山楂片儿，还有珠串子；有卖切糕的，还有卖落花生的和卖蜂窝煤的。有“置换物品”的小贩，以物易物，英子回家的时候正赶上这人来，

---

[1] [法] 亨利·列斐伏尔. 空间的生产 [M]. 刘怀玉，等译. 上海：商务印书馆，2021：245.

用废锅破盆给她换了个小板凳。许是觉得不值，总让宋妈再给添点儿。还有要给人“打竹帘子”的，老北京一到夏天就得撕去窗户上的高丽纸换上竹帘子，通风消暑，亦可防蚊蝇……[1]

这些场景都再现了 20 世纪 20 年代北京人生活的真实状态，这其中既包括社会实践又包括物质生产，这些看似不起眼的社会活动，保证着胡同里每一户人家的日常生活的正常运转。同时这也是胡同这一公共空间特有的产物，若将这样的场景放在江南水乡小镇，已然不是那个味儿。

2. 作为精神空间

胡同是物质的，是没有灵魂的；而胡同文化是活的，是精神的。北京胡同文化种种表象有：安土重迁，舍不得“挪窝儿”，这是因循守旧观念在居住上的表现；各人自扫门前雪，休管他人瓦上霜，这是独门独院生存环境之使然……

众所周知，林海音写《城南旧事》时，已经回到了台湾，是根据自己童年的记忆写出来的。20 世纪 80 年代林海音回到北京，发现北京由于城市规划建设拆了很多胡同四合院。对于林海音来说，胡同已经不单纯是童年居住或成长的场所，而是她魂牵梦萦的地方。胡同、四合院已经成为她的精神食粮，没有了这些，纵然故地重游，也找不回儿时的记忆。

3. 作为叙事空间

根据列斐伏尔的观点，“表征的空间”是一种再现性的、包含着“空间的真理”的、人们生活其中经历和体验空间的本真性的空间，它是对于“空间的表征”的超越，又是对于“空间实践”的回归。而叙事空间则可以认为是一种“表征的空间”。

在电影《城南旧事》中，胡同和四合院是分不开的。英子童年经历的三个故事都是在“胡同—四合院”这个叙事空间展开的。英子在胡同里惠安公馆门口遇到了因为丢了孩子而得病的秀贞，之后英子总是悄悄跑去惠

---

[1] 陪你观影.《城南旧事》：100 年前的老北京城什么样儿？看这部电影就够了［EB/OL］.［2021-04-06］.https://baijiahao.baidu.com/s?id=1667402015502645241&wfr=spider&for=pc.

安公馆的跨院找秀贞聊天；英子与妞儿的相遇是在胡同口的油酱店认识的，他们的故事同样在“胡同—四合院”这个叙事空间展开；后来秀贞和妞儿相认后双双死于火车的轨道下，英子一家搬去了新帘子胡同；在新帘子胡同的一个废弃的破院认识了小偷。

这个叙事空间不仅是故事发生的地点以及人物活动的场所，而且承载了电影中人物的人生经历和生活体验。当人物离开后重新进入“胡同—四合院”这一空间，哪怕不是原来的地方，也难免会不由自主地想起曾经经历的种种，也许这就是触景生情吧。

三、胡同文化的影像传播

在电影《城南旧事》中，胡同文化空间饱含着老北京风土人情，浓郁的京味儿随处可见。骆驼队从卢沟桥走过，停在英子家门口，驼铃声声，悦耳动听；“话匣子”、胡同里的叫卖声、有着东西跨院的四合院、随处可见的人力车；京味儿十足的北京话，老北京的驴打滚儿等小吃，都是胡同文化空间中特有的文化符号。在这里，我们感受到了淳朴的风土人情，听到了地道的北京方言，更了解了典型的老北京美食。

1. 胡同风情

老北京的风土人情，可以说是电影中最吸引观众眼球的元素之一。斑驳的城墙方正的四合院、院门口的门墩儿、青灰的砖墙、悦耳的驼铃声，书写着 20 世纪 20 年代的北平记忆。影片中出现了很多次的“齐化门儿”，就是如今的朝阳门，是当时北平最热闹的地方，也是最能感受北平风俗的地方。孩子们会在齐化门贴着墙根儿斗蛐蛐、滚铁环、弹琉璃球；老人们则喜欢在这里遛鸟、下棋、侃大山……算得上是老北京最具乡土气息和市井风味的地方。如今，朝阳门取代了齐化门，热闹还是热闹的，但总是感觉少了些京味儿，多了些商业气息。还有那老北京城代表性的风景线——骆驼队。人来人往的卢沟桥，一队骆驼从桥上缓缓地走过，伴随着叮叮当当悦耳的驼铃声，背景音乐是李叔同填词的歌曲《送别》。“长亭外，古道边，芳草碧连天。晚风拂柳笛声残，夕阳山外山。”那时候的骆驼队是最常见的运输队。远在门头沟的居民们，用骆驼把煤拉进北平城里，走街串巷换旧物，这也是他们谋生的方式。

京味儿文化是北京文化的主要文化形态之一，而胡同的风土人情更是京味儿文化的重要组成部分。如果说胡同是京味儿文化的精髓，那么老北京的风土人情就是精髓中的精华。它是老北京人在这一方土地生产、生活而形成的特有的、无可替代的活的文化，更是我们的宝贵财富。影片之所以被奉为经典，也是因为它将 20 世纪 20 年代老北京的风土人情表现得淋漓尽致，我们仿佛真的跟着英子穿越到了那时候的老北京，一起经历了这些故事，当然，这也是北京、北京文化、京味儿文化如此迷人的原因之一。

2. 胡同方言

北京的方言是京味儿文化中不可缺少的一部分，也是独具特色的一部分。北京方言俗称“京片子”“京腔”，以儿化音的运用为显著特征。是不是地道的北京人，一开口说话就能分辨，可见北京方言的独特性。影片中，英子的好朋友叫“妞儿”，与英子的对话中，有一句台词是“赶明儿见”。还有最具代表性的就是，秀贞转述她父亲初见思康时的对话：“爹问他在哪家学堂，他说在北京大学。我爹又说了，这道不近，沙滩儿去了！可是个好学堂。”将北大红楼所在地称为“沙滩儿”，这是只有老北京人才知道的惯常说法。

作为京味儿文化的重要载体，北京方言给京味儿文化打上了深深的烙印，使之成为中国最具有辨识度的地域文化之一。也正是因为北京方言的存在和发展，京味儿民俗、曲艺、文学等非物质文化通过北京方言这个媒介得以保存、流传并发扬光大。

3. 胡同小吃

在京味儿文化这个范畴内，京味儿饮食文化也占据了很大比重，同样是非常重要的一部分。北京饮食文化历史悠久，在漫长的发展过程中形成了独特的地方风味和鲜明的个性，文化底蕴深厚。随着朝代的更替和时代的变化，北京饮食文化也同样在与时俱进，显示出饮食的时代风貌。

《城南旧事》中展示了在街上随处可见的油酱店，英子和好朋友妞儿就是在那里认识的。此外，在胡同的叫卖声中，还听到了卖切糕以及卖冰糖葫芦等传统小吃的。英子家里吃的炸酱面，也是老北京人的传统美食之一。这些不仅再现了老北京人的饮食习惯，更是代表了老北京美食的特色。如今，这些特色依旧存在于人们的日常生活中。豆汁儿、焦圈儿、炒肝儿是老北京人早上必吃的早餐，外地人虽然吃不惯，但是依旧想尝试。油盐店、干果子店、杂货铺、小饭铺、馒头切面铺、茶叶铺等各种店铺，使老北京的胡同变得有声、有色、有情、有味。

结　语

每一个文化空间，不管是作为精神空间、社会空间还是作为叙事空间，都拥有自己的独特含义。在影视剧中，不管将物质性的物理空间作为任何一种形式呈现，都必须先了解其所包含的深刻内涵，这样才不会让艺术脱离实际，在对文化的传承与传播上，更具有深远的意义和价值。

北京的老街胡同，是老北京城情怀和记忆的寄托。保留下来的历史建筑，往往既有艺术价值，也有文化价值，犹如一座座民俗风情博物馆，是社会生活变迁的缩影。它们承载着城市的记忆与乡愁、特产与美食，正是这样浓浓的复古文化味儿才引来大量的游客流连忘返，也给了无数文人志士众多灵感。但是，如何将承载着民族记忆的胡同、四合院文化在合适的历史场景中完整表现，如何将胡同、四合院文化融入现代影视传播中，是我们应该思考并且亟待解决的一大问题，也是难题。

虽然影片是小说改编，但是它将小说中的各个情节、场景都尽可能地还原，这在当时表现老北京题材的影片中还是极为少见的。吴贻弓导演将这些特有的文化符号在合乎历史逻辑、合乎风俗习惯、合乎故事情节的情况下，利用影像这一媒介进行传播，留住了那些胡同、城墙、四合院，还有那些寺庙、牌坊、井窝子，便成就了这部经典之作《城南旧事》。

人文历史纪录片《这里是通州》叙事空间研究

齐澂 *

摘　要　媒介技术的介入与影像的诞生，使人们的空间感由现实转向虚拟，由实境转向虚境。如今的人们想了解某一特定地域时，媒介体验往往要先于亲身经历。本文从媒介地理学视角出发，以《这里是通州》人文历史纪录片为例，以列斐伏尔的三元空间理论为支撑，从空间的实践、空间的表征与表征的空间三个方面对其进行分析，以期阐明人文历史类纪录片中的各个空间是如何共同完成纪录片叙事的。

关键词　《这里是通州》　人文历史纪录片　叙事空间

历史纪录片借助影像这一工具，对历史遗迹、文化景观、器皿文物等显性空间及其内涵文化进行记录与表达，同时借由影像展示当下时空，以及该地域空间的人们对历史与文化的认识、实践与反思。人文纪录片则通过镜头记录目标地域空间人们的生活，通过呈现他们的生活来展示历史、文化的解构与重构，在记录历史的同时，反映当下现实情况。不难发现，无论是历史类纪录片还是人文类纪录片都带有文化与历史的色彩。只不过，历史类纪录片更侧重于空间记录，人文类纪录片更倾向于突出“人”的主观能动性。因此，人文历史类纪录片是将二者融会贯通，将人文故事

* 齐澂，女，北京联合大学应用文理学院新闻与传播专业 2020 级硕士研究生。

融进具有历史意义的显像空间中，再借由影像去记录与表达。

列斐伏尔在1974年出版的《空间的生产》中提到，他反对当前学者仅仅将空间视作社会关系行为与变化的一种容器。列斐伏尔认为空间也是在历史发展中被生产出来的，同时又随着历史的发展而进行解构与重构。因此，他将空间分为物质空间、想象空间、社会空间三种。物质空间就是摸得到的、显性的、具象化的物理空间，也可称为自然空间。物质空间的空间维度对应空间的实践。想象空间也可称为精神空间。精神空间的空间维度对应空间的表征。并且，他还提出，空间是一种社会产物，具有社会属性。社会空间的空间维度对应表征的空间。可以发现，列斐伏尔的理论与人文历史类纪录片的思想内核具有一定的统一性。人文历史类纪录片将历史空间与“以人为本”的文化相融，不再将其分开，通过影像呈现这一社会状况。

《这里是通州》是2018年11月在北京卫视播出的人文历史类系列纪录片，分为《水脉相连》《漕运沧桑》《京师要冲》《文汇天下》《商通南北》《未来之城》六集，分别讲述通州与运河的历史、漕运、军事、文化、商贸及未来。在讲通州的历史、人文时，总伴随着运河的身影；说运河时，亦离不开通州。片中提到，“早在金代，通州便湖泽遍野舟楫穿梭，为后世的运河漕运打下了基础”，“……又取‘漕运通济’之意，通州因此而得名”。通州段北运河是中国大运河的一部分，属于世界文化遗产。因此，其文化遗产内容十分丰富，不仅包含有形的物质文化遗产，如河道、河坝、仓廒、桥梁等，还包含无形的非物质文化遗产，如民俗、节庆、信仰等。非物质文化遗产作为整体社会系统的有机组成部分通常是以活态性文化表现形式出现，同自身所处的社会系统一刻也不能分割。[1]由于通州与通州段北运河在历史作用与社会发展方面是共生关系，因此本文将二者作为一个共生空间来进行纪录片的空间叙事分析。

---

[1] 曲艳，裴小松．析国家非物质文化遗产保护的战略方向选择［J］．河南社会科学，2009(4)：26–27.

如今，随着社会经济与技术的进步，社会中的空间关系正被不断地再生产或重构。现代社会中的人们大多通过媒介，对作为“他者”的地域空间进行信息接触。在亲身经历前，人们对目标地域的了解就已初步形成。从媒介地理学的视角来讲，经由媒介构造的空间正深刻地影响人们对地域空间的理解。也因为媒介的这一影响，空间成为纪录片构建故事的重要部分之一。在纪录片《这里是通州》中，通州与通州段北运河这一共生空间，既是通州人生存、生活的背景与场所，又是参与纪录片叙事的一种手段和形式。

一、空间的实践：时间与空间的交织

列斐伏尔认为，空间已经不仅仅是指事物处于一定的地点场景之中的那种经验性设置，也是一种态度与习惯实践，可以被理解为一种社会秩序的空间化。[1]纪录片中，通州与通州段北运河也并不是一个静止的、静态的承载人文历史故事的容器，它是一个真实的、具象的，遍布人类活动的痕迹的物理空间。通州与通州段北运河的物质空间是能够被观众与纪录片中的参与者所感知的，它是人类实践活动的一种显性体现。纪录片《这里是通州》以历史为脉络，通过时间流动与空间变换的形式，展现通州与运河这一共生地域的物理空间。纪录片将叙事的重点放在了观看者的空间体验上，以生动的画面直观展现具有文化、历史意义的地理景观等。[2]它通过纪录、表现空间内的场所、事物、人三者的参与，建构出这一特定物质空间的文化。

历史是过去事实、社会发展与演变历程的记录载体，同时，它也记录了人类活动的变化与变迁。片中以历史为线，借由路县考古工作的展开，通过物理空间的改变，讲述通州与通州段北运河的发展、时代与个人命运

---

❶ 包亚明 . 现代性与空间的生产［M］. 上海：上海教育出版社，2002：154–155.

❷ 齐虎，赵艺玲 . 纪录片的空间叙事研究［J］. 电视研究，2017（8）：84.

的交织。人文历史类纪录片《这里是通州》通过航拍、延时、水下摄影等多种拍摄手法，呈现通州与通州段北运河的历史遗迹等地理空间与文化景观。片中直接呈现的物理空间有元大都遗址公园、高碑店平津闸遗址、汉代路县故城遗址等遗址，也有太液池、莲花池、什刹海等水域。还包含了与蒙古铁骑入京、朱元璋北伐、英法联军入侵、平津战役等历史事件有关的地理景观，西集镇儒林村等村落，与娘娘庙、三教庙、西海子公园等人们生活、活动的场域，以及具有历史沉淀感的庙宇。并且，制作组还利用数字技术向观众建构了一个跨越时空的立体化可视空间，进行如古代城池、建筑与运河河道的复现。

对于部分客观可感空间的呈现，纪录片也经由物理空间的变化，以及人物的“寻找”行为来进行叙事的衔接。龙迪勇在《叙事学研究的空间转向》一文中认为：“小说家们不仅仅把空间看作故事发生的地点和叙事必不可少的场景……甚至利用空间来推动整个叙事进程。”[1]同为创作行为，纪录片与小说的创作存在一定的相似性。通州与通州段北运河作为一种显性的、具体的、可感知的“公共空间”存在着，人们的生活、行为、惯习养成都与这个空间有紧密联系。纪录片《这里是通州》的制作组历经三年，通过跟随考古工作者挖掘汉代路县故城遗址，寻找通州古城具体方位；跟随寻找到的现代漕运人马长凤及其妻子鲍玉娟，进行运河上的水路粮食运输，从京杭大运河江苏段一路来到通州运河；跟随漷县镇李辛庄村的李祥，陪他完成了“替父寻根”之旅；跟随“仙源腐乳”工艺师刘刚寻源，找到了与源头绍兴腐乳的差异。“寻史、运输、寻根、寻源”的跟拍镜头，航拍汽车飞驰、轮船行驶的画面，以及片中显著的太阳东升西落等时间变化，很好地保证了纪录片空间的完整性与时间的连贯性。以“腐乳寻源”为例，纪录片采用了“跳切”的形式进行剪辑，表现腐乳随着时间与空间的变化不断发酵，将天色的变化与运河水路的推进与豆腐的发酵画面进行跳切，直观地向受众展现了时空的变化。

[1] 龙迪勇．叙事学研究的空间转向［J］．江西社会科学，2006（10）：61.

二、空间的表征：历史与文化的呈现

通州与通州段北运河的空间不仅体现在物理的、客观的、历史的空间存在，其中更是蕴含着与人文有关的精神意义，被感知的具体的空间呈现出人性。所有的文化作品在创作之初，都不以单纯的人文娱乐为目的，反而是由可视化的物理空间，逐渐过渡到个体人物的精神空间。[1] 人文历史类纪录片《这里是通州》以通州与通州段北运河这一客观空间为原型，挖掘出其内在的历史文化与人文故事。通州文化依通州段北运河而生、因通州段北运河而兴，通州段北运河文化也因通州人民的创造力而繁荣。又因通州地处北运河起点，是各式船只北上进京的枢纽，同时又有两大仓廒，古时常能在此看到舟楫千里的盛景。一时间漕运兴盛，经济繁荣，南北习俗、各地才子均汇聚于此，属于通州的多元文化便逐渐诞生了。

结合历史发展与通州段北运河的特殊性，人文历史类纪录片《这里是通州》率先呈现的诞生于这片共生地域的文化内核，是与通州北运河的漕运仓窖、衙署等一系列配套管理设施一同而生的漕运文化。这其中既包括漕运制度文化，也包括漕运民俗文化。例如，石坝与土坝的分立存在，含有古时皇权宫廷与兵丁百官的阶级差异。漕运进出也是有规矩、有秩序的。漕船过淮抵通的时间有严格规定，船旗进京时挂龙旗，出京时挂凤旗。不同地方来往的漕船旗帜也带有自己当地文化的色彩。并且，密符扇的诞生也是为了解决漕运粮食的管理问题，是军粮经纪的执法依据。密符扇的扇面上绘制的图案似书似画，正反面各绘有五十个符号。这些神秘的符号只有军粮经纪才能读懂。当时，从大运河码头运到通州码头的漕粮，都是散装的。经由军粮经纪验收且经过验粮官准验后，才能够装进布袋转运入仓。每名负责验收转运的军粮经纪，都必须在各自查验过的粮食袋子上，用炭笔写上自己的密符。一旦有关部门发现粮食有问题，便会按图索骥，通过印在袋子上的符号，在登记册上查出渎职人员。

---

[1] 齐虎，赵艺玲．纪录片的空间叙事研究［J］．电视研究，2017（8）：84.

随着通州段北运河漕运之重、漕运之盛，“水上丝绸之路”带来的漕运多元文化与文化产物不胜枚举——有展现漕运与通州盛况的画卷:《潞河督运图》《潞河盛漕图》《京南古镇风物图》等；有歌唱通州与运河繁荣的民谣；有祈佑航运平安的“妈祖文化”；有丰富的饮食文化，如“通州三宝”、咯吱盒等；有描绘通州与运河的文学作品等。其中，“儒释道”三教庙的展现，“仙源腐乳寻源”的情节，更是从间接的角度体现了通州文化的多样性与包容性。

列斐伏尔指出，空间的表征又可以根据表征形式的不同，分为内向型和外向型表征。[1] 内向型的空间表征更倾向于个人化的经验表达。外向型的空间表征更倾向于具有公共且具有统治性的语言符号体系。从通州段北运河与中国大运河的角度来说，通州段北运河的人文属于内向型空间的表征，而中国大运河的人文属于外向型空间的表征。例如，由于通州与通州段北运河地理位置的特殊以及漕运的重要性，诞生了专属于通州漕运的祭仓节、开漕节等民俗文化。祭仓节的形成源于官员、百姓祈求河神护佑；开漕节由官府主持祭祀，地点设立在通州土坝码头上，其中有百姓进行表演，表演过后，头帮漕船就开进码头，开始卸载粮食。并且，通州漕运四通八达，许多进京赶考的学子也从通州借道，因此三教庙中的学宫便成为许多学子祈愿科举考试的去处。这些都是通州与通州段北运河的个性化经验诞生的文化内核的外现，是一种内向型空间表征。纪录片中呈现的“妈祖文化”等，则是通州段北运河伴随着中国大运河的贯通，而与其他地区所共有的、共享的精神文化。这便是一种外向型空间的表征。

纪录片通过激活或者建构人们的媒介记忆，给予观众独特的情感体验。民谣、运河号子与民俗活动在历经全球化冲击后，已逐渐淡出了人们的视野。当“南通州，北通州，南北通州通南北；东大仓，西大仓，东西

[1] 张林，许寒添.空间三元辩证法视角下雅克·塔蒂电影的城市空间研究［J］.当代电影，2021（1）：142.

大仓装东西”与“运河水长长，满河里走皇粮，两岸买卖铺。吃饱喝足有地儿住，四通八达都是路”的民谣在纪录片中响起时，当诞生于漕运活动的运河号子从影像中传出时，当民俗活动在屏幕上呈现时，《这里是通州》唤起了老一辈人的记忆，激发了他们的念旧之情。并且，无论是制作组帮助李祥“替父寻根”，跟随工艺师刘刚“腐乳寻源”，还是跟拍季老先生做咯吱盒，采访通州当地摄影爱好者张春喜，都是从通州当地人民的视角出发叙事，充分表现了他们对通州的喜爱与自豪之情。例如，片中展现运河沿岸风光与鸟类活动的画面时，结合了张春喜的口述：“前几年老是去城里拍，最近这几年运河的水质变了。变好以后，鸟类多了，绿头鸭这些鸭子，一待就是一冬天。”观众可以通过共享纪录片中的个体记忆、场景呈现，感受通州人民对通州、对运河的感情，得到多元文化下的情感体验。

三、表征的空间：叙事与技术的双重加持

列斐伏尔的第三个空间无法与物质空间和精神空间相割离，它表达了更为复杂的编码过程，呈现出了开放性、想象性与隐秘性。[1]纪录片作为一种建构“表征的空间”的纪实影像，通过符号与话语将空间实践中的具体事物与空间表征中的精神想象进行连接。这就使其不仅包含了物质空间的真实性、具体性，又含有精神空间的想象性、联想性，同时还包括民族的共同记忆。纪录片利用光线、构图等画面叙事语言，利用新技术复现或呈现场景，如数字技术、延时拍摄、航拍镜头等，还利用全景、远景、中景、近景、特写等不同的景别，以及不同的运动方式，如推、拉、摇、移、跟、升、降等，使画面的表现内容更加丰富。并且纪录片运用人声、音乐、音响等元素，在渲染氛围、塑造人物上与画面表现相辅相成。“通州不大，906 平方公里的面积在辽阔的祖国大地上如玉盘珠落；通州不小，

---

[1] 王玉，宁珂．纪录片《从〈中国〉到中国》的三重叙事空间探析［J］．电影文学，2020（4）：67.

可表达的东西太多。”导演李欣说，他干了30年电视，从来没遇上过这么难的题材。[1]

通州与通州段北运河可说的东西太多，但在时间长河中，原本的人与物都发生了变化，许多历史都沉淀在一个又一个地理景观中。因此，制作组在不破坏线性叙事基础上，挑选了足够多且具有代表性的人物或事件的地理景观进行故事性呈现，并通过多种艺术创作手法对历史事件进行描绘，在纪实的基础上附加音乐、文字、旁白等方式予以辅助。无论是讲述文化景观所蕴含的历史人物命运变迁，如曹雪芹、李贽、刘绍棠等，还是“寻史、运输、寻根、寻源”的历程，抑或是喜欢拍摄水鸟的张春喜、坚持做咯吱盒的季师傅等的故事，都很好地秉持了人文历史类纪录片的内核，即以人文故事建构内核，将人文故事与地理景观、空间表征与空间实践相结合。

面对宏观地理景观的展现，制作组选择以技术再现等方式，给予观众更直观的感受。在呈现历史城池与建筑时，制作组利用数字技术，参考历史资料，将其以三维可视化的形式展现出来，并于展示中穿插专家解读与画面标识，令观众对古城池、建筑有了更直观的概念。同时，制作组也为宏观的运河河道与船只行驶制作了动画，并穿插现实中运河上舟楫行进的画面，给予观众一定的想象空间。

纪录片《这里是通州》还通过对不同空间及相近事物的勾连，形成其独特的呈现方式。现实中的“皇木厂”村碑与历史影像中考古发现的皇木相连，采用历史影像与实景结合，增强了影片的历史厚度。采用了上下“分屏展示”的剪辑形式，表现古今漕运的不同：以铺陈画卷的方式，随着船驶入画面，上屏铺开画卷，随着船驶出，画卷淡出。在第五集《商通南北》中，制作组放大了现实中桌上的茶杯镜头，之后淡入19世纪英国版画中卖茶人旁边的茶杯特写，再拉远镜头，展示整个版画。纪录片通过

---

[1] 孙乐琪．纪录片《这里是通州》今起开播 总导演李欣称历时三年五易其稿［N］．北京晚报，2018-11-19.

画面组接，与解说词等元素结合，形成了一个自成系统的意义结构，既利用了画框的分割与压缩特点，对画面进行了限定；同时又将画外空间进行了拓展与延伸，将观众带入到了一个意象与精神的空间之中。[1]尽管画面上的内容或是遗迹，经过千年的风霜雨雪已寻不见具体的踪影，但《这里是通州》依然借助技术，打通了古今的空间，穿过时间长河，将过去与当下连接。

作为介绍通州人文历史的人文历史类系列纪录片，《这里是通州》立足列斐伏尔的三元空间理论，并采用现代的拍摄手法与技术，再现通州历史、展望通州未来，通过可视化的物理空间地理景观，深入通州人、运河人的精神空间，最终经由符号将表征的空间呈现给观众。其实，纪录片《这里是通州》在再现历史、事件纪实外，还被赋予了通过纪实影像与现代技术，建构、丰满、传播通州地域形象的重任。让观众在其搭建的符号空间中，对作为北京城市副中心的通州进行再认知，从历史过渡到现实，让历史同当下讲话。人文历史类纪录片也只有用现代人的目光，把历史的空间呈现，把传统的精神照进当下，才能够让观众形成对民族的、本土化的文化的认同感，进而形成一种磅礴的文化力量。

---

[1] 王玉，宁珂．纪录片《从〈中国〉到中国》的三重叙事空间探析［J］．电影文学，2020（4）：71.

红色文化视域下影片《决胜时刻》解读

陆涵昀 *

摘　要　红色文化蕴含着崇高的革命精神和厚重的历史文化内涵，北京这座拥有悠久历史的城市为红色文化的孕育和发展提供了得天独厚的条件。作为2019年国庆献礼电影的《决胜时刻》讲述了70年前共和国的缔造者们“进京赶考”“国共和谈”“渡江战役”“开国大典”等一个个真实的历史事件，影片以史实为基础，通过构建北京红色文化场域，活化北京红色文化景观，用真实历史瞬间唤起全面记忆，用品质影像实现情感认同，使观众通过重大历史的银幕再现，重温过去辉煌历史和峥嵘岁月，接受红色文化的洗礼。

关键词　红色文化　文化场域　文化景观　文化记忆

电影《决胜时刻》聚焦1949年3月至新中国成立前，中共中央在北平香山组织国共和谈、指挥渡江战役、筹备开国大典的重大事件，讲述了“进京赶考”“国共和谈”“渡江战役”“开国大典”等一个个发生在70年前真实的历史事件，重点讲述特定时间内发生在北京香山这段鲜为人知的往事。影片在共和国70华诞之际上映，其价值和意义不言而喻。

---

*　陆涵昀，女，北京联合大学应用文理学院新闻与传播学专业2020级硕士研究生。

一、北京红色文化场域

红色文化从广义来说是从古至今中华民族关于红色的记忆，包含各种丰富的思想内涵；就狭义而言，它又是由中国共产党人及爱国人士、先进分子所引领中国人民在实现民族解放及推进社会主义现代化发展历程中所凝结的核心意识形态，是具有中国特色的先进文化拥有厚重的历史文化内涵与积淀。❶ 而任何一种文化都是一个时代的产物，体现着那个时代的精神内涵与价值。对于红色文化而言，生活在革命年代的人们对于红色文化可以感同身受，因为他们有着那个时代的记忆；对于现代人而言，红色文化是包含革命历史、革命故事以及革命精神等多种红色文化元素的集合体，他们可以理解其中的内涵思想，但是无法成为红色文化中的元素，而如何让现代人成为文化中的元素才是关键。❷

法国思想家布尔迪厄在对法国“文学场”的历史形成进行追溯时，指出文化场域的形成是一种自主性的获得，这种自主性是在斗争中获得的。北京作为中国近现代史的重要历史舞台，中国共产党人、先进分子和人民群众为推动历史发展进步，历经艰苦卓绝的斗争，在这里留下了厚重的历史足迹和革命精神，创造了极具中国特色的先进文化即红色文化。北京作为六朝古都拥有悠久的历史，为红色文化的孕育提供了得天独厚的条件；十月革命的爆发和马克思主义“落地”中国，奠定了北京红色文化形成的思想基石；中国共产党的抗争与带领，为北京红色文化注入了先进精神与文化内涵。❸ 近代从洋务运动、戊戌变法，到新文化运动、五四运动、长城抗战、卢沟桥事变、敌后抗战、平津战役，再到毛泽东入驻香山开启“进京赶考第一站”、中国人民政治协商会议第一届全体会议，直至新中国成立、五星红旗在天安门广场升起的那一刻，从“北平”到“北京”的地名更改，北京这座城见证着众多重大历史事件的发生。影片《决胜时刻》

❶ 廖卫华．中国电影中的“红色文化”研究［J］．电影文学，2018（15）：31.

❷ 徐琳．红色文化：仪式、传播、文化［J］．新闻研究导刊，2018（23）：55.

❸ 刘锋．北京红色文化形成发展的土壤和条件探析［J］．北京党史，2019（6）：47–52.

就是真实再现了70年前发生在北京的惊心动魄的历史事件。从视觉形态上，影片有质感的造型、有质感的服装、有质感的道具、有质感的历史场景，为观众带来一种真实而厚重的历史感。

二、北京红色文化景观

美国地理学家索尔（C. O. Sauer）提出过“文化景观”（Cultural Landscape）的概念，即“自然景观之上的被附加的各种人类活动形态”。❶对于北京而言，它的文化景观可以指在北京这个地方的地标性建筑物，如故宫、钟鼓楼、圆明园、卢沟桥、北海、颐和园等，或是带有文化、生活气息的场所，如北京的胡同、名人故居、双清别墅、北京大学红楼等。也正是因为这些独特的、带有时代性的场所或是建筑反映了北京的特殊性与文化的独特性，它们是某段历史或是某个时代的“见证者”，具有浓厚的人文色彩。

景观是文化地理学中重要的学术概念，“景观学强调我们的研究要从可见的东西，推进到不可见的东西，以可见景观为起点，推出其他看不见的思想、文化、背景等”。❷因此，对于景观的研究既包括物理层面的自然环境，也包括在人与文化的作用下出现的文化景观和社会景观。北京的自然地理系统与地域文化景观在《决胜时刻》中展现为红色文化景观为电影创作者提供了审美观照对象。电影作为一种传播文化与信息的手段，在舆论宣传上可以发挥强有力的作用，利用电影人们可以撰述历史、描绘现实、鼓舞激励人心。

在《决胜时刻》中，既有小人物的情感走向贯穿整个故事线，也有大人物鲜为人知的生活化的一面。运用多维的视角、虚实结合的叙事和人物构造，如影片中“陈有富、孟予”这对情侣形象，侧面映射了毛主席的性

---

❶ C. O. Sauer. Recent Development in Cultural Geography [A] //Recent Development in the Social Sciences. NewYork: Lippincott, 1927: 154.

❷ 唐晓峰. 文化地理学释义——大学讲课录 [M]. 北京：学苑出版社，2012：206.

格，使一部革命历史题材的红色电影的内容情节具有丰富性和生动性，展现了人物的真实感。在这样一部红色电影中，从场景到人物再到事件也体现了北京的红色文化。在电影中关于北京的红色文化分别通过带有革命精神的场景地点和发生的关于中国共产党的历史事件来呈现。

1. 清华园站

清华园站始建于清宣统二年（1910），是京张铁路上的一座小站，站名由总工程师詹天佑亲自书写。辽沈、淮海、平津三大战役以后，国民党军队的主力已基本被消灭，解放全中国指日可待。在迎接全国胜利前夜召开的党的七届二中全会上，毛泽东指出，从现在起，开始了由城市到乡村并由城市领导乡村的时期。党的工作重心由乡村移到城市。1949年3月25日，毛泽东、朱德、刘少奇、周恩来、任弼时五位书记率领中共中央和解放军总部迁到北平，清华园站是“进京赶考”的“第一站”，党中央从农村到城市的第一步从这里开始，一个伟大的转折从这里开始，从此这座小站在新中国历史上留下浓墨重彩的一笔。没有选择前门站和西直门站，而是选择这样一个历史悠久又掩人耳目的小站，这一决策出人意料，给国民党反动派以极大的迷惑，这一决策也反映出当时形势的复杂性和斗争的危险性。

2. 西苑机场

西苑机场于1940年建成，曾经也是开国大典的候选地。影片中，毛泽东主席一行人从清华园火车站下车后，直奔西苑机场进行阅兵仪式。在西苑机场阅兵时，站在车上的毛主席和朱德总司令眼含热泪，神情庄严而肃穆，与一旁观看的来自工人、农民、妇女、学生等各界代表1000余人的掌声和欢呼声形成鲜明对比，民众的欢呼也是对共产党领导的肯定。残酷的战争和战士的流血牺牲换来了当天圆满的阅兵仪式和人民的幸福欢声，在强烈对比中也为此次阅兵增加一丝沉重感。

3. 双清别墅

双清别墅原是清代皇家园林香山静宜园“松坞山庄”旧址，1917年，中华民国第四任国务总理熊希龄先生创办著名的香山慈幼院，并在此修建了一座别墅，以培育人才，称为“双清别墅”。中共中央从西柏坡迁往北平选址的时候是经过多番调查的。1949 年中央社会部副部长李克农等先行去北平调查、勘察香山，最终决定将香山作为中共中央指挥中心，为了保密对外将其称为“劳动大学”。双清别墅见证了中国革命走向胜利的最后一段历程。在影片中，毛泽东一行人在西苑机场阅兵后就驱车前往香山，并在双清别墅居住了 181 天。在步行走到双清别墅时，毛主席身边的警卫员将双清别墅念成“双清别野”，被毛泽东纠正发音并告诉他双清别墅是田庐别馆的意思，这也是双清别墅第一次出现在影片中。毛泽东看着双清别墅里的池塘想到在韶山冲的家门前也有一个池塘，他与故乡一别就是 22 年。

4.“履仁”牌楼

影片中也出现了北平其他的标志性建筑，比如正阳门、西四路口西边的“履仁”牌楼，这些都是热心老百姓帮助警卫队排查国民党特务而出现的生活化场景，这些生活化的场景在不经意间表露出北京文化的“在地性”，表露出北京古都文化的根脉和底色。正阳门是老北京“京师九门”之一，它集正阳门城楼、箭楼与瓮城于一体，是一座完整的古代防御性建筑体系。当时的城楼、箭楼规模宏丽，形制高大；瓮城气势雄浑，为老北京城垣建筑的代表之作。影片在描绘香山时使用的色调也是暖色调，与溪口的冷色调形成了对比。

5. 天安门城楼

天安门为明清时期皇城的正门，始建于明永乐十五年（1403），原名承天门，清顺治八年（1651）重建后改名为天安门。明清时期，天安门是皇帝颁发诏令及举行一系列大典礼之地。1949 年 10 月 1 日，毛泽东主席在天安门城楼上宣告中华人民共和国成立，天安门城楼成为新中国的象征。这段中国历史上最让人激动和难忘的时刻，在影片《决胜时刻》中得以重新修复，首现高清 4K 版的开国大典这一珍贵的历史影像，自此天安门由过去皇权的象征改写为人民的象征。

近代以来，北京这片土地上，曾发生过许多惊心动魄的历史事件和革命斗争，涌现出许多著名的志士仁人。革命遗址、遗迹是先驱们留下的足迹，是固化的历史。站在历史的坐标上，我们看到的不仅仅是面前的一景一物，更是中华民族艰苦奋斗、自强不息的精神。

三、北京红色文化记忆

“记忆”有两个层面的意思。一是指保留在头脑中的关于过去事物的印象，二是指追忆、怀念、记住曾经发生或交往过的人和事。人们对于自己过往的经历，固然也有“事如春梦了无痕”的情形，但是，它们一旦进入人们的记忆，就得到了保存，记忆的内容就像储存在仓库里的物品。人们的记忆总是或多或少地保存了过去的真相，追忆往昔生活点点滴滴碎片化的印象，需要有足够的想象力和理解力，才可以让记忆穿越时空隧道，回到历史原点，将支离破碎的、渐行渐远的历史场景复现出来，努力还原一个已经消逝的世界，并挖掘其深藏的价值和意义。影片《决胜时刻》再现了中国共产党领导中国人民夺取全国胜利和党中央筹建中华人民共和国的历史，通过历久弥新的题材内容加上创新的艺术手法，追溯新中国成立的初心和使命，缅怀、致敬毛泽东等老一辈无产阶级革命家的丰功伟绩，也为新时代重大革命历史题材的创作树立了新的典范。

如果说历史是结果的凝固，艺术则是对渐行渐远的历史的激活。二者最大的区别在于，一个关注于事，发生了什么和怎样发生；一个关注于人，人做了什么，为什么做。从这个意义上说，影片《决胜时刻》不仅仅是一段历史文献的视听再现，也是对历史人物的艺术激活。

1. 虚构的小人物

影片中孟予这个角色在历史中是没有的，是这部影片为了剧情发展需要而创造出来的一个人物角色，在影片中作为一名“小人物”见证了祖国许多历史性的一刻。孟予作为一位名不见经传的播音员，成为重大事件播报的“传播中介”。在见证新中国成立的历程中任何人都不是普通的，每个人都有自己的一番小小天地。而小人物也有发光的时候，从起初广播车的播报员到进入播音间的新华广播电台的播音员，到最后来到双清别墅在五位书记面前宣读《中国人民政治协商会议共同纲领》，三个工作地点的转变也是孟予自己的蜕变。

虚构的警卫队队长陈有富和孟予的爱情故事也使得毛泽东的人物形象更加立体，毛主席不再是人们想象中的“大领导”，在陈有富因为多次任务而缺席和孟予的约会后，毛主席特意为他写了一封锦囊，侧面反映了主席在日常生活中的平易近人。

2. 大人物的平凡时刻

在众多描写毛泽东的电影中，这部影片中毛泽东的形象是较为丰满的，影片中表现了他既有运筹帷幄的韬略、睿智，又有决胜千里的笃定、信心；既有帮助女儿捉麻雀时的童心和为父的慈祥，也有与战友和同志休戚与共的诚挚；既有对待国民党谈判代表张治中的虚怀若谷，又有献出锦囊妙计而使警卫员恋爱成功的幽默风趣；既有喜爱国粹京剧的雅好，也有对京剧名伶的尊重。在影片的后半部分，任弼时给毛泽东、周恩来、朱德、刘少奇一人一封邀请信，在他因为病重被送往莫斯科治疗前邀请他们来听他拉小提琴。在《灯塔》的音乐中，四个人并坐一排眼含热泪回忆起曾经为了心中的“灯塔”而奋斗的岁月，有无数先辈为之奋斗一生却无法目睹未来的空前盛况，如今在“灯塔”探照灯的指引下彼岸已近在咫尺。这首曲子将一个充满期望的新中国形象展现在观众眼前，使观众在音乐中与影片人物达到共情。

在香山碧云寺有孙中山衣冠冢，毛泽东、朱德、任弼时、周恩来、刘少奇祭拜孙中山先生，并说他们都是孙中山先生的继承者。共产党带领人民找到一条新的道路，那就是未来的国体将是人民当家作主的共和制。在毛泽东等祭拜孙中山先生的同时，影片对应着蒋介石在祭拜自家的祠堂。影片也是用这种方式塑造人物形象，将毛泽东与蒋介石做了对比，一个是为了人民，一个是为了自己。

3. 彩色的开国大典

影片中对于开国大典的拍摄篇幅并没有太多，但着重提到了蒋介石要在当天对天安门进行轰炸，飞机从舟山起飞，但是在韩国的美军空军基地没有同意让飞机降落加油，蒋介石一等再等，最终放弃轰炸。影片最后的四分钟彩蛋，是导演黄建新团队远赴俄罗斯档案仓库，找到了一段开国大典的影像，买下后带回国内进行修复使其最终成为高清 4K 的开国大典影像，并首次在大银幕中呈现。这段影像让观众仿佛身临其境，真切地感受到那个时代的呼吸，怀揣着紧张、忐忑又自豪的心情与领导人一同目睹这空前盛况。而北京也如天安门前飘扬的五星红旗那样，在时间的长流中见证着祖国的繁荣昌盛，影片最后那个带有历史色彩的五星红旗在今天的蓝天下依然迎风飘扬。

结 语

电影《决胜时刻》通过新中国成立前夕在北平发生的历史事件和一些“标志性”的文化景观构建了一个关于北京红色文化的艺术文化空间，无论是香山双清别墅、天安门等北京红色文化场域的建构，还是清华车站、西苑机场、双清别墅、天安门广场等红色文化景观的激活，无论是历史瞬间的真实再现，还是领袖人物的生动塑造，都在唤醒着全民共同的集体记忆和文化记忆，重温那段峥嵘岁月、那个决胜时刻、那个难忘瞬间、那个历史定格。影片试图还原历史感，在叙事上对于人物故事线发展的虚实结合中没有人为制造的猎奇场面，行云流水般地复述着在开国大典前夕毛泽东主席在双清别墅那段不仅有“指点江山，激扬文字”，还有平常老百姓“过日子”的生活。

城市文化艺术传播

民族复兴视野下北京西山红色文化价值的挖掘与传播*

李彦冰**

摘　要　北京西山是中国共产主义思想较早的发源地。西山红色文化里珍藏着中国追求国家统一的密码，保留着党领导人民浴血抗战的铁证，蕴含着开国领袖的政治胸襟和气度。西山红色文化确证了党的领导的正确性，是回击历史虚无主义思潮的有力武器。西山里的红色遗址是传播爱国主义精神的基地。多角度挖掘和传播好西山红色文化，可以助力民族复兴。

关键词　民族复兴　西山红色文化　新媒体传播　传播主体意识

北京西山蕴藏着丰富的红色文化遗迹，以西山红色文化为代表的红色精神是中华民族精神的重要构成部分。今天世界格局正发生重大变动和重组，中国人民正阔步迈上民族复兴的伟大征程，此时中国人民能保持足够的定力，拥有足够的文化自信，并在进行伟大斗争时能够勇往直前，一部分答案和密码就藏在西山红色文化所反映的精神图景里。因此，以民族复

---

* 本文系北京市习近平新时代中国特色社会主义思想研究中心暨北京社科重点项目“基于国家影响力提升的新时代中国国家形象塑造与传播研究”（19LLXCA022）、北京市委组织部拔尖人才项目“北京西山红色文化资源传播与全国文化中心建设的关系”的阶段性研究成果。

** 李彦冰，男，传播学博士，北京联合大学应用文理学院副教授，硕士生导师，北京市习近平新时代中国特色社会主义思想研究中心特约研究员，主要研究方向为政治传播。

兴的视野重新挖掘北京西山红色文化并进行有效传播，就具有十分重要的意义。

一、西山红色文化内含部分民族复兴的密码

西山是中国共产主义思想较早的发源地。中国早期共产主义在北方的传播与西山有着不解之缘。陈毅等人在中法大学里的进步活动、刘静君受李大钊启蒙走上革命道路、香山慈幼院里的党组织活动，都是这一时期先进的革命志士为追求民族自由和解放所做的努力，这些星星之火最终与其他地区的革命思想传播连成一片，成就了燎原之势。

西山珍藏着中国人民追求国家统一的密码。孙中山先生为了商讨中国的南北统一，避免战火，抱病北上，因操劳过度病逝于北京协和医院，灵柩暂厝于香山碧云寺，移灵南京中山陵后，留衣冠冢于香山碧云寺金刚宝座塔。为下一步的革命着想，孙中山先生留下了《致苏联遗书》，这是他的政治遗嘱。孙中山先生为国家统一殚精竭虑的精神、“革命尚未成功，同志仍需努力”的奋斗精神，是反击“台独”丑行、“去中国化”行径的重要武器。西山无名烈士广场纪念的正是为国家统一而牺牲的无名英雄，他们的誓言是今天完成国家完全统一的动力。

西山见证了中华民族救亡图存、浴血重生的历史。卢沟桥事变是全民族抗战的标志，此后日本侵略者跨越西山，开进了北平。尽管战争初期中国正面战场失利，但是中国共产党领导的敌后抗战开展得卓有成效，成为名副其实的抗战中流砥柱。在大西山里发生的髽鬏山战役、黑山扈战斗、三角城战斗、邓子沟伏击战等，是中国人民以无畏的勇气反抗奴役和强权的证明；塔岭沟步枪打飞机创造了落后武器战胜先进武器的战例；霞云岭飞出的《没有共产党就没有新中国》战歌，集中反映了人民的呼声，是中国共产党坚决抗战呼应人民期待的艺术表达。西山里的抗战还涌现出很多抗战英雄，他们浴血奋战留下了可歌可泣的故事。

西山蕴藏着开国领袖的谋略和政治家的胸怀。北平和平解放前夕，人

民领袖毛泽东从西柏坡来到香山双清别墅，在这里，他与党的其他主要领导人运筹帷幄，指挥了解放战争，并采用高超的策略和平解放北平。整个过程可以看到中国共产党政治家深深的家国情怀、高远的政治谋略、高超灵活的政治策略和宽广的政治胸襟。

西山是传承民族精神、传播革命传统的基地。早期共产主义的星星之火、北伐革命的烛火、山坳里抗战的烽火、解放战争的战火都在这里留下了烙印，向人们叙说着当年革命的历史、真实的过往。李大钊烈士陵园、中国人民抗日战争纪念馆、平西抗日战争纪念馆、京西山区中共第一党支部、樱桃沟“一二·九”运动纪念亭、平西情报联络站纪念馆、冀热察挺进军司令部驻地、《没有共产党就没有新中国》纪念馆、王家山惨案旧址、北京西山无名英雄纪念广场、香山双清别墅等都是这些历史的载体，向人们展示着不屈的民族精神和强烈的爱国精神。

二、西山红色文化是确证党的领导的正确性并回击错误思潮的武器

西山红色文化所提供的丰富的、感性的、真实的材料，是阐释党的领导合法性的重要依据。这里是北方早期党组织的活动地，早在 20 世纪 20 年代，陈毅等人就在西山脚下的中法大学里开展进步运动，从此走上革命道路；香山慈幼院里的共产党员刘静君受李大钊的影响加入党组织。北京大学是当时马克思主义传播的重要阵地，而西山地区是北平较早的共产主义星火的传播地，这些传播活动连同北京城内的马克思主义传播一起，打下了中国共产党早期在北方的组织得以成立的思想基础。中国共产党早期的工人运动从这里发源，“长辛店是中国共产党最初做职工运动的起点”，❶直到今天这里仍然保留着长辛店二七纪念馆、长辛店工人夜班通俗学校

❶ 刘岳，高俊良，方东杰 . 西山永定河文化带红色文化的内涵、特色及展示群打造［J］北京党史 .2019（4）：30.

旧址、长辛店工人俱乐部旧址、长辛店留法勤工俭学预备班旧址等红色遗址。

西山地区抗日斗争的历史是驳斥今天“精日”言行的重要事实依据。这种言行以否认日本对华侵略、贬低民族尊严为表现，西山里所保存的日军残酷侵略的铁证是反击这一现象的重要依据。《北京抗战史料选编》丛书的部分内容记录了日军在西山地区制造的一起起惨案，日军仅在房山区就制造了坨里村惨案、太和庄劫难、二站村惨案等。当然，对日斗争的残酷性也超乎人们的想象，新中国成立后曾任北京市委宣传部副部长的张大中这样回忆西山地区的地下抗日斗争，“穿过永定河封锁线特别困难：在春季冰融以后，没有船只，只能拉上绳子，坐笸箩渡过湍急的河流。过了封锁线，也只能走山区小路，翻山越岭……有些青年在去根据地的路上被敌人逮捕”。[1]

西山地区所涌现的英雄事迹是反击“污名化英雄”等历史虚无主义思潮的重要材料。为北平的和平解放提供了准确情报的卓越地下工作者傅冬菊，黑山口阻击战中牺牲的战士王玉春，北京西山无名英雄纪念广场所纪念的一千余名赴台地下工作者都是这些英雄的代表。这些鲜活的案例、惨烈的事实无不证明今天的平安生活与昨天英雄们的牺牲密切相关。

所有这些事实说明中国共产党的领导地位是经过革命、建设和改革成功后优选的结果。在当前国际社会和中国社会发生深刻变革的关键时刻，红色精神责无旁贷，应该主动承担起传承红色基因、反击流言、正本清源的使命，为中国社会朝着正确的方向发展保驾护航。

三、挖掘传播好西山红色文化，助力民族复兴

西山里的红色遗址基本做到了较好的物理保护，很多遗址得到了修

---

[1] 张大中 . 北平地下抗日斗争的回忆［M］// 北京抗战史料选编（第四卷）. 北京：北京出版社，2015：319.

缮、保护与开发，这为传播西山红色文化奠定了物质基础。习近平总书记指出，“要深化爱国主义教育研究和爱国主义精神阐释，不断丰富教育内容、创新教育载体、增强教育效果”，[1]这为挖掘传播西山红色文化指明了方向。

西山红色文化传播需要扩大传播主体范围。这需要改变由各级政府的职能部门依靠行政命令进行文化传播的模式，适度扩大传播主体的范围，引入有社会责任感的民间主体参与传播管理和传播过程。活跃的社会传播主体的意识形态色彩较弱，更容易在受众端产生传播效果。

西山红色文化传播需要多角度挖掘红色文化的内容，并发挥新媒体的传播作用。当前西山红色精神的传播仍以传统传播方式为主，如纪念馆、革命遗址、陈列馆等实地传播，有些则保留在各行政区的革命斗争史的纸质文献中。网络的传播基本是在行政区的党史办公室网站上有零星的记载。这种传统传播方式缺少互动、主动性不强。当前，微传播突飞猛进的发展改变了传播的生态和形态，在各种新媒体平台涌现、青年接受习惯改变的情况下，运用新媒体讲好西山的红色故事，采用短视频传播西山红色文化是“抓住”青年的一条正确路径。在内容方面，西山红色精神的挖掘应该跳脱原有革命史编写的宏观论述窠臼，应该回归参与革命活动的活生生的人身上，挖掘鲜活、生动的革命故事，展现这些参与革命的个体在革命历史的大潮中展现出来的坚忍不拔的精神、顽强不屈的意志、革命英雄主义的气概、爱国主义和集体主义精神。正如习近平总书记所言，要运用艺术形式和新媒体，以理服人、以文化人、以情感人，生动传播爱国主义精神，唱响爱国主义主旋律，让爱国主义成为每一个中国人的坚定信念和精神依靠。

加强红色文化传播的主体意识。“政治传播主体意识是政治传播主体在进行政治传播活动时对自身特定政治目的的自觉意识。”[2]当前关于红色

---

[1] 习近平．大力弘扬伟大爱国主义精神［M］// 论党的宣传思想工作．北京：中央文献出版社，2020：178.

[2] 荆学民，李彦冰．全球化背景下中国政治传播主体意识研究［J］．现代传播，2010(4)：5.

精神的传播，一个突出的问题是传播者的主体意识不强，其突出的表现是：开展党建工作的单位主动到红色遗址、革命纪念馆去参观访问，红色精神是在接待开展党建工作单位的过程中进行现场的传播。这属于典型的被动传播模式，缺少主动性和自觉性。因此，西山红色文化传播需要增强传播创意，变被动接待为主动出击，在传播的主动性上多下功夫。

习近平总书记在党的十九大报告中说，人民有信仰，国家有力量，民族有希望。要提高人民思想觉悟、道德水准、文明素养，提高全社会文明程度。广泛开展理想信念教育，深化中国特色社会主义和中国梦宣传教育，弘扬民族精神和时代精神，加强爱国主义、集体主义、社会主义教育，引导人们树立正确的历史观、民族观、国家观、文化观。西山红色文化是传播社会主义核心价值观的生动载体，它作为承载中国革命历史真实过往的浓缩和精华，可以而且也应该成为人们信仰的一部分，它所蕴含的爱国主义、集体主义精神是中国人民奋发有为实现中国梦的精神动力，可以为中华民族伟大复兴的征程储备充足的续航潜能。

北京兔儿爷：一个文化符号的形成与衍变 *

杜剑峰 **　张燕君 ***

摘　要　兔儿爷是北京地区特有的一种泥塑玩具，也是中秋节习俗的产物，起源于明代。清代为鼎盛时期，兔儿爷的功能已由祭月转变为儿童的中秋节玩具。三四百年来，兔儿爷在民间几经兴衰，一度年年风光，从神坛之上，到孩童之间，备受人们青睐。20 世纪 50 年代后期，兔儿爷一夜之间销声匿迹，零星散落在民间。然而，兔儿爷尚留存在人们的记忆里，留存在非遗传承人的手艺中。如今人们依靠记忆与想象再度引燃了兔儿爷的话题，使其不仅成为老北京的吉祥物和保护神，而且成为北京具有典型地域特征的文化符号，借由不同文本形态的诠释与传播一次次撖动关乎北京的想象与记忆。

关键词　北京兔儿爷　文化符号　文化记忆　文本衍变

兔儿爷是北京地区特有的一种泥塑玩具，也是中秋节习俗的产物。事实上兔儿爷并非北京独有，河北北部的一些县市、天津的一些地区、山东的济南和青岛等城市，也存有中秋请“兔儿王”的习俗。齐鲁大地尊为

---

*　本文系北京联合大学 2020 年度教育教学研究与改革项目（研究生教育类项目）“基于文化地理学的《文化传播前沿》课程建设”（JY2020Y003）的阶段性成果。

**　杜剑峰，女，北京联合大学应用文理学院教授，硕士生导师，主要研究方向为北京城市影像及文化传播。

***　张燕君，女，《剧本》杂志社副编审，主要研究方向为戏剧评论。

“兔儿王”或“兔儿神”，而不是颇具北京称呼特点的“兔儿爷”；北京的兔儿爷种类多，做工精细，相对来说，山东的“兔儿王”则样式少，做工粗糙。兔儿爷出现在北京是在明代后期，其出现的时令主要是在中秋节前后，清代为鼎盛时期，从宫廷到民间都要在祭月时供奉兔儿爷。到了清代，兔儿爷的功能已由祭月转变为儿童的中秋节玩具。

一、文化符号与文化记忆

文化符号是指一个国家、一个民族或一个地域在思想、风俗、生活等物质生产与精神生产活动中世代相传而形成的，具有某种特殊内涵或者特殊意义的物质文化和精神文化的标识，集中体现着某一国家、民族和地域人们的生产方式、生活习惯和审美倾向。文化符号具有很强的抽象性，内涵丰富。文化符号是一个国家、一个民族或一个地域独特文化的抽象体现，是文化内涵的重要载体和形式。文化符号既是某一国家、民族或地域文化软实力的重要载体，也是其文化软实力的表现。

城市传播研究者认为，“城市在过往的历史中，会形成一些带有城市自身特征的文化符号，这种文化符号，复现在城市品牌建设中则深化为城市符号”。[1]文化符号学研究者、“塔尔图—莫斯科学派”的公认领袖洛特曼曾在论述文化符号的“象征”与“记忆”之间的关系时指出，有意义的元素（象征物）可以起记忆作用。在他看来，具有象征意义的图形、服饰等符号是保存记忆的载体，文化本身包含着群体性、地域性、稳定性、延续性等意义。洛特曼认为，文化符号具有一定的穿越性、凝聚性。穿越性的内涵放在城市研究的视野下，则是指当这些能够表现城市精神内涵并来源于文化记忆中的象征物，在社会有组织地再书写之下成为城市标志性的城市符号，就能够连接城市的过去与当下，将传统的凝聚性力量带入现下

[1] 刘新鑫．城市形象塑造中文化符号的运用［J］．当代传播，2011（3）：130.

的社会生活中。[1]

本文是以北京文化的“兔儿爷”符号作为研究对象，目的是通过研究北京兔儿爷符号意义的建构和不同文本在传播过程揭示文化记忆中象征物的再利用对凝聚城市认同和形塑城市精神形象的作用。文化符号学的核心概念之一就是文本，在文化符号学理论框架下的文本具有多重意义。通过民间文学、文学艺术、影视艺术、舞台艺术等载体形式，探讨北京兔儿爷符号在不同文本形态中在继承传统的基础上又被赋予了怎样的新的内涵和新的意义，揭示兔儿爷符号象征意义体系的再构与传播对北京文化认同的作用，以及文化记忆理论对城市文化建构的启示。

二、北京兔儿爷涅槃重生

中秋节祭拜仪式完毕，兔儿爷便走下神坛成为儿童手中的泥塑玩具，它是集娱乐功能、民俗功能及寓意功能于一体的民间节令玩具。北京兔儿爷以泥胎最为典型，模印成型，兔首人身，身披红袍金甲，手持捣药杵，神态可人。兔儿爷起源于人们对月神的崇拜和对月亮神话故事的认同，由于玉兔捣药的神话传说流传甚广，在人们心中已笃定玉兔具备祛病避灾的神功，通过祭拜兔儿爷以保佑孩子健康成长，因此兔儿爷曾是老北京家家必备的镇宅神物，连故宫都收藏着几尊兔儿爷。明人纪坤的《花王阁剩稿》中记载：“京中秋节多以泥抟兔形，衣冠踞坐如人状，儿女祀而拜之。”[2]这是最早关于兔儿爷的记载，这段文字表明，近400年前北京已经有了对兔儿爷的拜谒之礼。到了清代，不仅兔儿爷的功能发生改变，制作也日趋精致，有扮成武将头戴盔甲、身披戢袍的，也有背插纸旗或纸伞、或坐或立的。兔儿爷的造型注重衣着的华丽和面目五官的神态，其神态通常为双眼直视，三瓣嘴紧闭，脸上略施淡淡的胭脂，威武中不失俊秀，庄

[1] 庄锦炜．记忆的凝聚性结构：澳门城市“莲”符号象征体系的建构与传播［J］．东南传播，2020（1）：4.

[2] 韩春鸣．双式兔儿爷［M］．北京：北京出版集团公司，北京美术摄影出版社，2014：8.

严中亦露纯真。早年间一过七月十五，北京街头就有卖兔儿爷的，前门五牌楼，后门鼓楼前，东四、西四、隆福寺、西单、新街口、北新桥的街市到处都有兔儿爷摊子，大大小小，高高低低，人们围着摊子仔细挑选，人头攒动，兴致盎然。现如今在北京的烟袋斜街、国子监街、南锣鼓巷、琉璃厂东街等处，也见到过卖兔儿爷的商铺。

泥彩塑兔儿爷从明末产生，直到 20 世纪 50 年代中期，北京兔儿爷年年风光，一年当中总有一个时节隆重现身，享受香火供奉，享受与孩子们的耳鬓厮磨。从神坛之上，到孩童之间，成为家喻户晓的传说，大街小巷的玩伴，嬉戏玩耍的对象，备受人们的青睐。然而从 50 年代后期，兔儿爷似乎一夜之间销声匿迹了，难以再见兔儿爷的身影。在之后的 30 年中，不仅不见了兔儿爷摊儿，就连卖古董的琉璃厂也没有哪家店收藏这玩意儿，这期间的孩子们再也无法知晓兔儿爷的神性和传奇，甚至也不知兔儿爷为何物了。兔儿爷的手艺人纷纷改行了，兔儿爷成为稀罕物，零星散落在民间。尽管如此，兔儿爷尚留存在人们的记忆里，如今人们依靠记忆和想象再度引燃了兔儿爷的话题，使其不仅成为中秋节的吉祥物和保护神，而且成为北京具有典型地域特征的文化符号。随着传统文化的复兴，北京兔儿爷重新进入社会生活空间，不断出现在大众的视野里，社会关注度大幅提高，借由不同文本的诠释与传播一次次掀动关乎北京的想象与记忆。

三、北京兔儿爷的文学想象

北京兔儿爷的形象是从民间创作出来的，多少带有夸张和戏谑的味道，就像兔儿爷早年间在北京家喻户晓一样，以兔儿爷为题的歇后语在民间也广泛流传。比如，“兔儿爷打架——散摊子”“隔年的兔儿爷——老陈人儿”“兔儿爷掏耳朵——崴泥”“兔儿爷拍心口——没心没肺”“兔儿爷洗澡——一摊泥”“兔儿爷过河——自身难保”“兔儿爷的旗子——单挑”“八月十五的兔儿爷——得吃得喝”等。“当年的兔儿爷摊子琳琅满目，色彩艳丽，令人目不暇接，甭说孩子们不肯离去，就是大人们也忍不住多看几眼。兔儿爷大者高二尺有余，其次尺余的，半尺的，最小的三寸上下，摊子呈阶梯形，层层摆满，有的多至十几层，规模很大，小者居下，大者居上。兔儿爷都是泥做的，极易碎，摆放一定要十分牢固，而且要十分小心。或许因有的摊子摆放不牢而塌架，兔儿爷都摔碎，买卖自然赔本。所以才有'兔儿爷打架——散摊子'一句歇后语。"❶此外，尚有关于兔儿爷的童谣儿歌，比如，《兔儿爷》传播甚广："紫不紫，大海茄，八月里供的是兔儿爷。自来白，自来红，月光码儿供当中；毛豆汁儿，乱哄哄，鸡冠子花儿红里个红，圆月儿的西瓜皮青。月亮爷吃得笑哈哈，今晚的光儿分外明。"❷《背插靠旗好威风》："兔儿爷，真叫神，大红帅袍穿在身，将军铠甲金闪闪，背插靠旗好威风。"❸当年儿童祭拜兔儿爷的情景或可让我们联想到兔儿爷在孩子们的童话世界中所扮演的角色是那么的重要。兔儿爷具备那个时期孩子们心目中的偶像特征，是孩子们充满想象的头脑中的玩偶形象，而其中被人提及最多的则是老舍先生笔下对之的生动描述。

《四世同堂》是老舍先生创作的一部百万字的小说，这是一部表现抗战时期北平沦陷区普通民众生活与抗战的长篇小说，全书共分《惶惑》《偷生》《饥荒》三部。该书以北平西城护国寺附近小羊圈胡同为背景，通过复杂的矛盾纠葛，以胡同内的祁家为主，钱家、冠家以及其他居民为辅，刻画了当时社会各阶层众多普通人的形象，反抗与顺从的选择、国家与个人的选择等种种艰难的选择纷繁地交织在一起，深刻地展示了普通人在大时代历史进程中所走过的艰难曲折的道路。小说第一部《惶惑》第十四节开篇详细地描述了北平中秋时节的天气情况和各类民俗活动、北平特有的高摊、地摊及水果店里的各色水果，"同时，在街上的'香艳的'果摊中间，还有多少个兔儿爷摊子，一层层的摆起粉面彩身，身后插着旗伞的兔儿爷——有大有小，都一样的漂亮工细，有的骑着老虎，有的坐着莲花，有的肩着剃头挑儿，有的背着鲜红的小木柜；这雕塑的小品给千千万万的儿

❶ 于润奇．文人笔下的旧京风情［M］．北京：中国文联出版社，2003：73.

❷ 雷群明，王龙娣．中国古代童谣赏析［M］．长沙：湖南文艺出版社，1988：1.

❸ 韩春鸣．双式兔儿爷［M］．北京：北京出版集团公司，北京美术摄影出版社，2014：30.

童心中种下美的种子”。[1]

作品中四世同堂大家族的长者祁老太爷的生日是农历八月十三，每年过了生日便紧跟着过节。在六十岁以后，生日与中秋节的联合祝贺几乎成为他的宗教仪式。尽管此时北平已被日本武装占据着，但距他七十五岁生日前十天，他决定到街上去看看，看看今年的街市上是否有过节的气象，当他在街上没有闻到果子的香味，没有遇到几个手中提着或肩上担着礼物的人，没有看见多少中秋月饼。他终于明白，日本已经不许他过节、过生日了！他禁不住泪眼模糊。他开始往家走，路上，他看见两个兔儿爷摊子，都摆着许多大小不同的、五光十色的兔儿爷。在往年，他曾拉着儿子，或孙子，或重孙子，在这样的摊子前一站就站个把钟头，去欣赏、批评和选购一两个价钱小而手工细的泥兔儿；往年的兔儿爷摊子是与许多果摊儿立在一起的，使人看到两种不同的东西，而极快地把二者联结到一起——用鲜果供养兔子王。由于这观念的联合，人们的心中就又立刻勾出一幅美丽的、和平的、欢喜的拜月图来。

“小兔儿的确做得细致：粉脸是那么光润，眉眼是那么清秀，就是一个七十五岁的老人也没法不像小孩子那样的喜爱它。脸蛋上没有胭脂，而只在小三瓣嘴上画了一条细线，红的，上了油；两个细长白耳朵上淡淡地描着点浅红；这样，小兔儿的脸上就带出一种英俊的样子，倒好像是兔儿中的黄天霸似的。它的上身穿着朱红的袍，从腰以下是翠绿的叶与粉红的花，每一个叶折与花瓣都精心地染上鲜明而匀调的彩色，使绿叶红花都闪闪欲动。”[2] 在《四世同堂》中，老舍先生以厚重而生动的北平语言，描绘出如祁老太爷、瑞宣、大赤包、冠晓荷等一系列老北平人物形象，展现了风味浓郁的北平生活画卷，也保留了极其丰富的老北平民俗，其中中秋拜月，兔儿爷先为祭拜的神仙，后为孩童的玩偶，表达的是人们对平安吉祥、荣华富贵寓意的期盼。

---

[1] 老舍．四世同堂［M］．北京：人民文学出版社，2012：117.

[2] 老舍．四世同堂［M］．北京：人民文学出版社，2012：120.

四、北京兔儿爷的电影造型

“电影在视觉性、运动性、物质性和社会性等方面的文化特性，使它能够通过视觉性的符号表征出文化记忆中的‘凝聚性结构’，能够成为记录文化记忆的重要媒介。”[1]动画片《兔侠传奇》(2011)在实现中国元素动画表达的同时，十分清晰地彰显了北京独特的地域文化，展示出较为别致的“京味元素”。影片讲述了京城的武林盟主老馆主被徒弟熊天霸暗算，老馆主逃亡到乡下，临终前把毕生功夫传授给淳朴的炸糕厨师兔二，并将统领武林的令牌交给他，嘱托兔二一定要想方设法把令牌亲手交给女儿牡丹。兔二进京寻找牡丹，遭遇重重危险，并在日常劳作中悟得绝世武功，最终打败熊天霸，拯救了武林，并将令牌交还给牡丹，实现了对老馆主的承诺。

影片以“兔儿爷”这个京味民俗形象作为主要人物造型。兔儿爷玩偶是泥塑的，静止不动，而《兔侠传奇》中脱胎于兔儿爷的兔二却是胖胖的、可爱的。兔二表面憨实，内心温暖，貌似胆小，讲求诚信，是中国农耕时期的人物代表。兔二原本是一位平凡的厨师，他的乐趣和理想在于精心烹制他的“好炸糕”，他日日精心烹制他的“好炸糕”，一边熟练地制作小吃炸糕，一边简单地固守经营理念。“好炸糕就得啥都好，油好面好手艺好，手艺好我就卖得好，卖得好我就心情好，心情好我就炸得好，炸得好就是好炸糕。”兔二继承了中国古代重农的思想，热爱劳动，热爱做饭，为人憨厚耿直，不求名利武功，只想着过悠闲平淡的生活，体现出一种悠闲的文化格调。然而，命运让兔二被迫告别这种轻松自在的闲适生活，担当天降大任，武林盟主临终之际，将武功传授给兔二，并嘱托他将令牌亲手交给远在京城的女儿，受人之托，成人之事，于是他不得不长途跋涉，远走他乡，历经千辛万苦，忍受百般磨难，实现自己的诺言，完成他人的愿望。

---

[1] 鲍士将．文化记忆、凝聚性结构与影像的互文性建构［J］．文化研究，2019（37）:301.

影片借助兔二这一动画人物造型，使兔儿爷这一北京文化符号得以复现，更重要的是借助这一文化符号，把中华民族诚信、自信、坚守、孝道等优秀的传统美德植入作品，传递主流价值。影片在北京兔儿爷传说的基础上，揭示出“受人之托信守承诺”的主题，这一主题的表达在当今时代具有深刻的现实意义。而影片的传播再度引燃北京兔儿爷的传说，强化和丰富了北京这一文化符号的能指与所指。

五、北京兔儿爷的舞台呈现

舞台艺术有着自身独特的艺术规律、美学特质及表现手法。在戏剧艺术情景表现的过程中，通过演员对角色的理解和诠释，使文学作品更加生动形象地呈现在舞台上，呈现在观众的视野中，并且使静止的文字成为行走的文化符号。2020年深秋，在北京喜剧院上演了一部由北京市东城区戏剧家协会策划，王斑执导，张帆和王甦担任编剧的新京味儿话剧《北京兔儿爷》。该剧的主人公赵春风人称“兔儿爷赵”，祖上好几代是制作兔儿爷的手艺人，可到了赵春风这一代，泥塑的兔儿爷渐渐淡出人们的视野。老赵执着地推广兔儿爷的民俗文化，渴望在有生之年能招到一位热爱兔儿爷的可心徒弟能把手艺传承下去，不致使先祖传承了好几百年的绝活儿失传。而随母姓的儿子钱兆发对父亲一直心存芥蒂，当年因为老赵对兔儿爷的痴迷，间接导致妻子车祸身亡。为此，儿子一门心思想发财，根本不把这赔钱的手艺放在眼里，不愿传承父亲的这门传统手艺，不愿意像父亲那样在游园会上的“老北京民俗区”，为了能让人们喜欢兔儿爷，不惜工本白送月饼。“兔儿爷掏耳朵——崴泥啦！”万般无奈之下“兔儿爷赵”只得接受儿子的提议，借助网络平台发布《兔儿爷找徒弟》的帖子海选徒弟。帖子发出后，前来应招者竟然应接不暇，有自称是弱势群体坐着轮椅的骗子，有穿着兔儿女郎短裙、头戴兔耳朵、号称邦尼兔兔直播间带货女主播的女孩，有毕业于清华工美、现为一家装饰公司设计师的小伙。其中有一位徒弟与师傅相谈甚欢，要把“兔儿爷”产业化，要与师傅签署拜师合同，而这种新式招数、创新思想又让师傅一时间招架不住。可儿子却从中发现了商机，由此突然调转船头，哭着喊着要拜师学艺。他利用“大钱小钱都是钱”直播间，推荐这款百年老货兔儿爷，介绍北京兔儿爷的前世今生、功能、坐骑、装扮、样貌、工艺流程等，一时间收获3万个赞，引发社会关注，兔儿爷火啦！究竟什么才是工匠精神？什么是发展创新？传统手艺该不该求新求变？到底应该怎样保护民俗文化？北京兔儿爷究竟是什么？是玩具、手艺、传统、文化、历史、民俗，还是商品、利益、工具？一场继承传统手艺和保护北京民俗文化的“大战”，在“兔儿爷赵”家中爆发了。上述一系列问题也是该剧试图提出并引发观众思考的问题。

《北京兔儿爷》为观众带来的是一台兼具思想性、社会性、观赏性和话题性的京味儿戏，这部被冠之以新京味儿话剧的作品，在保留传统京味儿特色的同时，也体现出某些“新”的特征，无论是在京味儿内涵上，还是在方式手段上都有所创新。该剧以“兔儿爷”为支点，在舞台表演上触及了更多北京元素。故事发生地在地坛、后海一带，是东城故事；鸽子哨、单弦、京韵大鼓是古都声音；白塔寺、什刹海、中央电视台大楼等舞美设计是皇城的旧貌新颜……剧中老北京和新北京的舞美元素被巧妙地结合在一起。“兔儿爷”面具、太师椅，以及说书聊天般的独白，拉近了剧中人物和观众的距离。同时，利用多媒体投影和网络直播方式，把现实和虚拟环境中人的丰富性和复杂性表现出来，这一处理方式较为新颖，而同时演员和投影之间的互动也让表演更贴近生活，更接地气。导演王斑阐述道：“讲好中国故事，讲好北京故事是我策划和导演这部话剧的初衷。想通过‘兔儿爷赵’，一位老北京手艺人的故事，让更多年轻观众关注我们的古都文化、红色文化、京味儿文化、创新文化的内涵和文化定位。希望通过剧中父与子的矛盾冲突，引发观众对工匠精神和拿来主义两者之间对比关系的思考。”[1] 而该剧主题歌《父一辈儿 子一辈儿》（王斑、郑晨作词，刘鹏作曲，王斑演唱）则表达了传统和现代、守正和创新、继承和发展之

---

[1] 刘旭阳．东城原创话剧《北京兔儿爷》上演［N］．新东城报，2020-11-06.

间的关系。“月光它洒满了皇城根儿，小院儿里飘香着月饼的味儿，三瓣嘴的兔儿爷当间儿站，姆们把这月亮装进小铜盆儿。”“不变的是咱北京站的钟点声儿，不变的是咱胡同儿口的焦圈儿加豆汁儿，不变的是咱老街坊的真友情，不变的是咱老北京的精气神儿。”“父一辈儿，子一辈儿，一辈儿传一辈儿，祖宗传下的老手艺，守正创新有传承。”在互联网时代，我们发现这些关系正悄然共融共存。

好的玩具是益智的，能够提升孩子的感知能力、观察能力、动手能力、思考能力，开发孩子的各种认知能力。应当说，当今孩子们的玩具可谓花样翻新，数不胜数，应有尽有。其功能也越来越复杂、分类越来越精细。对于兔儿爷来说，尽管它的产生也颇具某种传奇性和神圣性，但似乎难以再现当年孩子们对之热捧的景象了。然而兔儿爷作为民间文学童话故事的产物，作为一种文化现象，特别是泥彩塑技艺的一个创造，将在文化艺术的长河中独放异彩，泥彩塑兔儿爷已经成为北京民间艺术乃至北京文化的一个符号和一张名片，依旧存留在人们的记忆与想象中，活跃在不同的文本形态和人们的笑谈里。

陈师曾《北京风俗》的朴拙简约之美

莫常红 *

摘　要　1913—1923年，陈师曾客居京华，他出身世家，体恤民生，在山水花卉之外创作出富有地域特色的人物画册页《北京风俗》。本文从其有关文人画的画学理论入手，分析艺术实践之《北京风俗》中的历史风俗，阐释作品不求精工但求传神的精神气质，追踪画家对中国画传统的继承与创新，以鉴赏作品之中的朴拙简约之美。

关键词　陈师曾　《北京风俗》　历史风俗画　文人画

一、陈师曾的生平[1]与成就

陈师曾（1876—1923）自小受家学耳濡目染，浸淫于旧学。青少年时期，在长沙从尹和白学画，诗文书画更受教于胡沁园、王湘绮、周大烈、范肯堂等人。23岁入南京江南陆师学堂附设之矿务铁路学堂。1902年带着六弟陈寅恪赴日留学，先修日语，入东京弘文学院。后转高等师范学校，学博物科。在日期间，结识沈瓞民等，畅谈国事；结识李叔同等，仍汲汲于绘画。当年夏天，毕业回国，随即被聘为江西教育司长，后又应张

* 莫常红，男，文学博士，北京联合大学应用文理学院副教授，副编审，主要研究方向为新闻传播、纪录影像、城市文化传播。

❶ 本文关于陈师曾的生平，多采用朱万章《陈师曾年表》以及陈师曾的学生俞剑华的文章。

骞的邀请，任江苏南通师范学校教员。在此期间，因仰慕吴昌硕的书画篆刻，与李苦李（吴昌硕学生）常去上海，得到吴的指点。1912 年，李叔同来到上海，任《太平洋画报》副刊编辑，陈师曾受邀陆续发表《春江水暖鸭先知》《落日放船好》等画作。其后，曾短期任教于湖南第一师范。不久辞职入京，在教育部任职，主持图书编辑近十年。陈师曾居京，曾住北新华街，因庭中有老槐一株，辟一室曰“槐堂”。

1914 年冬，陈师曾和诗坛名流陈石遗、林宰平等在宣南法源寺举行纪念宋代诗人陈后山的雅集活动，会后赋诗，陈师曾被评为第一，陈石遗有诗赠之曰“诗是吾家事，因君父子传”，一时传为佳话。初到北京时，陈师曾就以其家学、诗词和绘画俨然成为一时俊彦。“尤擅画山水、花鸟人物，工篆刻章印，出奇造意，矫柔为刚，视若怪丑，神理自媚。”❶他与汤定之、余绍宋等组织宣南画社，更与汤定之、金拱北等集于汪东寓所，成立西山画会，吟诗作画，互相切磋，歌诗以为乐。先后受聘为国立北京高等师范学校手工图画科教员、北平美术专科学校中国画教授，蔡元培更延请其为北大画法研究会导师。1917 年，曾与书画同人展画赈灾，作《读画图》，题云：“丁巳十二月一日，叶玉甫、金巩伯、陈忠恕诸君，集京师收藏家之所有于中央公园，展览七日，每日更换，共六七百件，取来观者之费，以赈京畿水灾，因图其当时之景，以记盛事。”❷针对康有为、陈独秀等倡西学，贬国画，发表《清代山水画之派别》《文人画之价值》《中国画是进步的》等理论文章，提出“采人之长，中西融会”的主张，且译介从日本来华的大村西崖，在中华书局出版《中国文人画的研究》，为中国画的优良传统进行辩护，并用实际创作为国画增光添彩。

1917 年，陈师曾在琉璃厂南纸店见到齐白石所刻印章，因到法源寺相访。晤谈之下，惺惺相惜，遂成莫逆。齐白石取出画册《借山图》，陈师曾观摩后题诗，有云“吾画自画自合古，何必低首求同群”，鼓励齐白石

---

❶ 袁思亮．陈师曾墓志铭［J］．美术观察，1996（10）：50.

❷ 俞剑华．近代画家陈师曾先生的生平及其艺术［J］．南京艺术学院学报，1986：40–44.

改换画法，自创风格。齐白石称："我那时的画，学的是八大山人冷逸的一路，不为北京人所喜爱，除了师曾之外，懂得我画的人，简直是绝无仅有。"[1]1922 年，陈师曾应日本画家邀请，带去自己和齐白石的几幅山水，参加东京厅工艺馆举行的中日联合绘画展览会。齐白石的画卖价丰厚，每幅百金，二尺山水更得二百五十金。由是，齐白石声誉日隆，他一直感恩陈师曾提拔他的一番厚意。齐白石有"君无我不进，我无君则退"的诗句，充分说明两人互相砥砺，情谊非同寻常。

早在南京矿物铁路学堂，陈师曾就曾与鲁迅同学，但因陈师曾与校长俞明震为近亲，被当时学生当作"官亲"而未深交。留学日本时，又与鲁迅同入弘文学院，于异乡同寝，遂成为朋友。1909 年，鲁迅、周作人合译《域外小说集》第一册出版，陈师曾应邀用篆体书写题签。回国入京，又与鲁迅一同供职于教育部，曾一道挑选儿童作品，以赴巴拿马万国博览会展出。他们一起逛晓市，出入琉璃厂，互相赠送拓片、碑帖。陈师曾赠鲁迅画作《山水图》等，共计十幅；篆刻多方，其中有"俟堂""会稽周氏"。陈师曾去世之后，鲁迅陆续购齐两集《师曾遗墨》，作为纪念。

陈师曾一生凡三娶，先娶南通范孝嫦，再娶吴县汪春绮，后娶长沙黄国巽，范、汪两人均早逝，陈师曾作多首悼亡诗，情意真切，哀婉动人。1923 年，他在大连接到家书，惊闻继母（陈寅恪生母）病重，冒着酷暑返回南京，于病床前尽孝，但继母最终不治，陈师曾也因患痢疾，遽然谢世。陈师曾刚刚进入创作的盛年，天不假年，还未能达到艺术的巅峰。他的逝世，梁启超认为是"中国文化界的地震"，吴昌硕称其"朽者不朽"。1933 年，鲁迅在为《北平笺谱》撰写的序文中，对陈师曾的艺术作了高度的评价："义宁陈君师曾入北京，初为镌铜者作墨盒，镇纸画稿，俾其雕镂；既成拓墨，雅趣盎然。不久复廓其技于笺纸，才华蓬勃，笔简意饶，且又顾及刻工省其奏刀之困，而诗笺乃开一新境。"[2]

---

[1] 齐白石．白石老人自述［M］．济南：山东画报出版社，2000：116.

[2] 鲁迅．《北平笺谱》序［A］// 鲁迅全集·集外集拾遗．北京：人民文学出版社，1981：405–406.

二、历史风俗画《北京风俗》

1914—1915 年，陈师曾作《北京风俗》册页 17 页，每页两幅，共 34 幅。册页封面有他自署的“北京风俗”四字。卷首有金城篆书“风采宣南”，程康（有人考据为程千帆先生的父亲）隶书“北京风俗”。34 幅水墨人物图上，衿印“师曾”，未落年款，唯有《冰车》与《墙有耳》题名，后者更题曰“墙，从缶翁题作墙，见缶庐印”。画左，是他的朋友的题诗、题词，计有何宾笙（19 则）、陈止（18 则）、陈康（9 则）、金城（5 则）、郑午昌（3 则）、童大年（2 则）、叶恭绰（2 则）、马公愚（1 则）、陈楼（1 则）、张启后（1 则），共 61 则，从 1915 年到 1944 年，绵延不绝。册页先后有潘语舲、张志鱼、王蘧、叶恭绰作跋语。这部册页在陈师曾去世后辗转流传，先由梁启超以 700 金购藏，又曾有日本人出价千金以求，但未能如愿，册页后来流落民间，一度沦落为“收购废品”，后为中央文化部购藏，再转藏于中国美术馆。❶

在《北京风俗》册页中，陈师曾分别绘有打鼓挑子、跑旱船、针线箱、墙有耳、磨刀人、烤番薯、大茶壶、老西儿、鬻簚手、山背子、煤掌包、顶力、切糕车、泼水夫、火煤撢帚、旗下仕女、慈航车、菊花担、冰车、骆驼、执事夫、坤书大鼓、蜜供担、喇嘛僧、拾粪人、话匣子、压轿嬷嬷、算命子、二弦师、拾穷人、夫赶驴、丧门鼓、人力车、糖葫芦。有论者按题材分为四类：劳动生计、礼仪娱乐、遗老遗少、时政讽刺。前两者占大半，真实地记录了民生与风俗，是带着同情，“眼睛向下”，活画出社会各阶层尤其是下层市民的众生世相。程康题画《火煤撢帚》：“余观师曾所画《北京风俗》，尤极重视此幅。盖着笔处均极能曲尽贫民情状。昔东坡赠杨耆诗，尝自序云：‘女无美恶富者妍；士无贫不肖贫者鄙。’然则师曾用心亦良苦矣。”陈师曾关注的是那些“引车卖浆者流”，即便表现婚

---

❶ 陈师曾《北京风俗》中的题款统计，采用北京出版社 2003 年版《北京风俗》编辑杨良志撰《出版说明》；下文述及陈氏所绘物事，其名称却不尽采用此版，而多用何宾笙题词中的标题。

丧嫁娶、红白喜事的礼仪娱乐，也侧重呈现他们辛苦地参与其中，其目的多是博取一日的口粮。

在《中国画是进步的》一文中，陈师曾追溯从汉晋到宋元不同时代的绘画各有所长，“明朝又有风俗画出现，周东邨、吴小仙、仇实父、唐子畏，都是画历史风俗画的有名的人……历史风俗画这条道路大可发挥，所谓穷则变，变则通的道理，也就是思想转换求新”。❶风俗画，一般指直接描绘现实风习及日常生活场面的绘画，按畏冬的研究，古典的风俗观首先是关乎全民，其次由上传下占主导，再则变动不居；相比而言，当代的风俗观通常把民间与仕宦对立起来，在传承与变异面向更侧重于传承。❷陈师曾处于清末民初，上承封建社会，下启人民政权，正处于转换的关节，他定居城市，不再像周、吴、仇、唐等人那样着力描绘田家风物，而是倾心关注身边的市肆风习，捕捉现代化进程中萌芽而生的新鲜事物（如话匣子），记录了殊方异域带来的文化交流（如喇嘛僧）。他主要聚焦城市贫民含辛茹苦、疲于奔波的悲苦生活，还顺带观照遛狗的旗下仕女、提笼架鸟的八旗子弟，以及优哉游哉提溜着大茶壶的清客。并且，在画作《墙有耳》《慈航车》中更凸显出时代的色彩，具有强烈的讽刺意味。因此，陈师曾的变通，就在于思想往民主民生、表达向写实纪实的“转换求新”。正是这样，《北京风俗》“打破了晚清人物画囿于佛道、仕女、高士一类题材的局面，将民主的人文主义思想和现实主义精神引入艺术，使艺术回归现实生活，这在中国近代人物画发展史上无疑具有里程碑意义”。❸

陈师曾所绘《北京风俗》，按王蓫在跋中的说法：“北京旧为帝王都，典章冠冕今成陈迹，唯民间风习未尽变异，犹有足资存纪。师曾能曲状其情，传神阿堵，使人如置春明，耳目恍接，真有长安弈棋之感。”在时人看来，民间的风习有着一定的稳定性，可以跨越时代，展现出纵向的时间的延续。尽管如此，一时街市传承有年、普遍存在的景观，世异时移，

❶ 陈师曾．中国绘画史 文人画之价值［M］．上海：上海书画出版社，2017：191.

❷ 畏冬．中国古代风俗画概论（上）［J］．故宫博物院院刊，1991（3）：14–26.

❸ 胡健．陈师曾与《北京风俗图》［J］．中国书画，2006（6）：54.

最终可能湮没无闻，消失于历史的长河之中。叶恭绰题画《慈航车》云："此乃某寺和尚制以专收殓街市中之弃婴尸骸者，行之已百余年，今不知能继否，恐知之者少，故为拈出。"作为有心人，陈师曾"虽燕京采风小景，直可作民俗图志观"，无论京师风俗如何变化，叶恭绰认为"独此作长留天壤间，将永不能灭"，而周作人"深觉得这里有社会的意义，学问与艺术的价值，不是一般画师所能到的"。[1]于今观之，细数其中消亡的行当，品味内里尚存的事物，更能充分理解《北京风俗》册页有着丰厚而深远的社会史、民俗史、艺术史的价值。

我们可以尝试比较约翰·詹布鲁恩的照片《泼街》与陈师曾的绘画《泼水夫》。两幅作品介质不同，但反映的都是 20 世纪 10 年代北京街头的泼水场景。双耳的水桶，长把的水瓢，身穿两截短打扮的衣服、戴着宽沿帽子、明显已经剪掉辫子的两位泼水工人，在照片与画作中都栩栩如生。《泼街》的摄影师着力捕捉决定性的瞬间，用较快的快门速度抓拍水泼出去的形态，也因此，由于角度问题，摄影师没有顾及两位泼水工人有些重叠的位置关系。此外，照片框住街道泼水的同时，也框住了左前景的阴影，以及右后斜向一长溜的街旁门店、电杆、设施。与之不同，陈师曾的绘画摒除了背景，把笔触集中表现左右两位分得较开的两位泼水工的状态与神情。并且，绘画扬长避短，集中展示舀水出桶的那一富有"包孕性"的刹那。通过比较，我们能够理解陈师曾的选择，更能深刻体会鲁迅的断言与评价："凡有美术，皆足以征表一时及一族之思惟，故亦即国魂之现象；若精神递变，美术辄从之以转移。此诸品物，长留人世，故虽武功文教，与时间同其灰灭，而赖有美术为之保存。"[2]在鲁迅看来，有一种艺术家，虽然不在革命的漩涡当中，只表现那些触目所见平常的社会状态，这就自有不灭的价值与意义。

---

❶ 周遐寿．鲁迅的故家［A］// 鲁迅博物馆．鲁迅回忆录．北京：北京出版社，1999：1026.

❷ 鲁迅．拟播布美术意见书［A］// 鲁迅全集·集外集拾遗补编．北京：人民文学出版社，1981：405–406.

三、文人画中的精神与思想

陈师曾维护并传承中国画的传统，他侧重发扬并革新董其昌所倡导的文人画。这里的文人画，沿用古代与“画工之画”相对应的概念，还和日人大村西崖“所谓作者身份区别者也”不同，因为不是所有的文人都擅长绘画，也不是所有的画家都能从事诗文创作。并且，这些能够绘画的文人，大多不是居官在职的“士大夫”，或者说他们志不在居官在职，其兴趣点更在于文辞诗赋这类无功利的事业，以此寄托人情世故，古往今来的感想。“所贵乎艺术者，即在陶写性灵，发表个性与其感想。”“何谓文人画？即画中带有文人之性质，含有文人之趣味，不在画中考究艺术上之工夫，必须于画外看出许多文人之感想，此之所谓文人画。”❶

在陈师曾看来，文人画和诗词文赋一样，是性灵的自由抒写，情动于中而发于外，感动自己再感动他人，要能够展现个人的精神面貌，透露一己的思想境界，展现独特的个性特征；而文人的性质与趣味，也就是那些谨严的格局、精密的意匠、幽微的立论和深醇的学养，尤其是胸中的逸气、上乘的格调，都通过绘画散发出来。因此，文人画首重精神，不贵形式，哪怕形式上有瑕疵、有欠缺，但精神上完足优美，也不失为文人画，所谓“宁朴毋华，宁拙毋巧”。需要“纯任天真，不假修饰，正足以发挥个性，振起独立之精神，力矫软美取姿、涂脂抹粉之态，以保其可远观、不可近玩之品格”。❷相反，斤斤以求形似，机械地摹写，像镜子、像照相一样反映自然，就难免拘泥而纤弱、板滞而浅薄。

针对“革命家”批评文人画的荒率丑怪，陈师曾承认在抵达气韵生动的最高目标之前，需要因物赋形、随类赋彩、传摹移写这些入门功夫，初学者不能好高骛远，舍下学而空言上达。经过默记，胸有成竹，借助习练，得心应手，最后跨过形似的阶段，离形得似，妙合自然。“所谓不求

---

❶ 陈师曾．文人画之价值［J］．艺术品，2015（8）：90.

❷ 陈师曾．中国绘画史文人画之价值［M］．上海：上海书画出版社，2017：54.

形似者，其精神不专注于形似，如画工之钩心斗角，惟形之是求耳。其用笔时，另有一种意思，另有一种寄托，不斤斤然刻舟求剑，自然天机流畅耳。”❶所以，文人画要保持基本的要素：第一人品，第二学问，第三才情，第四思想。具备这四种要素，才可能期望含有超越世界之思想，脱离物质之束缚，发挥自由之情致，寄托于高旷清静之境界。既然好不容易才达到这种境界，陈师曾不主张文人降格以求来普及，而是民众见贤思齐以获提高。

由此可见，古之所谓气韵，今之张扬精神，陈师曾既批判继承了宗炳、苏轼、董其昌以来的画学理论，还某种程度吸收了明清时期诗学中的性灵说、神韵说与格调说，甚至隐隐也能看到从程朱理学到阳明心学中渐修与顿悟的辩证关系。有人品、学问、才情和思想垫底，他的绘画成为新时代文人画的代表，周作人曾评价说：“在时间上他的画上承吴昌硕，下接齐白石，却比二人似乎要高一等，因为有书卷气。”❷

“文人画不仅形于山水，无物不可寓文人之兴味。”在陈师曾看来，精神内充，笔下任何事物都能带出文人的气质。陈师曾的绘画，十之六七为山水花卉，梅兰竹菊在花卉中占较大比重，这契合传统文人画的风格与特色。“在中国绘画史上，从明清以来，就是人物画衰弱的时代，尤以近代人物画衰弱更为严重。绝大多数的画家都不画人物，师曾先生虽不是专门的人物画家，但对于人物画却时常制作，而且方面也相当广阔。”❸而他的人物画题材丰富广阔，有释道如《达摩》，有仕女如《弹箜篌图》，有风俗如《读画图》《北京风俗》，有漫画如《逾墙》《乞食》，陈师曾在创作中如何拯衰救弊，更如何在继承中创新，体现他标举的理念？

中国传统中的人物绘画，在刻画人物的同时，一般还通过描摹村落、市肆这些城乡环境，以凸显广大民众居处、生存的真实空间；而借助山

❶ 陈师曾．中国绘画史文人画之价值［M］．上海：上海书画出版社，2017：160.

❷ 周遐寿．鲁迅的故家［A］// 鲁迅博物馆．鲁迅回忆录．北京：北京出版社，1999：1026.

❸ 俞剑华．近代画家陈师曾先生的生平及其艺术［J］．南京艺术学院学报（音乐与表演版），1986（1）：41–42.

间、水边这一类想象性背景，往往传达出士大夫对隐逸卜居的向往与追求。两类背景有异，描绘人物不同，传达出来的旨趣自然有别，尽管如此，无论真实的空间，还是想象的空间，在绘画中它们都与人物平分秋色，地位旗鼓相当（山水画中，山水是主体，人物偶为点缀，以表现天人合一，人物完全融入宏伟磅礴的山水）。陈师曾则不同，他径直表现全景人物，忽略人物所在的背景，或者只突出人物赖以生产、生活的用具。这与他遥承汉代画像砖的风格相关。陈师曾的朋友姚华评价说，“以汉画写人，自陈老莲始，其后有张士保，今则陈师曾，三百年来鼎立而三矣，师曾所作更出己意，而略参变，其古拙直逼汉刻，不规之于工媚，而自成秀逸，此在韵味上辨之，岂与俗工竞巧乎哉”。[1] 陈师曾自我袒露：“拟画像砖而施以色彩，不必前人所有，自我创之可也。”在《北京风俗》中，唯《墙有耳》《喇嘛僧》绘有茶馆篱笆、枯树虬干，但在其他画作之中，全都忽略了市廛这一背景，只强调画中人物的姿态与神韵，人物的身份、角色、地位和命运则由随身长物、器具、舟车，如二弦、冰车、骆驼，以及人与人之间的关系（如《人力车》《压轿嬷嬷》《火煤掸帚》）得以呈现。

以汉画手法写人，眉眼不必工细，衣饰不求飘逸。按陈师曾的说法，“体制拙鲁，不必真肖，但存其意”。不追求精工写实，而强调写意传神，因为极意工肖索然无趣，相反，人物相形短小，甚至有些变形，这种古朴淳厚之风，在似与不似之间，反倒令人玩味。陈师曾认同画法与书法的相似性，更以书法入画，他将书法中符号与所指的抽象性，书画笔法与效果的一致性作为理论与实践的依据。因此，真草隶篆、飞白八分、折钗屋漏等前人的经验值得借鉴，再加上篆刻刀法、印章布局，他的作品就与吴昌硕一样，有着浓郁的金石之气。他敷色善于以墨作色，刻画人物颇具漫画色彩，并且还融入西法来呈现明暗、透视与体积。陈师曾借助这些手法、

---

[1] 舒乙.享受精彩　收获真知——记老舍先生收藏的陈师曾仿汉画像扇轴及其题跋［J］.北京观察，2011（5）：39.下文所引为陈师曾在老舍先生所藏画作中题跋。

技巧、形象，来婉曲地寄托其思想，即如“有所谓漫画者，笔致简拙，而托意俶诡，涵法颇著”。

结 语

“阳春白雪，曲高寡和，文人画之不见赏流俗，正可见其格调之高耳。”[1]广大民众无缘得见，也难以“见赏”陈师曾的《北京风俗》，这正是其高雅的格调难以避免的宿命。但在文人骚客的“圈子”，陈师曾短暂的一生却“朽者不朽”，为中国传统绘画起着承上启下的重要作用。除了《墙有耳》和《冰车》两幅画作，他没有在《北京风俗》中留下更多的题款，这难免有所遗憾，所幸的是，他的朋友、后学陆续为之撰写款识、题写诗词、补写跋语，这就为我们“铆定”画作内容、追踪画家意图、还原历史场景，提供了丰富的相互佐证的资料（比如，从姚华的题咏“几日势家呼保母”中，我们才正确地读解《夫赶驴》一画不是寻常地表现夫妻双双回娘家，而是丈夫陪伴座中女子返城做保姆）。而“题咏”“题画诗”这一极其富有中国特色的“鉴赏—传播”形式，又反过来增加了绘画作品的收藏价值，凸显了中国文人画蕴藏其中的精神气质，并传达出文人之间惺惺相惜的相互阐释与前后理解。

---

[1] 陈师曾．中国绘画史 文人画之价值［M］．上海：上海书画出版社，2017：153.

北京公共文化空间的内部影响因素

——以书店为例

陈丽 *　周春霞 **

摘　要　北京市公共文化空间呈现多样性，为北京市民提供了精神给养与休闲娱乐的场所。本文以北京市部分具有代表性的书店为例，通过问卷调查、实地调研、访谈等方法，描述书店在传播文化时采用的空间表达、使用和互动方式等，挖掘影响公共文化空间发挥功能的影响因素。

关键词　公共文化空间　书店　影响因素

习近平总书记在考察上海城市治理与城市公共空间规划建设时指出，城市是人民的城市，人民城市为人民，并强调文化是城市的灵魂。[1]近年来，随着公共文化空间的结构转型与功能优化，许多形态新颖、规模各异的城市公共文化空间集中涌现，成为当地知名打卡地，吸引着市民及游客慕名而来；它们深入城市的肌体，在有限的物理空间内展现出强烈的现代人文关怀和文化体验，集中体现着文化设施的公益性、开放性、共享

*　陈丽，女，北京联合大学应用文理学院新闻与传播专业 2020 级研究生。

**　周春霞，女，文学博士，北京联合大学应用文理学院副教授，硕士生导师，主要研究方向为影视理论、文化研究。

[1] 习近平 . 城市是人民的城市，人民城市为人民［N］. 人民日报（海外版），2019-11-04（1）.

性。公共文化空间除了受社会文化转型、城市空间布局、突发公共事件等外部因素影响之外，书店自身的经营理念、经营模式、内部空间设计等也是影响书店活力的一大重要因素。本部分主要就影响公共文化空间——书店的内部影响因素进行分析。

一、书店经营模式定位

电商经济和网络书店的发展让网络购书变得十分便捷，客源分散、租金上涨等因素致实体书店自2008年起就陷入了关门潮的窘境，在网络浪潮中挣扎经营是贯穿实体书店的一条主线。近年来“体验经济”盛行，文化产业中的大部分商品和服务嵌入提高个人消费体验的因素，塑造人们的感官体验，改变人们消费的思维。消费因素逐渐扩散到叠加服务中，实体书店转型实践中也呈现出复合型的经营模式。

1. 连锁跨界式书店

在调研的书店中，钟书阁书店、言几又书店、西西弗书店、Page One书店等与商业融合紧密，这种兼具开放性、经营性与公共性的公共文化空间布局在商场、学校附近等人流量较大的区域。同时，为了吸引消费者，这类书店秉持前卫新潮的空间设计理念，使空间呈现出“第三空间”的特征，容纳了随机性较强的消费者在这里阅读、闲逛、会友、拍照等。这类书店经营模式被定义为连锁经营的跨界式书店，具有多品牌联合、读者覆盖面广、品质感较强的特点。在调研后，笔者认为以下几点特点值得借鉴学习。

一是秉承顾客下沉市场观念，注重感官体验上的“眼球经济”。这类书店选址通常定位于人流量大的区域，如西西弗书店一般选址在大型商场，并且在设计风格上通常独树一帜。在打卡现象盛行的当前，书店紧跟潮流，将静态的经营和延伸的美学结合起来，迎合了体验营销和网红营销。选址的原则是为了更接近大众群体，选书上迎合他们的阅读习惯，比如畅销、育儿、教育等生活化分类，这种分类方法吸引了随机进来休闲、阅读、会友、不介意多带一本书走的群体，由此为书店带来静态经营的利润。书店在设计上将明确的风格美学作为广告宣传，吸引人们打卡，由此扩大顾客群体，比如钟书阁以炫目镜面模拟岭南园林移步易景的园林风格，将现代感与园林风结合，吸引了一部分自媒体博主撰写推文，甚至吸引当地报纸采访。这类书店在提升体验感上就是营造全方位的沉浸感，在优美的背景音乐、舒适的阅读区域、强烈美学感的设计场景中抓取人们极致的感官体验。

二是衍生服务和产品，拓宽零售面。书店将卖书和“带货”结合起来，组成书店日常收入的一部分。集咖啡店、餐厅、文创产品销售于一体，将阅读体验转变为阅读、审美、休闲等多种体验，增强人们走进书店的意愿，从而扩大人们的休闲空间。陷于城市繁忙生活中的大众读者，追求更简单、更轻松便捷的阅读体验，这时需要一个兼备多种功能的“立体”书店，满足人们的需求。相比于单一功能的休闲空间，“书店 +”的公共文化空间运用了更多文化符号，其中所透露出的消费方式、生活方式、书店审美品位等概念在无形中影响着来往读者。

三是注重树立品牌形象。这类连锁书店鲜明的品牌形象形成了特定的品牌符号，吸引来往读者。首先表现在书店视觉形象的呈现上，实体书店在图书陈列、书架与展台、背景音乐等方面增加调节气氛的因素，视觉上给人以鲜明的特征。有学者指出，电子媒介的广泛使用，进一步引发了“空间”的融合，并开始向“场景”转变。[1] 书店的空间利用逐步实现了实体空间与虚拟空间相渗透，物质空间与精神空间相融合。书店通过举办活动，在公众号、小红书等网络平台进行宣传，吸引潜在读者的关注。实体书店利用互联网技术，联通多个空间内容，既打造了虚拟空间以带动书店生产力，又通过媒介使形象泛在化。

2. 独立书店逐步发展复合经营模式

在本次调研中，小众书坊、万圣书店、彼岸书店等属于独立书店，这

[1] 张萱．场景融合・社群激活・“实验场”——城市传播视域下实体书店作为知识生产空间的价值研究［J］．东岳论丛，2021（4）：132.

类书店有比较明确面向的读者群体，书籍通常集中于一个或多个专业领域，具有小众的特征。爱德华·索亚在列斐伏尔的理论基础上提出第三空间，指出第三空间在超越了物质和精神二元认识论上的包容性，强调以开放性的视角去理解空间。学者詹秦川研究主题书店时，指出其符合“第三空间”人性化、趣味化特点，可通过深耕主题内涵、组织特色活动、进行文化互动等精神层面带给大众归属感。[1]独立书店一方面保持着传统书店的姿态，不止于卖书的目的，同时与人、与社区产生联结。这类书店跟随着城市的发展，从兴起、繁荣到被逼退，参与建构了一个城市的文化生活。调研的书店中，多数书店会不定期举行读书见面会、书友会、公益性活动等，活动的参与者包含作家、学者、热爱读书的人等，因此，这类书店可以算是城市某个区域的文化地标，以一定的人文气质塑造公共空间。

二、书店内部空间布局设计

书店内部空间设计不仅满足了书店基本属性的需求，还融入了品牌文化、当地特色文化等内容，展现了书店的个性化特征。实体书店内部空间大都增加了咖啡吧、休闲区等功能区，这体现了书店的商业要求和对人们生活中实际诉求的关注。设计风格上注重沉浸感和互动感，增加美学元素，比如小众书房内整面书墙和较为统一的原木色调服务于整体风格；钟书阁望京融科店把脸谱作为书架装饰元素，把戏曲小人儿作为文创产品元素，还在书店内修建了极具国风感的小桥流水。总之，实体书店的空间设计使空间的精神气质更加丰盈，营造的是让读者能多维度欣赏和揣摩的多重空间。坐落于胡同内的小众书坊，将阅读空间延伸到宽阔疏朗的天台上、院落里，这种无须多做装饰的空间，给了读者一种沉淀的安宁感。另外，内部空间布局服务于为实体书店打造品牌个性，突出品牌风格，打造

[1] 詹秦川，魏可欣．“第三空间”视角下主题书店的发展路径——以北京地图主题书店为例［J］．出版广角，2021（7）：94.

出行业标杆，从而让人感受到品质感，看到书店的辨识度。例如，西西弗书店内英伦风和老上海元素给去过书店的读者以强烈的印象，书店内的“矢量咖啡”也成了书店的一个记忆符号。书店将细节有机整合在一起，使读者脑海中的印象自然得到深化。

“实体书店经历了从书店到‘书店+’再到‘+书店’的过程，如今已经是万能品牌。”就像彼岸书店经营者谈及多种文化概念空间时说的那样，“从阅读墙到阅读空间再到书店空间概念的普及化，这类空间可能呈现同质化和普泛化的倾向，却维系了人的阅读习惯和对知识的渴望”。实体书店已经转型成为集阅读、交友、休闲等多功能于一体的公共文化空间，以适应读者需求，展现自身活力，对培养周边居民的阅读习惯和城市文化的建设是一股力量。学者崔功豪在论述城市空间构建时，指出以服务、生活、消费、休闲、公共等为主的城市新空间应运而生。[1]不管是连锁跨界式书店，还是以专业精神为本的独立书店，都真正地融入城市肌理中，牵连着人们的精神需求。让公众有机会触及阅读，营造鼓舞学习的氛围，实体书店在促进国家全民学习、终身学习的民族精神诉求的进程中，是一个难以忽略的引领者。书店在探寻自身经营模式时，无形中将其变成了社区、商场等区域的不可替代因素，成为新的公共文化空间。

三、书店理念方法创新

北京鼓励公共文化空间发挥在市民生活中的服务作用，让这些空间能真正地发挥其在引导文化方向、培育文化氛围、协同建立文化认同、营造文化景观上的作用。实体书店转变了空间定位，打破了以往的空间利用方式，在新媒介的传播下，正在探索新的转型。空间在体现自身传播属性的基础上，带动了社会关系的流动，打破了实体空间与虚拟空间、阅读空间与社交空间、物质空间与精神空间的边界。实体书店在经营理念和方法上的进一步创

[1] 崔功豪．城市新空间与新兴聚合区［J］．规划师，2016（9）：39.

新，体现了新型公共空间的价值，展现了空间新的价值和意义。

在走访中，我们发现了实体书店所做的尝试，其中一些书店展现了书店行业转变的新面貌和方向，表达出更多可能性。书店的转变更加关注与社交属性的结合和对新媒介技术的利用，包括线上线下联合经营、发展体验经济、运用大数据等，这些方法扩展了书店的生存面。在调研中，笔者认为书店以下经营理念和方法值得借鉴。

1. 与企业、综合性商业设施、社区等通力合作

2016年，中宣部等11个部门联合印发《关于支持实体书店发展的指导意见》，重点提出5项政策措施鼓励实体书店改革创新：完善规划和土地政策、加强财税和金融扶持、提供创业和培训服务、简化行政审批管理、规范出版物市场秩序。[1] 在对书店经营者进行采访中，他们表示这些措施虽然是雪中送炭，但某些传统书店已是积重难返，在遭受公共突发事件（例如新冠肺炎疫情）时，仍然手足无措，甚至面临倒闭的风险。

在走访的书店中，西西弗书店、钟书阁书店、Page One书店这类连锁跨界式经营书店通常设立在购物中心，商场为其减少部分租金，并且有充足的人流。书店则通过和美团点评、大众点评、小红书等平台合作，进行“软广式”宣传，这类宣传常以“测评”、打卡等接地气的方式呈现给潜在的网络读者。除此之外，书店还会举办一些读者见面会、新书发布会、公益讲座等，一般会通过官方微信公众号、官网微博账号等进行预热宣传，将线上关注书店的人引流到线下。

类似于彼岸书店、小众书坊这类开在社区内或社区周边的独立书店，依托其自身的文化内容，与社区融合，既展现了空间美学，又营造了文化氛围。社区一方面为它们提供了租金支持，另一方面，为了发挥书店的文化功能，社区会要求其作出一定贡献，比如彼岸书店会协助海淀区牡丹园社区开拓公共阅读角、举行公共阅读活动等。独立书店维系社区的文化

---

[1] 11部门联合印发《关于支持实体书店发展的指导意见》[EB/OL].(2016-06-18)[2021-07-01].http://www.gov.cn/xinwen/2016-06/18/content_5083377.htm.

诉求，社区维护书店作为文化服务者的角色，他们的关系在合作中得到强调。书店融入社区既为书店实实在在减少了负担，也使公共文化空间真正为民所用、为读者所用，更拉近了人与公共文化空间的关系。

2. 线上线下联合经营

实体书店单靠实体零售已经被证明是不可行的经营方式，网络已经将其推上了不得不转型的浪潮。当当网长时间内是人们网络购书的首选，“多抓鱼”线上二手书店吸引了大量读者和网络用户关注，新冠肺炎疫情期间兴起的直播卖书已经常态化。实体空间更多关注社会关系的聚合，技术的运用催生了对信息流动与构建场景的思考。

实体书店本身是一个物理空间与建筑空间，因此首先要突出属性，打造空间地标。彼岸书店是一家精致又便利，构建现代性阅读概念的独立书店。学者张萱认为，书店能够体现“被看见”的社交体验需求。[1]彼岸书店设立一部分免费阅读空间和独立的付费阅读空间，日常经营中将空间租赁给企业做会场，或者租出去作为开办油画课、手工课的课堂等，这些空间为人们提供表现自我的“前台”，并加强了以兴趣为链接的社群关系。彼岸书店用读书会等活动维系读者，新冠肺炎疫情期间将阅读转移到社交平台上，满足了读者从线下到线上的文化体验。读者也会更大程度上去进行自我表达，他们延续空间内的交往与互动，以照片、短视频、Plog 等形式呈现的打卡分享传播了空间内容，也突出了读者角色。读者对书店的认同感越高，就越能基于此形成关系联结和传播链条。从一些实体书店的发展来看，粉丝和社群会有创造力，他们的活跃促进了传播，豆瓣上彼岸书店的读者自发组织了书店小组进行日常讨论和社群维护，有学者为钟书阁书店做了《中国最美书店：钟书阁》一书……书店打破实体空间的范畴，去展现新的空间属性，不仅能稳固长久的发展，更能拉近书店与周边行业和社区的距离。这也给了我们启示，实体书店

---

[1] 张萱 . 场景融合 · 社群激活 · “实验场”——城市传播视域下实体书店作为知识生产空间的价值研究［J］. 东岳论丛，2021（4）：136.

经营要有所侧重，才能将具有相关爱好和需求的社群围绕进来，进而在激烈竞争中夺得一席之地。

3.“以人为本”，发展体验经济

在走访书店时，我们发现个性是书店的无形资产，标签是吸引读者的重要因素。一方面将书店“拟人化”，一方面将书店的服务流程与秩序“拟人化”，实体书店也把人的需求纳入书店经营中，并体现在功能区、空间形态、舒适度上。本次走访的书店，在空间概念上展现了“以人为本”的设计思路，满足了读者的感官体验、情感体验和社交体验。各个功能区独立又开放，让读者在身处空间场景中接触与探索美感，感受侧重不一的功能亮点。例如，钟书阁概念区采用了园林风格的月洞门元素，阶梯处将数个月洞门叠加成错落有致的小径，光洁的大理石地板和镜面天花板将书架和月洞门上下倒影折射成一个无限的空间，这让读者能够亲自去接受、欣赏和挖掘空间艺术。

4. 使书店“数据化”

互联网思维也是书店行业增强造血能力的良药，借助互联网，能帮助书店分析销量、简化结账流程、上架书籍等，它的效用直观，且能够帮助实体书店减少成本、提高效率。书店各方面数据化不仅让自身经营脉络更加明朗，也带给读者许多便利。

第一个是形象数据化，书店积极开设公众号、微博、豆瓣小组等各种社交媒体平台账号，还邀请粉丝量大的自媒体账号撰写文章，书店用书、文章、互动活动等传输书店价值观，紧密联系读者。第二个是要有针对性的网络售书系统，包括线上图书商店、物流、书籍评价等整套流程，这让书店及时掌握销量和读者需求。第三个是将线上的流量及时向线下导流，比如，彼岸书店在微信公众号上推送各种公益性的读书会，让热爱阅读的读者走到线下，这一定程度上会拉动书店的消费，也能促进实体书店发挥城市公共文化空间的作用，提升所在社区的文化氛围和品位。

四、文化景观趋势下的方向拓展

文化景观具有多重要素，包含空间、历史、地理、文化等内容，它由文化和总体的外部天然性内容工作建构。城市文化景观的自然属性显露出工业社会和后工业社会的多种遗存，直到现代化城市呈现出多样化、异质性的综合性内容。城市文化空间的文化景观具有历史性与地域性，人在其中是建设性主体，考察文化景观，要综合、全面地认清人在其中所起的作用，以及在景观变迁中其如何塑造具有活力的公共文化价值。公共文化空间的结构转型与功能优化要在文化景观的框架下，在实在空间和意义空间的交织中，把文化景观下的多种因素发展成优质性的、综合性的空间功能。

城市文化空间拓展可以借助于创新手段，在空间、历史、地理等要素上将公共性与公益性放在首位，再探索各要素内生活力。空间上的实践是最容易被读者所感知的，把握好空间形象和空间概念，将实在空间通过创意性的形象设计使之成为目前大众读者所追随的“打卡点”，为了自身吸引力的提升，要重视新媒介营销的力量，不管是公益性文化空间，还是经营性文化空间，都要将营销作为挖掘城市文化受众的手段。另外，打造和传播异质性的空间概念使自身具有一定特色，培育空间的文化气质，加强大众与空间的情感联结，增强文化认同。

未来城市文化空间会借助于越来越先进的科学技术，共建共享的服务体系最终会将人放在最终目标。实在空间是文化空间发展的存量，对空间的改造以及对空间服务目标实现途径的调整是公共文化服务体系发展的增量。现代社会的大众追求一种新的消费方式、生活方式、休闲方式，因此，要实现现代的人文关怀，必将在综合服务中把人的体验放在首位，让各类文化空间具有可读性，人对空间的探索就将是无限的。

当然，文化空间的美学、文化内涵具有时间上的连续性和空间上的传承性，这也启发我们，建设城市文化空间要关注其历史性和区域性。将历史和区域特征的特色构建在城市文化景观中，既能传承和弘扬本土文化，增进对当地文化的认同，也能在单位均质的空间中呈现出显著的区别。文化空间与人的联系体现在人创造历史、改变自然的过程中，只有识别出为当地所认同的历史文化和区域社会文化，才能使其成为当地的文化地标，成为精神栖息地。如小众书坊位于胡同深处，借靠着四合院和胡同，打造真正的书房。

对文化景观进行传统意义上的识别和描述是进行外在形象和风格的确立，在信息化时代，则可以利用现代信息技术手段。例如，利用空间地理信息系统中的 3S 技术，整合环境信息资源，提高空间新的可读性与监管便利性；利用大数据将空间与人的互动频次、频率等记录进行可视化等。总的来说，现代信息技术会使城市文化空间结构和要素富有活力地呈现出来。

结 语

在城市现代化的治理秩序下，书店展现了新型文化空间内容，遵循城市空间规则，关注了市民文化生活。首先，挖掘特色经营办法，注重公众需求，生产了具有普惠性的城市文化内容。其次，将创新手段发挥在线上线下联合经营策略中，产生空间与人的情感联结和互动关系，挖掘能带动创意经济的要素，促进空间文化消费。城市文化景观具有多重要素，正是这些要素塑造了一个多元化的综合性文化生活场所。以一种合理的管理方式去“盘活”文化景观要素内原生性和历史性的内容，并利用最新技术把空间内容数据化和可视化，推动城市文化空间的规划布局。重要的是，书店这类文化空间做到了充分关注公共性和公益性，立足于每个个体，关注大众日常生活场景和他们对公共空间的体验与表达。实体书店新的转变，立足北京城市文化，挖掘文化空间新的属性，做到了“以人为本”，践行了“城市是人民的城市，人民城市为人民”理念，为公共文化空间结构优化与活力提升探索了新思路。

城市文化品牌传播

城市形象传播的研究现状和路径

陈冠兰 *

摘　要　城市形象传播具有重要的研究意义。本文梳理了当前我国城市形象传播研究的现状，探讨了当前和今后城市形象传播研究的路径和方向：城市形象建构与传播生态环境；新媒体艺术在城市形象建构传播中的应用；新的媒介形式和平台在城市形象建构与传播中的应用；城市品牌与城市形象的整合营销传播。

关键词　城市　形象传播　研究路径

城市是人类最重要、最核心的活动场所，是一定区域的政治、经济、文化、商贸和交通中心，也是社会文明与发达程度的显著标志。城镇化是现代化的必由之路，是我国最大的内需潜力和发展动能所在，对全面建设社会主义现代化国家意义重大。近年来，党中央、国务院就深入推进新型城镇化建设作出一系列重大决策部署，我国城镇化水平快速提高。根据2019年8月15日国家统计局发布的报告显示，新中国成立70年来，我国经历了世界历史上规模最大、速度最快的城镇化进程，2018年年末，我国常住人口城镇化率达到59.58%。

党的十九大报告指出，我国区域发展协调性增强，“一带一路”建设、

* 陈冠兰，女，新闻学博士，北京联合大学应用文理学院副教授，主要研究方向为网络与新媒体、整合营销传播。

京津冀协同发展、长江经济带发展成效显著。这意味着我国还将出现大量有影响力的城市群，数亿中国人民生活在这些城市，城市规划和城市建设将长期作为党和政府工作的重中之重。城市形象具有独特性、标识性和综合性等特征，是城市发展硬实力和城市文化软实力的双重展现。城市形象的塑造和传播，是关系城市建设和发展的一项重要内容。

长期以来，城市形象塑造和传播的任务，主要是官方组织和政府部门在做，囿于传统媒体时期的思维，很多城市的形象塑造传播方式和手段都有一定的局限性。互联网传播对社会经济、生活等方方面面的影响与渗透正向更深、更广的层面推进，以互联网为代表的新媒体，为城市形象传播提供了全新的平台，城市形象的推广模式和传播特点发生了显著变化。如何从理念内涵、综合感官等角度对受众进行有效传播，利用互联网的多媒体特性提高城市形象的网络美誉度，并寻求一条可持续发展的城市形象传播之路，成为一项有意义的重要课题。

一、城市形象传播的意义

1. 城市形象建构与传播关系城市发展和城市建设

每个城市都有自己的形象和气质，其城市形象的好坏和特性，对城市的吸引力、综合实力和建设远景，都有着重要的影响。城市形象不仅包括城市布局、建筑、道路、绿化等静态景观形态，更与该城市的文化内涵、历史背景有着紧密的联系。城市形象作为城市文化特质和城市精神的集中体现，在城市发展同质化的背景下，背后所隐藏的是以旅游资源、文化资源为代表的更深刻的软实力竞争。

2. 城市形象传播是国家形象传播的一部分

党的十九大报告指出，推进国际传播能力建设，讲好中国故事，展现真实、立体、全面的中国，提高国家文化软实力。国际社会与中国的交往过程中，很大程度上会关注到中国重要城市的面貌。中国的很多城市在国际旅游业中占据重要地位，例如，北京、杭州、西安、三亚等。因此，如何塑造和传播中国城市的美丽形象，也是传播中国国家形象的一部分，是国家软实力的体现。

3. 城市形象塑造与传播体现党的十九大新发展理念

党的十九大报告指出，要坚持新发展理念。发展是解决我国一切问题的基础和关键，发展必须是科学发展，必须坚定不移地贯彻创新、协调、绿色、开放、共享的发展理念。城市形象作为城市品牌"名片"，体现城市软实力，吸引对外投资，繁荣文化、旅游事业，是新发展理念的体现。

美国著名城市理论家、城市建筑与城市历史学家刘易斯·芒福德在《城市发展史》中说："城市是政治家、哲学家、经济学家、历史学家、艺术学家、思想家、地理学家、城市规划专家所研究的对象。城市不仅仅是一个土地空间、经济空间、文化空间，而且是一个更高文明层级的社会空间。对于这样的研究对象，仅仅从城市规划角度去研究它，那是远远不够的。城市研究需要渊博的学识、深邃的目光、敏锐的思想和为人类担当的责任。"[1] 城市形象建构与传播，也是城市研究不可缺少的内容。

二、城市形象传播的研究现状

自 20 世纪国际都市崛起，人们就开始关注城市形象，并进行了相关研究。"城市形象"一词最早由美国人本主义城市规划理论家凯文·林奇提出，认为城市形象是由多个印象叠加而成的"公众印象"，而这个"公众印象"是通过公众对城市元素的感知而形成的，城市元素由可认知的符号组成，具有"可读性"。[2]1928 年，中国著名林学家、造园学家陈植在《东方杂志》发表文章，强调"美为都市之生命"。[3]20 世纪 30 年代大学教

[1] 白长虹 . 大城市就是好城市吗［EB/OL］.（2014-12-10）［2020-10-09］.http：//news.nankai.edu.cn/nkzs/system/2014/ 12/10/000212716.shtml.

[2] ［美］凯文·林奇 . 城市意象［M］. 方益萍，何晓军，译 . 北京：华夏出版社，2001：35.

[3] 陈植 . 南京都市美增进之必要［J］. 东方杂志，1928，25（13）.

材《都市计划学》中也有“城市美观”一章。[1]20 世纪 80 年代后，随着中国经济发展，城市建设速度加快，城市形象研究开始形成相对独立的理论体系和研究体系，出现了一批较有影响力的论著，如卢继传的《持续发展观与城市形象设计》[2]、张鸿雁的《城市形象与城市文化资本论：中外城市形象比较的社会学研究》[3] 等。21 世纪以来，随着互联网的发展和新兴媒介的出现，联系媒介环境对城市形象传播的研究也开始涌现，城市形象传播研究逐渐成为引人关注的领域。梳理当前的研究现状，主要有以下几个方面。

1. 与城市形象传播相关的理论研究

宋冬慧的《现代城市形象塑造及中国本土化研究》论述了城市形象的认知以及多元视野下的城市形象，城市形象的塑造方法与传播，也对城市形象与本土化之间的关系，以及如何体现现代化城市风貌、如何使城市传统文脉得以延续、如何寻求城市各因素的和谐发展、设计符号学在城市形象塑造中的应用等展开研究。[4] 孙湘明的《城市品牌形象系统研究》对城市品牌形象研究现状及存在的问题，与城市品牌形象发展相关的学科理论，城市品牌形象的界定、属性、认知、定位及系统构成等进行了研究和论述。[5] 李怀亮、任锦鸾、刘志强主编的《城市传媒形象与营销策略》一书较为系统地论述了不同类型媒体对城市形象营销的作用，分析了传统媒体与新媒体在城市形象构建中的作用与特点，论述了城市形象的具体传播策略及应当突破的瓶颈。[6] 此外还有一些发表在各类期刊的论文，如彭晓川的《论文化塑造城市形象》[7] 等。

---

[1] 陈训 . 都市计划学［M］. 广州：中山大学出版社，1937：221.

[2] 卢继传 . 持续发展观与城市形象设计［J］. 科学与科学技术管理，1997（11）：6–8.

[3] 张鸿雁 . 城市形象与城市文化资本论：中外城市形象比较的社会学研究［M］. 南京：东南大学出版社，2004.

[4] 宋冬慧 . 现代城市形象塑造及中国本土化研究［M］. 北京：中国纺织出版社，2018.

[5] 孙湘明 . 城市品牌形象系统研究［M］. 北京：人民出版社，2012.

[6] 李怀亮、任锦鸾、刘志强 . 城市传媒形象与营销策略［M］. 北京：中国传媒大学出版社，2009 年 .

[7] 彭晓川 . 论文化塑造城市形象［J］. 黑龙江社会科学，2019（4）：31–35.

2. 特定城市的形象传播研究

特定城市的形象传播研究是当前相关研究中成果最丰富的部分。徐剑、沈郊的《城市形象的媒体识别——中国城市形象发展 40 年》选择了 12 个中国城市作为研究对象。一类是超级城市，以北京、上海、广州、深圳为代表；第二类是区域中心城市，以成都、杭州、武汉、沈阳为代表；第三类是特色城市，以义乌、三亚、鄂尔多斯、井冈山为代表。量化分析《人民日报》1978—2017 年对中国城市形象的新闻报道，反映中国各类城市形象的变迁过程和发展趋势，探究其背后的历史语境和认知脉络。❶谭宇菲的《北京城市形象传播：新媒体环境下的路径选择研究》将北京作为城市样本，通过理论假设、实际调研、个案分析、模型修订等环节，对北京城市形象传播在媒介选择、媒介组合，以及跨媒体沟通方面的实践与效果进行了分析。❷贺艳的《媒介表征与城市形象的建构：以重庆为例》研究文学作品和各类媒介与重庆形象的建构，例如，传统报刊与重庆形象的建构，影视传播与重庆形象的建构，网络媒介与重庆城市形象，等等。❸杨旭明的《湖南电视对长沙城市形象的建构研究》从传播学的视角，以湖南电视中的长沙形象为个案，探讨以电视为代表的大众传媒，因何和如何在特定的地理和社会环境中，自觉地建构了长沙城市形象，挖掘出类型化、陌生化、重组城市源像基因、融合新媒介建构等电视建构长沙形象的操作性策略。❹朱天的《城市电视媒体与城市品牌塑造——成都城市形象的电视传播研究》则围绕电视媒体，以成都为个案，进行了成都城市形象的电视传播研究。❺王玉玮的《南方传媒蓝皮书：传媒与城市形象传播（2013）》，第一部分探讨影视与城市形象传播，主要研究 2013 年中国纪

---

❶ 徐剑，沈郊．城市形象的媒体识别——中国城市形象发展 40 年［M］．上海：上海交通大学出版社，2018.

❷ 谭宇菲．北京城市形象传播：新媒体环境下的路径选择研究［M］．北京：社会科学文献出版社，2019.

❸ 贺艳．媒介表征与城市形象的建构：以重庆为例［M］．北京：中国传媒大学出版社，2016.

❹ 杨旭明．湖南电视对长沙城市形象的建构研究［M］．北京：中国社会科学出版社，2017.

❺ 朱天．城市电视媒体与城市品牌塑造——成都城市形象的电视传播研究［M］．成都：四川大学出版社，2012.

录片、国际城市形象宣传片、中国电视剧、中国城市形象宣传片、电视综艺节目、国际电影、中国电影、微电影与中国城市形象传播；第二部分选取了 4 个案例，分析研究舆情与城市形象传播；第三部分选取了长沙、武汉、沈阳、杭州、清远等几个城市进行形象传播个案分析。❶ 由于新媒体的发展日新月异，这些论著在时间上有一定的时效性，研究范围也相对比较狭窄，未能覆盖当前生动丰富的新媒体发展现状。

除了著述丰富之外，这类研究也是当前我国城市形象传播研究在各类期刊上发表数量最丰的研究领域之一，相关的硕士学位论文数量颇丰。这些个案研究涵括了大庆、张家口、暨南、南京、襄阳、南昌、信阳、大连、杭州、台州、成都、武汉、西安、重庆、十堰、咸宁、遵义、珠海、郑州、无锡、许昌、东莞、大连、呼和浩特等城市。这些研究在该课题相关研究中占到了较大比重，侧重于单独个案的研究而非宏观研究。

3. 从艺术或新媒体背景角度切入城市形象传播的方法与途径

王豪的《城市形象设计——以艺术视角介入城市设计》运用艺术审美原理以及环境艺术设计原则寻找城市环境改造的突破口，有两个侧重点。一是针对城市的物质形态层面进行分析，二是对城市内在文化特质及精神层面的剖析。❷ 这类研究更多的是发表于各类期刊的论文和高校学位论文。如刘孟达的《新媒体环境下城市形象片的创意与传播》❸，张成良的《城市形象传播角度下新媒体艺术的作用》❹，吴恒、毕莲莲的《从 5W 模式分析城市形象传播的新媒体策略》❺，彭惠的《城市形象塑造中新媒体艺术应用策略研究》❻ 等，大都侧重于描述和分析新媒体在城市形象建构与传播中的某个方面。

---

❶ 王玉玮 . 南方传媒蓝皮书：传媒与城市形象传播（2013）[M] . 广州：暨南大学出版社，2014.

❷ 王豪 . 城市形象设计——以艺术视角介入城市设计 [M] . 北京：中国建筑工业出版社，2019.

❸ 刘孟达 . 新媒体环境下城市形象片的创意与传播 [J] . 当代电视，2016（7）：94–95.

❹ 张成良 . 城市形象传播角度下新媒体艺术的作用 [J] . 美与时代（城市版），2016（3）：127–128.

❺ 吴恒，毕莲莲 . 从 5W 模式分析城市形象传播的新媒体策略 [J] . 西部广播电视，2016（5）：72.

❻ 彭惠 . 城市形象塑造中新媒体艺术应用策略研究 [D] . 广州：暨南大学，2016.

综上所述，目前该领域的相关研究成果以个案研究著述为主，发表在重点刊物、核心刊物，特别是CSSCI收录期刊上的论文数量仍然较少，课题研究的专业理论建构还可加强，成果质量还可提高，研究深度和广度仍可拓展，尤其是从新媒体艺术、城市景观设计、新媒体整合营销、创意品牌传播等多方面进行研究。

三、城市形象传播的研究路径

从学术上讲，国内的城市形象研究起步晚，速度快，还没有建立系统结构，理论研究的深度和广度不足。而从实践上讲，城市形象建构和传播也不是单一的学科，涉及新闻学、传播学、广告学、艺术设计、建筑规划、品牌营销等多种不同学科的交叉融合。

我们依然可以从传播学、美学、历史学、社会学、管理学等多元角度研究基本理论，梳理研究现状。可以从传统媒体与城市形象建构传播的关系切入，分析新媒体为城市形象建构传播带来的影响，新的传播生态环境有哪些变化，研究城市形象与城市品牌之间的关系，城市的个案研究也可以继续加强。

1. 城市形象建构与传播生态环境

传统意义上的城市形象传播，信息主体多是由政府及相关职能部门和组织机构形成的点对面的传播格局，目的是凝聚共识，形成文化认同。传播模式基本依循“传播者—讯息—媒介渠道—受众—传播效果”这一单向模式，有利于信息发布的把关，城市形象传播的可控性较强。而在新媒体背景下，各种新型媒介和新兴媒介形式，包括网络、手机、移动设备、微博、微信等社交媒体，微电影、微视频等视听形态，手机游戏等形式，改变了传播生态。同时，信息来源的多元化、信息传播的低门槛、信息主体的不确定、传播渠道的裂变性等，使个人、政府及相关职能部门、传媒机构组织等信息表达彼此交织，形成复杂的话语权力体系，受众不再是单一、被动地接受信息，同时也是信息的生产制作者、传播者。社交媒体、自媒体使“人人都有麦克风”，群体的参与、关注、转发、评论客观上实现了媒体的议程设置功能，网络热点、焦点会反制主流媒体和传播机构的报道选择，互联网和自媒体上的多个热点新闻事件就是例证。尤其是在突发性公共事件或负面舆论兴起之时，新媒体平台更易产生、聚集和扩散各种信息，城市形象可能受到负面影响。这些都是当前城市形象传播生态环境的变化，应引起重视并注意应对。

研究者可以关注新媒体如何改变了城市形象建构与传播生态环境，分析当前城市形象建构与传播应对新媒介环境的不足。从城市形象建构和传播的表现来看，目前很多城市形象建构和传播并没有积极主动地适应新的媒介生态环境，由此带来了一些问题。例如，城市形象传播方式单一，仅使用形象宣传片进行传播，或者仅依托自媒体，缺少网络传播手段，整合传播不够；再如，城市形象传播缺乏创意，内容不生动，交互设计不强，对观众吸引力不够；此外，一些城市形象定位不一致，或者信息内容芜杂、缺乏整合，城市形象无法有效传达，城市印象混乱，等等。

2. 新媒体艺术在城市形象建构传播中的应用

研究者可以关注新媒体艺术在城市形象建构传播中的应用，包括城市标识和象征物、城市建筑和景观规划、交通媒体和户外广告、商业设计、城市节事活动等，研究如何在城市形象识别系统中呈现新媒体艺术，依靠道路、界限、位置、节点及标志物这五大元素来构成城市形象。这些要素拼接起来就是最基本的城市形象，其实也就是这个城市的发展和整体面貌。每个城市都有其独特的建筑物，也就是我们经常所说的象征物，如北京的长城、上海的东方明珠塔、巴黎的埃菲尔铁塔等。将新媒体艺术设计应用到对城市道路的完善和美化方面，通常都是以装点两边的景观、广告牌、建筑外观及周边绿化等来体现的。城市标识、园林规划、交通媒体、城市夜景、户外广告、商业设计、城市节事活动中，均能呈现新媒体艺术与设计，美化城市形象。

3. 新的媒介形式和平台在城市形象建构与传播中的应用

从新媒体艺术的角度探讨城市形象的建构与传播，具有现实意义。尤其是结合当前最新的新媒体技术和艺术，联系国内外具体城市的实践案例来进行研究。一是利用新媒体的内容和形式来加强城市形象建构，包括新媒体的内容设计和生产。新媒体具备空间上的传播优势，具有极强的交互设计，传播内容也丰富多样。如何针对传播对象进行内容设计，选择合适的媒体形式，使用全媒体手段进行传播，收到更好的城市形象传播效果。全媒体是一种业务运作的整体模式与策略，即运用所有媒体手段和平台来构建大的报道体系。熟悉新媒体时代的传播规律，更新传播观念，建立信息收集、传播、分享的互动平台。二是研究城市形象传播中新媒体的整合，包括与传统媒体的整合，避免仅使用单一的传播手段，或传播混乱、形象定位不清晰的状况。三是利用新媒体进行城市形象的品牌传播。这是当前很多城市形象建构与传播中忽视的一个环节，品牌意识不够，导致很多城市形象定位不清晰、定位重复。四是利用新媒体进行城市形象的创新传播，包括使用新媒体数据库、智慧库，引导公益组织和个人自媒体积极有序地参与城市形象建构与传播，推动城市形象发展。以往的城市形象传播主要通过在传统媒体上播放城市宣传片的形式，借助历史建筑和文化，从宏大叙事角度宣传城市。

随着新媒介技术的不断发展，原有的传播格局甚至社会形态得以改变，以移动互联网为代表的新媒体以平台开放化、服务精准化、信息多样化、用户主体化等优势，实现了线上线下互动，信息由一次传播变为多次传播，增强了城市形象传播的效果。立体的城市形象应该是兼具宏观与微观的综合呈现，新媒体丰富多变、多层次多角度多主体的传播，更能体现城市的动态发展，获得受众认同。

4. 城市品牌与城市形象的整合营销传播

研究者可引入“营销传播”和“品牌传播”的理论来观察和研究城市形象建构与传播，重视新媒体在城市形象建构与传播中的整合和品牌塑造。可继续关注世界城市的个案研究，从整合营销传播角度进行策略分析和策划，例如，城市形象建构与传播需要提炼“独特主张”，打造品牌“名片”，注入文化内涵，激活创意元素，加大主题传播，善用“意见领袖”，加强互动传播，做好危机应对，等等。可重点关注城市形象的维护和修复研究，包括两个方面：一是基于旅游行业问题引发的城市形象危机传播管理，二是基于突发事件引发的城市形象危机传播管理。通过建立网络舆情监测机制、善用新媒体传播平台、发挥“意见领袖”积极作用、构建管理主体与公众对话空间等策略，做好城市形象危机传播管理。危机之后持续修复品牌形象，同时做好品牌日常管理，防患于未然。

结 语

刘易斯·芒福德说：“城市形象是人们对城市的主观印象，是通过大众传媒、个人经历、人际传播、记忆以及环境等因素的共同作用而形成的。”[1]随着城市化的发展，城市形象的竞争已成为城市发展建设中的一个重要因素，出现了“形象经济”。良好的城市形象，对内能够增强市民的凝聚力与自豪感，对外能增强城市的吸引力与竞争力，是构成城市发展的软实力所在。城市吸引着人们，城市形象传播研究作为一个有实际意义的研究领域，也必将持续吸引更多人的关注，获得新的丰硕成果，促进城市建设和发展，造福国家发展。

---

[1] ［美］刘易斯·芒福德. 城市文化［M］. 宋俊岭，倪文彦，译. 北京：中国建筑工业出版社，2005：538.

“多元一体”首都城市形象塑造的三个文化捷径

刘源 *

摘　要　本文立足于北京作为全国政治、文化的中心，以文化对城市形象塑造作为研究对象，从目前北京在塑造“多元一体”城市形象的三个文化捷径进行综述和分析，对北京多民族文化的传播做相应的总结，并提出创新和构想。

关键词　城市形象　传播路径　文化传播

帕克曾指出，城市并非只是由个人为单位的个体叠加，或由阡陌纵横的街道与钢筋混凝土浇筑的摩登建筑丛林编织，并融入电灯电话等多种事物拼接而成的结合体；城市更是一种心理状态，是各种礼俗和传统构成的整体，是这些礼俗中所包含，并随传统而流传的那些同一思想和感情所构成的整体。[1] 帕克将城市作为一种微缩景观，来检测人类文明的各种形态，关注城市发展与人类社会、习俗等诸多方面的关联，并且将城市秩序的控制放置于舆论与习俗之下，这也是芝加哥学派长久以来的关注重点，将媒介、人、社群、组织放置于城市的公共环境中进行探讨。本文主要立足于作为首都的北京，既是全国政治、文化的中心，亦是展示中国多元一体国

* 刘源，男，新闻学博士，北京联合大学应用文理学院讲师，主要研究方向为国际传播、媒介文化。

[1] ［美］R.E. 帕克．城市：对于开展城市环境中人类行为研究的几点意见［M］//R.E 帕克，等．城市社会学．宋俊岭，郑也夫，译．北京：商务印书馆，2012：2.

家形象，向世界讲述中国故事的重要窗口，本文以传播的“仪式观”和媒介与社会的“形塑论”作为依托，阐释当前北京城市“多元一体”形象塑造的三个主要路径。

一、“多元一体”民族观与首都城市文化的关联

“多元一体”的概念源于20世纪80年代费孝通先生的著名论文《中华民族多元一体格局》。其中提出了关于“中华民族”这一概念的界定，在这一概念下，文化的认同是中华民族“多元一体”的重要特征，即神话认同是其形成的前提，身份认同是其形成的标志，国家认同是其形成的结果。中华民族的关系特征是互相依存，文化依存是其精神力量的源泉，经济依存是其物质生活的基础，政治依存是其共同命运的关键。中华民族的发展特征是融合统一，理论升华是先导，共同奋斗是动力，安定强盛是结果。❶

北京作为中国的首都，既是中国多元一体民族文化形象聚焦的缩影，也是面向国际社会展现多彩中华文化的重要窗口与门户。因而，在对外传播中国多元文化时，承担了先导性的功能。纵观历史发展，北京作为都城有着悠久的历史，且多为北方少数民族文化与中原文化相互碰撞、交融的重要地理空间和历史节点，因而，在历史的发展与社会的变迁下，北京作为多元文化的时间和空间意义变得尤为特殊。综合来看，塑造北京“多元一体”城市形象的文化捷径主要体现在三个方面，即媒介、节庆以及历史文化古迹。

二、融媒体视域下构建“多元一体”民族融合空间

随着互联网媒体的出现，媒介经历了“竞合—整合—融合”的过程，其核心是打破不同类型媒介间的藩篱与区隔，形成互为关联、边界消除的

❶ 费孝通．中华民族多元一体格局［M］．北京：中央民族大学出版社，2018：148-150.

热带雨林型媒介共同体。而融合也并不仅仅是媒介技术层面的整合，更多来自于内容生产和意义建构层面的融合。劳伦斯曾指出，建构是媒介的主要行为，在不断被形塑的过程中，媒介形塑日常生活、建构意义和身份认同、创建真实、建构行为、建构历史。[1]而在这一形塑的过程中，媒介自身也不断被重新建构。在城市秩序的整合中，因不同社群在城市这一容器中的出现，会产生不同文化间的冲突。芝加哥学派认为，在城市的控制与形塑中，媒介承担着重要功能。帕克率先意识到媒介“不仅具有传播信息和社会控制的功能，而且具备文化传播的重要功能”。[2]特别是对于不同文化族群，在不断涌入城市空间时，既能够保持自身文化身份的认同，又能够在新的生存空间里不断融入新的身份的重构与认识。

在融媒体视域下，媒介与人、社群、城市之间的关系处于一种不断被相互塑造的变迁和交融中。在北京除了生活着以汉民族为主体的城市居民外，还生活着其他几十个少数民族群体。而联结不同族群认同的重要载体即是媒介。在北京的各大媒体也都有专门针对不同语言、文化习俗受众而搭建的融媒体平台，例如，中央广播电视总台和新华网推出了蒙、藏、哈、维、朝五个少数民族语言频道及网页；人民网根据融媒体时代手机用户碎片化、浅阅读的媒介使用习惯，推出了少数民族语言线上 App 平台；民族出版社也根据不同语言受众出版宣传国家大政方针政策和各民族自身文化的出版物。媒介不仅传递信息，更多的是一种知识和文化的传递，也具备社会教化的功能。这些媒介的联合发力，既能够使少数民族群体在融入城市空间时保持各自民族文化身份特点，同时，在城市空间中，又能够意识到自身作为首都“新成员”的一种共同体的认识。特别是作为重大媒介事件的国庆庆典仪式，媒介对其的建构是一种政治仪式的具象化体现，能够将国家的优秀政治文明传播到民族共同体成员的个体中，使之对民族凝聚力、文化自信心、国家荣誉感产生极大的认同。在这一过程中，跨民族语言

---

❶ [美] 劳伦斯·葛罗斯伯格. 媒介建构：流行文化中的大众媒介 [M]. 祁林，译. 南京：南京大学出版社，2014：7.

❷ 曾一果. 西方媒介文化理论研究 [M]. 北京：学习出版社，2017：108.

媒体在媒介仪式中的参与，一方面能够将不同民族的同胞聚合起来，使其对自身民族身份的确认产生良性认知；另一方面媒介又将多民族群众纳入作为政治文化中心的首都空间中，在特殊的仪式化、节日化语境下共享盛世，将首都文化“多元一体”的复数形态纳入其中，增强首都作为多元一体良好文化形象的树立，进一步促进我国“和谐”“包容”国家形象的提升。

三、节庆仪式下塑造多民族文化聚合的城市景观

节庆文化作为一种特殊的文化现象，是人类社会发展到一定阶段的产物，特别是在我国古代农业社会，因农事与节气之间不可分割的关联而产生不同类型的节庆文化。中国的民族文化范式不仅有农耕文明，还有游牧文明与渔猎文明等，这些文明在长期交往互动中，不断碰撞、融合，形成彼此间你中有我、我中有你、互融互通的文化形态，而在节庆活动中，也同样形成了彼此既有差异又有联结的文化共同体的关系。在城市景观中，不同族群的人群因各自的原因和目标聚合于城市空间中，对于本族群的文化在城市空间中很难找到认同的支点，并且充满了对陌生环境因不确定感而产生的不安或畏惧。而节庆文化在城市环境中，不仅能够将使用同一语言、拥有共同神话、信仰与祖先记忆以及习俗的少数民族同胞凝聚起来，同时，能够使之在多元变奏的城市组曲中，充分融入“族群—社群—城市”这一新的共同体中。

詹姆斯·凯瑞的传播“仪式观”曾指出，“从文化、历史和宗教角度而言，传播不仅传播信息，还传播思想，建构共同的文化认同”，并强调传播是一种“文化和社会仪式，在此体系中，传播代表着一种‘分享’‘参与’‘合作’‘友爱’建构起来的人们参与其中的‘共同体’”。[1]北京作为首都，生活着来自全国不同地区的少数民族同胞，在共同的生活与交往

---

[1] James W.Cary.Communication as Culture: Essays on Media and Society [M].New York: Routledge, 1982: 18.

中，彼此间形成了各美其美、美美与共的交往范式。在日常的时空环境中，彼此作为首都新市民相容互通的层面相对较为明显，但突出彼此文化身份的特殊性相对不易，而宽松包容的城市空间，以及包容的政策环境，让不同文化在特殊的时空节点能够突出各自的特色，同时进一步形塑了城市的多元特点。例如，每年在中央民族大学举办的在京蒙古族那达慕，不仅成为复刻蒙古族文化记忆的特殊文化仪式，也将草原文化带入城市，成为形塑城市文化的有机组成部分；每到古尔邦节，在北京的牛街及常营回族自治乡都会举办相应的节庆活动，让穆斯林群众可以共祝节日；作为已经融入北京地域文化的满族群体，每年也会在“政府搭台、企业唱戏”的城市环境中，举行庆祝颁金节等节庆仪式。涂尔干指出，“通过脱胎于宗教活动的仪式的定期公开展演有助于提高人们的社会认同，加强社会团结”。[❶] 笔者认为，这种认同不仅仅是增强本民族成员的身份认同，更是强化作为城市—国家文化的有机元素，对于其他民族成员，甚至客居本国的域外公民形塑多元共生的城市—国家文化有积极的影响和意义。

四、城市文化古迹的媒介化功能重构集体记忆

阿莱达·阿斯曼对于记忆的构建与文化的认同有过多重角度的描绘，其中“地点的记忆”亦是形塑文化与认同的关键元素。在其论述中认为，“地点，本身可以成为回忆的主体、载体，甚至可能拥有一种超于人的记忆之外的记忆；他们对于文化回忆空间的建构有着重要意义，不仅因为它们能够通过把回忆固定在某一个地点的土地上，使其得到固定和证实它们还体现了一种持久的延续，这种持久性比起个人的和甚至以人造物为具体形态的时代的文化的短暂回忆来说都更加长久”。[❷] 阿莱达·阿斯曼认为

---

❶ ［法］爱弥尔·涂尔干 . 宗教生活的基本形式［M］. 渠东，汲喆，译 . 上海：上海人民出版社，1999：562.

❷ ［德］阿莱达·阿斯曼 . 回忆空间：文化记忆的形式和变迁［M］. 潘璐，译 . 北京：北京大学出版社，2016：344.

地点作为一种记忆的容器被赋予了多种功能，这一点与哈罗德·英尼斯关于“偏向于时间传播”的媒介论调有着异曲同工之妙。哈罗德·英尼斯认为“媒介本身加上传播的形式，使社会倾向于用特定的方式组织和控制知识”。[1]并且认为，具备“时间偏向”的媒介，通常存在于等级制度森严的文明当中。虽然两者所论述的角度有所差异，但作为文化古迹来说，其本身既是一种文化记忆的有效载体，亦是具有时间化媒介的延续功能，追溯历史、立足当下、面向未来。

作为古都，北京有着几百年的建都史，同时，在历史的流动中，北京作为战略要冲地带，是多民族文化汇聚的核心。无论是古代女真族建立的金中都，还是代表多民族文化共生扩容器的元大都，以及引起后人无限遐思的清代京师，北京在历史的流转和特殊的地缘环境下，塑造了其多民族的“混血”特征。而对于集体记忆的构建，除了依靠口耳相传的口头讲述，更多的历史记忆符号则是隐藏在古人所留下的遗迹中。或者说，在当下的环境中，古代文明遗迹被更多地赋予形塑集体记忆的载体功能，并且作为一种媒介化的延伸，重构集体记忆。而存在于城市中的不同古迹，其自身亦是一种被赋予意义的、在不同社会语境下具有延展性并“发明传统”的意义承载物。

五、形塑城市的新主体与新空间

城市文化形象的塑造与社群、文化、媒介的综合参与无法分隔，或者说是在这些元素合力下的共同目标和结果。北京作为首都，其政治功能和文化功能又具有一定的特殊性，而在全球化、融媒体语境下，如何形塑城市—国家的形象，既考验着作为形塑日常与行为的媒介本体，也考验着对媒介进行精心策划部署的国家、政府、组织、个人等主体。作为流动的城

---

[1] ［美］林文刚．媒介环境学：思想沿革与多维视野［M］．何道宽，译．北京：中国大百科全书出版社，2019：213.

市空间，“通过它，媒介基础设施使得来自不同地方的社会生活能够继续进行，就好像它们实际上在场和相近一样，形成一种‘没有地域邻近性的社会共时性’”。[1]这既是一种对不同群体的兼容和重塑，又是将多元文化纳入流动的空间，不断形塑个人与群体、个人与城市以及个人与国家之间的关系与认同。在融媒体环境下，一方面要重视作为网络节点的自媒体和个人在城市形象塑造中的重要形塑功能，另一方面要关注少数民族的文化身份认同和城市身份重构之间的关系，使其成为形塑城市良好形象、营造多元共生、兼容并包城市多族群文化和讲述大城小事的重要主体和首要载体。正如鲍德里亚所言，“文化以符号系统的形式协同运作，文化物体也只有在彼此参照中才具有价值”。[2]

---

❶ ［加］菲利普·N. 霍华德 . 卡斯特论媒介［M］. 殷晓蓉，译 . 北京：中国传媒大学出版社，2019：84.

❷ ［加］菲利普·N. 霍华德 . 卡斯特论媒介［M］. 殷晓蓉，译 . 北京：中国传媒大学出版社，2019：89.

故宫博物院品牌文化传播的内容与形式研究

马君蕊*

摘　要　近年来故宫博物院商业化运作效果十分显著，既成功地传播了中国历史文化，又带来了巨大的收益。故宫的文创产品网上热卖，与众多知名品牌跨界联名，美妆珠宝不断上热搜，咖啡厅、火锅店顾客预约排队，一只猫也是全民热议的话题，一场雪竟会限制参观人数……超高的人气背后是成功的全媒体宣传推广。博物馆的功能之一是传播历史文化，文化的传承也有温度，故宫摆脱了"高冷"风格，"萌贱"的定位亲民接地气，使各年龄段的受众都成为故宫的"粉丝"，这种成功经验值得全国博物馆借鉴。

关键词　故宫博物院　品牌　文化传播　创新

2019年冬北京的第一场雪后，恰逢周末，当日故宫八万张门票全数售罄。红墙金瓦，皑皑白雪，美不胜收，去故宫"看雪"成为年轻人周末相约的热门话题，尤其对于外地游客来说，一生能有多少次机会欣赏到雪后故宫呢？故宫的雪、故宫的猫、故宫的咖啡、故宫的火锅、故宫的文创、故宫的展览，每一个故宫的信息都引起不小的社会反响，对于一个博物馆来说，知名度如此之高，这与北京故宫博物院近年来的文化传播活动有着

* 马君蕊，女，管理学硕士，北京联合大学应用文理学院教师，主要研究方向为市场营销、品牌学。

非常重要的关系。近年来，在文创产业带动下，故宫通过持续不断的市场营销推广手段，化身为“网红”，传播着中国历史文化，收效显著。

一、博物馆文化传播与品牌形象塑造理论概述

文化传播，又称文化扩散，指人类文化由文化源地向外辐射传播或由一个社会群体向另一群体的散布过程。文化传播可分为直接传播和间接传播。[1]央视百家讲坛主讲人、学者、作家、编剧魏新在分享《博物馆与菜市场》时讲到，如果想要了解一个城市，最快也是最好的办法，就是去看看那里的博物馆与菜市场，而这也使越来越多的博物馆成为人们文化旅行的必选打卡地。

1. 博物馆文化传播的意义

博物馆是征集、典藏、陈列和研究代表人类自然文化遗产实物的场所，也是为社会发展服务的机构。博物馆开展文物收藏、保护和展示的目的是便于公众的研究、教育和欣赏。相较于报纸、书籍、网络等媒体，博物馆的传播力度明显要小，但由于博物馆保存着人类和自然文化遗产，实物形态对于人的感官刺激比一般媒体要强烈得多，所以从教育意义上来说，传播力度要高于一般媒体。博物馆承担的作用是向全社会展示和传播民族文化传统精华，其文化传播功能十分重要。一方面通过教育功能使更多人成为博物馆的传播者，另一方面在传播中采用各种信息技术，促进文化交流，从而使博物馆的文化传播功能得到更好的实现。

博物馆在文化传播过程中，形成行业的跨界联合效应，如“文博＋科技”“文博＋综艺”“文博＋文创”等。《2018文博新媒体发展报告》中提出，移动互联网时代，文博行业主动适应新媒体传播特征和规律，将自身优质资源、能力和品牌在互联网的逻辑和机制下整合运用起来，“嵌入”互联网的架构上，汲取以微博为代表的新媒体“弱连接”所蕴含的无限资源和

[1] 郑金洲．教育文化学［M］．北京：人民教育出版社，2000：101-103.

种种可能，通过“文博 +”的资源整合、跨界融合、时空聚合，积极布局、搭建和塑造线上文博新空间，探索未来发展的无限潜力和可能。

中国的博物馆是中华民族五千多年历史文明的积淀，为社会文明进步提供了强大的精神动力和智力支持。中国的博物馆是自然和历史文化遗产的主要收藏场所，承载着中华民族团结统一、爱好和平、勤劳勇敢、自强不息的文化精神。这批宝贵的财富传承至今，来之不易，我们不仅要好好地继承和保护好它，更要充分地发掘和利用好它，让民族文化得到真正的传承、培育和发扬光大。[1]

在新媒体飞速发展的时代，交互式、数字化的传播方式不断推动着博物馆的文化传播创新，给博物馆品牌形象带来广泛的社会影响。

2. 品牌形象塑造理论

博物馆在营利目的上与企业不同，但对于品牌形象塑造过程来说，主体由企业变成博物馆，遵循的理论基础其实并没有区别。本文以企业品牌形象塑造理论为基础，分析北京故宫博物院的品牌在传播过程中通过内容和形式的创新进行品牌形象塑造。公众对品牌的评价在于品牌在公众心目中的位置，这种位置不是一朝一夕形成的，而是由品牌企业主导，通过多种方式和渠道，利用各种推广手段，建立在公众心中的形象。

品牌形象塑造是品牌拥有者通过一系列有意识的品牌建设活动，不断提升品牌在公众心目中关于各要素的图像和概念的过程。这个过程可能是几年、几十年，良好的品牌形象对于企业来说不仅是一种无形资产，而且对企业发展、永续经营，在激烈的市场竞争和未知的营销环境中生存增加获胜砝码。

品牌形象是一个综合性的概念，是企业通过营销活动渴望建立的，受形象感知主体主观感受及感知方式的影响，进而在心理上形成的一个联想性的集合体，品牌形象是一种资产，具有独特个性。品牌形象的本源含义是消费者对品牌的心理体验，这是由品牌的气质识别打造的。绝大部分的

[1] 彭舟．博物馆文化传播的形式与意义探析［J］．科技传播，2018（5）：146-147.

品牌论著把消费者对品牌的这种心理体验定义为品牌个性，正是这种品牌个性构成了独特的品牌形象。

品牌形象的塑造方式包括以质量取胜、以服务取胜、以广告取胜等。品牌形象塑造的原则包括系统性原则、全员化原则、统一性原则、特色性原则、情感化原则等。品牌形象塑造的途径有加强品牌管理、重视产品与服务质量、明确品牌定位、优化品牌设计、做好公关与广告等。

二、北京故宫品牌文化传播过程

1. 北京故宫品牌文化传播的内容创新

前文提到的故宫的雪、故宫的猫、故宫淘宝旗舰店里的产品，都是故宫近年来成功的文化传播内容。在此对这些内容进行梳理，其成功的经验值得所有博物馆借鉴。

（1）2005 年全新的 LOGO 设计

2005 年是故宫博物院建院 80 周年，举办了一系列院庆活动，统一的院徽是整体形象策划的核心。2005 年 7 月 18 日上午，时任文化部副部长兼故宫博物院院长郑欣淼和北京理想创意艺术设计有限公司特邀顾问邵柏林，在故宫东华门附近的漱芳斋内，联手揭开了故宫博物院院徽的“红盖头”。

院徽标识设计取“宫”字形，“宫”字的“一点”取材于“海水江牙”和“玉璧”的图形元素；“宫”的两个“口”，正好符合紫禁城“前朝后寝”的建筑理念；“宫”字下边不封口，寓意皇宫过去是封闭的，而今日的故宫博物院是开放的。院徽标识整体上凸显了东方个性。

LOGO 对品牌而言是视觉传播中的重要元素，在现代品牌传播的过程中是品牌的“脸面”，受众第一次见到 LOGO 后留下的印象会与品牌内涵相联系，进而产生品牌联想，再次见到品牌 LOGO 会对品牌加深记忆，多次见到后就会对品牌和 LOGO 都产生深刻印象，伴随品牌 LOGO 出现的时机和场合，受众会对品牌产生相应的个性化判断，从而有可能提升对品牌的好感度，实现品牌形象塑造的目的。如果品牌没有设计 LOGO，或 LOGO 使人印象不深刻，受众就会对品牌印象模糊，好感度也无从谈起。

2005 年以前，北京故宫曾有几次使用徽标的尝试，但都没有被公众接受，也没有推广开来，说明 LOGO 设计整体过程缺少话题性、精致度、统一性等现代 LOGO 设计的要素。启用新的 LOGO 在故宫博物院建院 80 周年院庆系列活动中意义非凡，标志着故宫的文化传播开始了新篇章，故宫博物院整体形象策划随着院徽的启用也拉开了帷幕。

（2）多部纪录片全方位传播中华文化

近年来，多部关于北京故宫的纪录片拍摄播出，通过电视媒体向广大观众从各个侧面展示故宫的全貌，使受众从多个角度了解这座神秘的博物馆。

2005 年央视综合频道首播的纪录片《故宫》，从建筑艺术、使用功能、馆藏文物和历史沿革四个方面，全面展示故宫辉煌瑰丽、神秘沧桑的宫廷建筑、馆藏文物，讲述宫闱内不为人知、真实鲜活的人物命运、历史事件和宫廷生活。

2011 年 12 月，由北京故宫博物院和中央电视台联合制作的百集纪录片《故宫 100》，通过 100 集每集 6 分钟的短节目，讲述 100 座建筑的命运，呈现故宫的过去、现在和未来。通过 100 个空间故事，建构一个故宫的全息建筑影像系统，透过“看得见”的空间，将“看不见”的紫禁城建筑的实用价值和美学价值加以演绎，为故宫创建一座超越时空的影像博物馆。

2012 年 4 月 29 日，由中英联合制作的纪录片《皇帝的秘密花园》在故宫博物院首映，该片同时面向国际市场发行。乾隆花园，又称宁寿宫花园，位于紫禁城东北部，最初设计为乾隆皇帝的一个私享花园。倦勤斋是乾隆花园最为引人入胜的部分，反映了乾隆皇帝终其一生对艺术的追求。倦勤斋在乾隆皇帝驾崩后就没有开放过。《皇帝的秘密花园》忠实记录了由故宫博物院和世界建筑文物保护基金会所赞助的国际团队经过艰苦卓绝的努力，终于成功修缮了倦勤斋内饰的过程。

2015年年底，随着“养心殿研究性保护项目”启动，故宫博物院开始对养心殿进行全面的修缮和保护，这一区域也随之关闭。为了弥补观众无法近距离参观养心殿的遗憾，也为了让观众能继续了解养心殿在修缮期间发生的故事，故宫博物院独立拍摄制作了《故宫新事》系列纪录片。五年的研究性保护，伴随着持续跟踪拍摄，制作了五集精彩的纪录片。自2017年讲述“文物搬家”的第一集、记录给“古建把脉”的第二集上线，引发了观众更高的期待。“年更”性质的纪录片在2019年迎来了第三集，把目光聚焦文物修护与古建修缮。作为故宫博物院独立出品的纪录片，《故宫新事》将视角贴近“人”和“事”，展现故宫最为真实、细腻的一面，传达故宫人对文物、古建由衷的执着与热诚，引领观众体会传统文化的感染力。

2016年1月7日，在CCTV-9播出的总长三集纪录片《我在故宫修文物》是故宫博物院建院90周年的献礼纪录片，围绕着故宫工匠们为了准备大庆而修复文物的故事展开。在故宫博物院的全力支持下，摄制组破例进驻这个中国最为保密、最为神秘的文物修复单位——故宫博物院文保科技部拍摄。该片历经5年的项目调研，4个月不间断的纪实拍摄，每集展现几类关系密切的文物修复和性情各不相同的修复大师。《我在故宫修文物》第一次近距离展现这些国家级非物质文化遗产的技艺与传承人的日常工作和喜怒哀乐，通过对文物修复领域“庙堂”与“江湖”互动，完整呈现国宝文物的原始状态和收藏状态，充分展现出传统中国“士农工商”四大阶层中唯一传承有序的阶层“工”的信仰密码、技术沿袭与变革。

2018年10月，故宫博物院召开新闻发布会，故宫与北京电视台将共同摄制大型纪录片《紫禁城》。《紫禁城》是为纪念2020年紫禁城建成600周年、故宫博物院建院95周年而推出的大型纪录片。该纪录片深入探寻昔日皇宫隐秘角落，立足于中华文明的高度和世界文明的维度，全面呈现海量珍贵文物文献，推出以故宫为核心内容、纵横古今、放眼全球的纪录片扛鼎精品。

近年来，还有多部与北京故宫相关的纪录片，这里就不一一列举了。

纪录片的拍摄耗时费力，但传播效果非常显著，故宫能够成为“网红”，一部部制作精良的纪录片功不可没。

（3）院史话剧《海棠依旧》

话剧《海棠依旧》的故事以 1933—1948 年故宫博物院文物的南迁、西迁、迁台历程为主线，选择一个家庭视角作为切入点，通过讲述故宫南迁时普通职员顾紫宸为保护故宫国宝而离开北平，离开正怀有身孕的妻子，从此踏上几十年漂泊旅途的故事来展开主题。话剧由故宫博物院青年职工自编自演，带着故宫人的真情实感和那段“文化不绝，精神便不会绝”的故宫国宝迁移史，将一个真实动人的故事搬上保利剧院的舞台。

话剧于 2015 年 9 月 19—20 日在北京保利剧院演出，同时充分运用新媒体进行传播，以公益形式免费向公众发放演出票。2015 年 10 月，故宫博物院建院 90 周年之际，《海棠依旧》在文物南迁的起点之一故宫宝蕴楼进行实景演出。

（4）故宫淘宝店

台北故宫曾在互联网平台发售一款“朕知道了”的胶带，迅速走红，公众质疑北京故宫为什么出不了这样的产品？ 2008 年 12 月，故宫入驻淘宝，成为国内第一家开淘宝店的博物院，营销风格与产品设计展现出质的飞跃。“奉旨旅行”行李牌、“朕就是这样汉子”折扇等爆款商品随后火遍大江南北。“冷宫”“御膳房”的冰箱贴、“朕甚是想你”的折扇、朝珠耳机，以及美到炸裂的真丝团扇等，几乎件件都能成为网红。2019 年，故宫又推出了故宫口红、故宫初雪罐等跨界网红产品。

为了更好地塑造品牌形象，故宫博物院在确保每件文化产品都拥有故宫创意元素的同时，不断加强对产品设计、生产、营销各个环节的把控，力争使每件产品均具备高质量。故宫文创产品样品打样常规在 5 次以上，以精准把握细节、调整产品工艺、完善制造工序。从文化创意产品本身到包装盒、包装袋都要有统一的呈现，延续整体风格。2018 年年底火爆一时的故宫口红，在研发过程中，仅口红外观设计稿就修改了 1240 次。

创意满满的文化产品，与年轻人的“脑洞”碰撞到一起，便能持续挖掘故宫“矿藏”，传播效果更加强大。北京故宫的文创之路虽然时间不长，却迅速走出了一条自己的路子，故宫也成为融历史与现代、文化与科技、传统与创新为一体的知识产权。[1]

2019 年 8 月，故宫文具在天猫上线，这是故宫开在天猫淘宝的第 6 家店。此前，故宫淘宝、故宫文创、故宫出版、故宫食品、上新了故宫均已进驻天猫淘宝。

（5）“故宫 + 腾讯”联合创新实验室

《我在故宫修文物》火爆半年后，2016 年 7 月，名为《穿越故宫来看你》的 H5 刷爆朋友圈，《明成祖像》中的朱棣跳下了画像，唱 rap，玩自拍。第一次看到这么活泼的皇帝，颠覆了人们通常对皇宫禁地以及高高在上的皇帝的想象，这种反差并没有让人无法接受，反而引起了朋友圈的疯狂转发。

故宫与腾讯宣布双方将建立长期合作共赢关系，为此故宫主题特别版《天天爱消除：故宫寻宝》上线，游戏里还原了故宫内众多建筑景观，以及狮子、脊兽等景点瑞兽形象。腾讯旗下游戏《奇迹暖暖》分别以《清代皇后冬朝服》《十二美人图》及养心殿文物为主题进行还原与再创作。

紧接着故宫的大动作就是那套让人熟知的表情包，风格都是萌萌哒的搞笑风，其中名气最大的当属那套“雍正萌萌哒”，600 年历史中帝王后妃创作元素无穷，一系列表情包可称为魔性设计，活化了传统文化的 IP。

（6）综艺节目

《上新了·故宫》是由故宫博物院和北京电视台出品、华传文化联合出品、春田影视制作的大型文化季播节目，2018 年 11 月 9 日起每周五晚在北京卫视和爱奇艺播出，第一季由邓伦、周一围担任故宫文创新品开发员。每期节目中，邀请嘉宾作为新品开发官跟随故宫专家进宫识宝，探寻故宫历史文化，在游览故宫的同时，联手设计师从故宫的建筑、藏品中汲

---

[1] 王萌 . 故宫文创这样造品牌 多种方式传播优秀传统文化［N］. 人民日报（海外版），2019-03-01（10）.

取灵感，开发出一款文化创意新品。节目打破了大家对故宫的刻板印象，“零距离”走进公众视野，并打造承载故宫故事的文创产品，创新传承故宫文化。2019 年 6 月 14 日，《上新了 · 故宫》获得第 25 届上海电视节白玉兰奖综艺类最佳电视综艺节目的奖项。

于 2020 年 1 月收官的《上新了 · 故宫》第二季视角扩展至故宫博物院所藏的五千年历史，更大范围解锁“故宫文化”，在故宫本身所承载的明清历史之外，两宋、汉唐、魏晋甚至远祖的信仰（良渚文明）也都在节目中一一呈现。此外，节目还深度揭秘故宫六百年大修的幕后。节目的文创不再局限于物质形式，升级为“超级文创生态体”。

此外，2017 年 12 月首播，融合纪录片和综艺两种创作手法，以文化的内核、综艺的外壳、纪录的气质，创造一种全新的表达的文博探索类节目《国家宝藏》中也有故宫博物院的身影。2018 年 12 月《国家宝藏》第二季的强势回归，探寻三件国宝的前世今生，让故宫又火了起来。

2019 年 12 月 27 日，由故宫博物院、腾讯出品，故宫出版社、腾讯新闻联合制作的视频节目《故宫贺岁》在故宫博物院敬胜斋举行发布会。2019 年春节期间，故宫博物院举办“贺岁迎祥——紫禁城里过大年”展览，给观众献上了从未有过的传统文化贺岁大礼。2020 年春节期间，《故宫贺岁》是以视频节目的形式再次给公众献上的贺岁礼，让大家持续感受故宫贺岁的文化温度。《故宫贺岁》节目作为腾讯新闻 2020 春节档主打节目，旨在打造“连接每个人的春节”。

2. 北京故宫文化传播的形式创新

北京故宫通过传统媒体发声只是其传播形式的一小部分，适应于表情包、H5、网红文创产品等一系列文化传播内容的新媒体传播形式才是北京故宫在品牌形象塑造过程中最成功之处。上文梳理了故宫文化传播的内容创新，对于这些内容，北京故宫充分适应媒介发展，进行传播形式的创新，实施整合营销传播策略，收效显著。

（1）线下实体店

北京故宫在线上传播文化的同时也注重线下的城市空间布局。2018 年

12 月，故宫神武门外的角楼咖啡店正式营业，引发媒体争相报道，一开业就成了网红打卡胜地。店内装饰古色古香，壁纸主图和房梁轻缦的《千里江山图》、隔扇、灰砖、木质桌椅，处处透着简约风却不失文化底蕴，使游客无须“进宫”，就能享用咖啡，感受故宫文化。商品名称中有“经典咖啡”“故宫甄选”“牛奶与茶”“茶点”等大类，其中“故宫甄选”水单中的商品名称有独到创意：“养心咖啡”“康熙最爱巧克力”“三千佳丽奶茶”“佛手香茗”“一骑红尘妃子笑——荔枝红茶”，款款产品名字里透着“宫”味儿。店内还专门开辟精致的文创产品展台，吸引了不少游客。

2019 年大年初一，在故宫神武门外东围房，开了一家火锅店——故宫角楼餐厅。正门悬挂着黑色招牌，墙上有“萌萌哒”帝后像，餐厅的主题画作选择了姚文瀚的佳作《紫光阁赐宴图》，这幅画还原了清乾隆二十五年春节期间乾隆皇帝大摆宴席的场景，展现了顶级皇家盛宴文化。菜单设计成圣旨卷轴，食客赞不绝口，店里还有专门的文创区域，餐厅将赠送一张角楼专属明信片，用完餐的食客可以到这里加盖 10 种不同的印章。火锅系列取名为“朕的火锅”，首推慈禧钟爱的万寿菊花锅，具有货真价实的御厨房味道。故宫角楼餐厅以帝王万里河山为原型，以江山社稷五色土为灵感，将青红黄白黑五种颜色调制成五种蘸酱，分别为四季素食小料、内造香辣小料、传统麻酱小料、鲜蒜香油小料及海鲜酱油小料。整个餐厅的每个细节都具有中国传统文化元素。

此外，全国各地的故宫文创专卖店、快闪店，使文物藏品更好地融入人们日常生活中，发挥其文化价值。

（2）跨界联名

故宫跨界联名的产品在市场上盛极一时，虽然联名品牌众多，涉及行业广泛，但每次产品发布都能引发全国乃至全世界网友的争相追捧。美妆、珠宝跨界已为人们熟知，还有各行各业的品牌产品创意十足，触动着消费者的神经，从多角度传递了故宫文化。

故宫携手街电定制了三款共享充电宝、一款售卖充电宝，科技与传统文化无缝融合；故宫与农夫山泉共同推出“朕饿了、你是朕写不完的诗、本宫是水做的”系列主题，水瓶上的人物形象为农夫山泉赋予鲜活色彩，反差萌更能够直戳用户心理；与海昌品牌联名，举办“紫禁御猫寻主活动”，以生活在故宫的每一只猫咪为主题设计了不同样式的美瞳，每一款都有独特的称呼，抓人眼球；与食品跨界大佬奥利奥联名，推出“朕的心意”定制礼盒，加上一大波周边产品，海报文案样样经典，联名文案中有古人用语，也有今日热词，完美体现了古今文化的碰撞，再加上一段奥利奥饼干的动画视频传播，网友感叹“简直是神仙联手的硬核操作”。

2019年1月，故宫“牵手”多家银行机构，推出了故宫系列银行卡，该系列银行卡一经推出就刷爆全网，为故宫2019年的跨界联名活动打响了头阵；2019年5月，北京2022年冬奥会和冬残奥会官方合作伙伴安踏，在2022年冬奥会倒计时1000天之际，与故宫文创携手，共同推出“安踏×冬奥特许商品故宫特别版”，产品登录安踏天猫官方旗舰店，并于北京2022官方特许商品零售店故宫箭亭店和安踏精选线下店铺限量发售，用青年流行文化演绎年轻冬奥，结合故宫文创IP塑造出崭新的潮流，吸引年轻群体的关注与喜爱；2019年12月9日，故宫博物院携手健力宝，在建福宫花园发布了以乾隆龙袍为创作灵感的新春佳品——祥龙纳吉罐，此前故宫与健力宝就发布了一组“有宝进宫”海报为祥龙纳吉罐造势，从朱墙金瓦的午门，到庄严威武的云龙石雕，再到太和殿、龙椅、龙袍、九龙壁……每一个镂空的罐子都突出了故宫的龙元素。

北京故宫的品牌联名活动不胜枚举，够专业的内容、接地气的策划、高水准的制作，成为故宫产品的一贯风格，故宫也因此获得“故宫出品，必属精品”的观众评价。

（3）打造媒体矩阵

北京故宫在文化传播的过程中，网页、微博、微信、App等不同媒介灵活搭配，融合各种网络媒体的优势，彰显了故宫品牌形象塑造的高端大气。

在微博上，除了“故宫博物院官方微博”之外，还有“故宫淘宝”“故宫出版社”“故宫博物院官方旗舰店”“故宫商城”“紫禁城杂志”“故宫出版社宫廷历史编辑室”“故宫新青年”“故宫出版社器物编辑室”“故宫书画编辑室”“故宫编辑室”等账号，进行不同功能、不同目的的宣传，推动故宫微博矩阵向专业化、组织化发展。其中，故宫淘宝的微博运营策略堪称营销教科书级别的案例，以原创图片结合文字，通过多种语言风格进行推广。

故宫独立出品的App“胤禛美人图”“韩熙载夜宴图”“紫禁城祥瑞”“清代皇帝服饰”“故宫陶瓷馆”，简易明了且不失原本地解读了中国历史文化，将专家研究成果与观众感兴趣的题材密切结合起来，并且把专家研究成果“翻译”成观众特别是年轻观众乐于接受的形式，更加口语化，形象更亲和，不断拉近故宫博物院与受众的距离；“故宫展览”“每日故宫”“故宫社区”涉及故宫资讯和导览等众多内容；好玩有趣的游戏“皇帝的一天”中交互式地图走过故宫30多个建筑；与网易联合制作的“绘真·妙笔千山”，高颜值互动解谜千里江山图。各App分工明确，但核心共同指向故宫文化。

此外，顺应短视频的热潮，故宫在“抖音”中以动画形式介绍推广故宫文物及周边产品，生动形象、趣味十足，为故宫品牌文化的传播添砖加瓦。

（4）公关活动

故宫作为一个知名博物馆，各类展览、赛事、交流活动不断。

“故宫讲坛”是面向社会公众的文化传播平台，以“最故宫”、最学术、最亲民的方式，吸引一大批不同年龄段、不同专业、不同背景的听众。2017年2月12日，“故宫讲坛”的第一百讲举办地点在故宫博物院内。

2019年元宵节，故宫首开夜场迎“上元之夜”，《千里江山图》《清明上河图》在古城墙上闪耀展示，让这座古老充满历史韵味的紫禁城亮了起来。这是故宫近百年来的第一次“灯会”，也是紫禁城古建筑群首次在晚间大规模点亮。

2019年12月30日，故宫博物院公布“纪念紫禁城建成600年暨故宫博物院成立95周年”重点活动，这是全社会的一件文化盛事。活动突出故宫文化内涵和时代价值，传承弘扬中华优秀传统文化，用匠心呵护遗产，以文化滋养社会，把壮美的紫禁城完整地交给下一个600年。

（5）自造“KOL”（“意见领袖”）

单霁翔是故宫第六任院长。2012年1月接任故宫博物院院长以来，他陆续清退故宫内外临时展览，在修缮的同时大力增加开放面积。在他带领下的故宫焕然一新，比如，故宫的文创、上元之夜、数字故宫、文物修复工作、增加藏品等改革，让故宫再一次活了起来，也火了起来，他本人也因此成了“网红”。

从各地博物馆演讲、接受各大传统媒体和新媒体采访，到参加央视的《朗读者》节目、海南博鳌的博鳌论坛等，单霁翔院长不断在全国各地奔波，以故宫“守门人”的身份从故宫内部改革、文物保护、展览策划、文创产品、对外营销等方面向大众展示故宫，以亲身经历来诠释故宫的变化，让故宫博物院真正从“高冷”走向大众。单霁翔认为，故宫博物院要改变传统的传播方式，要学会运用多种方式来传播优秀传统文化，我们要让故宫文化遗产资源活起来。

2019年4月8日，单霁翔退休。继任者为敦煌研究院原院长王旭东，故宫也开始了新的篇章。

3. 北京故宫文化传播的效果

故宫博物院从前院长单霁翔的每日演讲，到近万种文创产品宣传热卖，多种类型App的研发，微博、微信表情包疯转，相关游戏、电影、纪录片、话剧、综艺节目层出不穷等手段，文化传播充分运用了创新营销策略，几乎覆盖了目前大众对外接受讯息的全部平台和相关领域，达到了品牌效应最大化。

2020年1月12日，故宫博物院院长王旭东在浙江大学艺术与考古博物馆的讲座中透露，2019年，故宫参观观众量为新中国成立70年来最高——达1930万人次。其中，观众年龄层集中在20—40岁。女性占56%，男性占44%。年轻人到故宫博物院参观的比例越来越高，父母也更愿意带小朋友参观故宫博物院。

近年来，各地博物馆都在文化传承和营销推广上转变思路。在社会公众的既有印象里，博物馆应该是权威、庄严，甚至高高在上的，但“高冷”的品牌形象不利于博物馆的文化传播功能实现。让受众从媒体上看出博物馆品牌形象的转变，了解、喜爱、热衷中国传统文化，不仅要对受众进行素质教育，更需要博物馆作出卓绝的努力。

三、北京故宫品牌文化传播过程中存在的问题

1. 超级 IP 授权过多

盘点 2019 年故宫超级 IP，发现北京故宫博物院目前在淘宝和天猫上就有 6 个店铺品牌。但授权过多必然导致混乱，如 2019 年中秋节，故宫食品和故宫淘宝竞相推出月饼礼盒。故宫文具品牌也趁着孩子们开学前在天猫悄然亮相。即使在街边零售店名创优品里，也能看到联合故宫宫廷文化推出的各类小物件，只要 15 元就能买到一对带有故宫元素的耳饰。由于故宫及旗下多个运营主体都在进行授权合作，花样繁多的产品也让不少人对授权的含金量产生质疑。授权的价值就在于稀缺性和排他性。授权过多可能会导致管理上的困难，一旦设计水平下降或出现产品质量问题，将影响公众对故宫品牌的认知，消耗消费者的信任。

2. 跨界产品引发质疑

中国历史文化中能与美妆联系到一起的元素非常多，从开始决定做美妆，故宫各专家团队潜心研究了 4 年，从包装到产品内在，都经过了非常多的研究和改进，最终才有成型的产品。但是“故宫系美妆”在收获关注的同时，也引发了一些质疑。各方专家分别对故宫的美妆系列做了评价。有专业美妆人士称，“此次故宫进军彩妆市场是玩票的感觉”，“部分产品售价太高，并不能走进平常百姓家”。

3. 商品生命力能否支撑品牌延续

走入全国各地的博物馆文创产品销售区，几乎都有书签、钥匙扣、冰箱贴这些产品，大部分仅仅在图案上有差别，而创意大同小异。文创产品作为

商品销售，需要持久的生命力去支撑品牌的延续。故宫文创产品的发展过程不仅是热极一时的“网红”，也是一个品牌形象塑造的过程。故宫文创产品在这一点上已经由最初的试水成功到逐渐上升分类发展，近来又到了品牌授权过多而产品互相打擂的品牌全盛期了。根据品牌生命周期理论，全盛期虽然为品牌影响力的最高阶段，但能持续多久对品牌文化的传播主体来说就是个巨大的挑战。没有后续研发生产、传播推广的继起产品，品牌生命力将减弱，品牌生命周期将进入衰退阶段。故宫文化与产品创意的结合，不能只走既定的营销套路，需要不断创新才能使故宫这个超级 IP 焕发光彩。

北京时间 2020 年 3 月 10 日下午 6 点，美国商业杂志 *Fast Company* 公布“2020 年中国十大最佳创新公司”榜单，其中故宫博物院排名第十。在科技公司和老牌大企业林立的情况下，故宫博物院的创新地位充分说明了这个让品牌闪耀的博物馆在创新领域是多么的成功。成功背后有多层次的原因，但最重要的是持续发展，不断为品牌注入活力，让创新延续下去。

天安门广场升国旗仪式的红色文化解读

张立梅 *

摘　要　本文尝试从红色文化视角解读天安门广场升国旗仪式。在厘清红色文化内涵的基础上，对新中国成立70多年来天安门广场升国旗仪式的演变过程进行梳理，认为其变化轨迹特征就是仪式化的确立与加强。最后，论述了天安门广场升国旗仪式的红色文化意义，认为其是红色文化仪式化传播的典范，在塑造红色文化信仰方面具有重要作用。

关键词　天安门广场　升国旗仪式　红色文化

2019年，很多中国人都学会了一首歌《我和我的祖国》，并且会不由自主地哼唱起来；2019年，很多中国人都观看了一部电影《我和我的祖国》，并且透过一个个小人物的故事感受到“祖国”二字的神圣庄严。作为新中国成立70周年的献礼影片，这部电影没有采用主旋律电影宏大叙事的一贯手法，而是从新中国成立70年来的历史中选取了七个小人物的故事，从一个普通人的视角展示了我们祖国建设的伟大成就，让无数人因着这份平凡而感动落泪。

在这七个小人物的故事中，有两个与我们的国旗相关：《前夜》和

*　张立梅，女，传播学硕士，北京联合大学应用文理学院讲师，主要研究方向为新媒体传播。

《回归》。《前夜》讲述了开国大典前夜，工程师为了保证电动升旗装置能够万无一失，国旗能够精准到达旗杆顶端而彻夜奋战的故事。《回归》讲述的是1997年香港回归祖国时，为了保障国旗能够在0分0秒升起而多方努力的故事。

在这两个小故事中，我们看到了国旗在普通民众心目中的分量，以及国旗在国家层面的象征意义。伴随国旗升起的，是我们民族的崛起，是我们国家的发展和强大。

中国人对于升国旗的所有的这些情感都能够在天安门广场每天的升国旗仪式中得到体验，这也就让这个仪式具有了红色文化那强大的震撼力量。

一、红色文化的内涵

作为一种以颜色为标志的文化，红色文化的确是随着红色这一颜色内涵的丰富与发展而进入人类历史的。

作为光的三原色之一，红色位于可见光光谱的末端，是频率最低、波长最长的色彩。因为波长的原因，红色光在穿透空气的过程中形成的折射角度最小，在空中拥有较好的衍射能力，非常醒目。同时，红色光会在我们的视网膜上达到最深的成像位置，形成视觉上逼近的扩张感和迫近感，因而也被称为前进色。由于这种光学上的特征，红色很容易引起人们兴奋、激动、紧张等较为强烈的反应，因此心理学上很早就用红色来指代易怒型的人格，并用红色来象征“积极的”“大胆的”“自信的”“肯定的”等意义。同时，红色又与人体中新鲜血液的颜色类似，因此红色长期以来还被人们赋予了“牺牲”“奋斗”“勇敢”“坚定”等象征性含义。

随着社会的发展，红色的内涵进一步演变。1864年，国际工人协会在欧洲成立，它选择了红色作为自己的标志性颜色，此后很多国家的共产党人都据此选择红色作为自己的标志。这样，红色的象征意义再度扩大，具有了“革命”与“进步”的内涵，被赋予了象征“无产阶级革命”的意义，其政治符号意义远远超过了其色彩含义。[1]因此，也有学者将红色文化的概念界定为“世界社会主义革命运动进程中群众的物质及精神力量的表现形式”。[2]

正如马克思所说，“色彩是反映一个民族性格最直观的方式”。[3]对于勤劳、勇敢、乐观的中国人来说，红色一直是人们最喜爱的色彩之一。在我国的传统文化中，红色是喜庆、吉祥、幸福、欢乐的象征。因此，作为世界无产阶级革命的前沿阵地之一，在马克思主义传入中国之初，我国的共产主义先驱们就已经自然而然地接受红色及其对无产阶级革命的象征意义。1919 年 1 月，在《新青年》第五卷第五号上，李大钊发表文章《布尔什维克主义的胜利》，其中明确提出：“试看将来的环球，必是赤旗的世界！”此后，当中国共产党有了自己的武装力量的时候，我们称它为“红军”；当中国共产党建立了自己的革命政权后，我们称它为“红色政权”；当新中国成立的时候，我们选择了五星红旗作为国旗……红色，已经成为中国人心中最为神圣的一种颜色。

在领导中国人民争取解放的过程中，中国共产党及其追随者创造了大量的红色文化产品，但这些在当时并没有引起学术界的关注。作为一个专有名词，“红色文化”一词最早出现在 1953 年《中国劳动》杂志刊登的一篇文章当中。该文提到苏联工会的时候，写到“（苏联）工会拥有数千个俱乐部、文化宫、图书馆、电影院和红色文化室，有的人在这些文化机构听演讲、看戏、看电影”。[4]不过遗憾的是，这个概念当时也没有引起重视。一直到 20 世纪 90 年代，随着文化市场的复兴，以流行唱法翻唱革命歌曲引发了人们的广泛关注，随之一批革命历史题材的小说也以“红色经典”的形式重新出版。20 世纪 90 年代中后期，参观革命老区、革命纪念地的热潮又使人们注意到了“红色旅游”这个新的说法。

---

[1] 谭玲玲．意象符号转化视域下的红色文化产品设计研究［D］．湘潭：湖南科技大学，2014.

[2] 赖宏，刘浩林．论红色文化建设［J］．南昌航空工业学院学报（社会科学版），2006(4)：66.

[3] 马克思，恩格斯．马克思恩格斯选集（第 13 卷）［M］．北京：人民出版社，1995：145.

[4] 傅厉时．提高俱乐部工作的思想性［J］．中国劳动，1953（9）：39.

2003年，张茂枝发表《广元市开发利用红色文化资源的现状与建议》[1]，彭央华、项波发表《利用江西红色文化资源培育大学生民族精神的思考》[2]，这两篇文章让"红色文化"这一概念引起了学术界的重视。2004年，刘寿礼在《苏区"红色文化"对中华民族精神的丰富和发展研究》一文中正式提出了"红色文化"概念，并对红色文化的内涵作了探讨。[3]从此，"红色文化"的专门研究开始渐次展开，并在党的十八大之后掀起了热潮。

分析众多学者对红色文化内涵的理解，主要可以划分为文化资源论、革命文化论、先进文化论、特色文化论几大类别。[4]持文化资源论的学者将红色文化视为一种红色资源，如"红色资源是指中国共产党领导中国各族人民在革命斗争和建设实践中形成的，能够为当前中国特色社会主义建设所开发利用的伟大精神及物质载体"。[5]持革命文化论的学者认为红色文化就是革命战争年代中形成的革命文化，如"红色文化是指中国共产党领导人民在革命战争时期形成的，并在后来整理开发的革命历史文化"。[6]部分学者将红色文化理解为一种先进文化，如"红色文化是指中国共产党带领广大人民群众在实现民族独立和民族解放的伟大历史运动中创造的，具有丰富历史文化内涵和革命创新精神的先进文化"。[7]还有一部分学者将红色文化理解为中国共产党与中国人民创造的一种特色文化形态，如"红色文化是在马克思主义中国化的进程中，中国共产党在民族文化基础上创造

---

❶ 张茂枝．广元市开发利用红色文化资源的现状与建议［J］．四川党史，2003（4）：31-33.

❷ 彭央华，项波．利用江西红色文化资源培育大学生民族精神的思考［J］．南方冶金学院学报，2003（11）：4-6.

❸ 刘寿礼．苏区"红色文化"对中华民族精神的丰富和发展研究［J］．求实，2004(7)：33-34.

❹ 邓显超，邓海霞．十年来国内红色文化概念研究述评［J］．井冈山大学学报（社会科学版），2016（11）29-37.

❺ 陈世润．中国特色社会主义道路与红色资源开发利用研究［M］．北京：人民出版社，2015：7.

❻ 汤红兵．湘鄂西红色文化的形成及开发——以洪湖、监利红色文化资源为主体透视［D］．武汉：华中师范大学，2006.

❼ 钟英法，舒醒．江西红色文化内涵的哲学思考［J］．江西科技师范学院学报，2012(3)：39.

的崭新文化形态”。❶

综合以上各种观点，本文认同这一观点，即“红色文化是中国共产党领导中国人民在长期的革命、建设和改革的斗争与实践中创造的文化，深深根植于中华民族的优秀传统文化，直接来源于中国共产党的革命文化和先进文化”。❷在这样的理解下，红色文化始于新民主主义革命，贯穿社会主义建设时期和改革开放的新时代，见证并参与了这一伟大历程。红色文化根植于中国优秀的传统文化，孕育于如火如荼的革命文化，并在社会主义建设与改革开放中升华为先进文化。“红色文化是中国人民的精神家园，是中国人民永远告别苦难的福祉，是中国人民创造光辉未来的强大精神动力和思想保证。”❸

二、天安门广场升国旗仪式的发展完善

很多人都看过 1949 年 10 月 1 日开国大典的影像资料。毛主席在天安门城楼向全世界宣布：“中华人民共和国中央人民政府今天成立了！”然后，毛主席按动电钮，新中国第一面五星红旗在天安门广场缓缓升起，高高地飘扬在首都北京的上空。整个过程简洁流畅、庄严肃穆，让人万分激动。这是天安门广场的第一次升国旗仪式，也是新中国历史上最重要的一次升国旗仪式。

然而，新中国成立之初百废待兴的现实和文化观念上的滞后，导致有关部门对天安门广场升国旗仪式的重视程度明显不足，升国旗仪式的后续安排也不够严谨。在此后的 70 多年中，随着我们国家的日益强盛、人民群众对精神文化层面需求的日益强烈，天安门广场的升国旗仪式经历了数次重大的调整。

---

❶ 韩延明．红色文化与社会主义核心价值体系建设研究［M］．北京：人民出版社，2013：18.

❷ 中共北京市委党史研究室课题组．深入推进北京红色文化建设，凝心聚力做好首都文化这篇大文章［J］．前线，2017（10）：74.

❸ 刘润为．红色文化：中国人的精神脊梁［J］．红旗文稿，2013（18）：6.

1949年10月2日至1977年5月1日，天安门广场的升国旗仪式处于“兼职人员”负责的没有仪式阶段。由于天安门广场升国旗装置的设计属于电动控制，因此开国大典之后，有关部门便把升国旗的任务交给了北京市供电局，北京市供电局又将这项工作先后委派给了陈鸿年和胡其俊两位员工，让他们在完成本职工作的同时，“兼职”完成在重大节日或重要外事活动中升国旗的任务。其中，胡其俊更是在1951—1977年的26年中一个人默默地履行着这项职责。在这个时期，天安门广场上的国旗只会在重大节日、重要的外事活动等场合才会升起来，其他时间是看不到国旗的。升国旗的时候，胡其俊要翻越旗杆基座的护栏，踩上供电箱，把国旗绑到拉升国旗的钢丝绳上，然后再跳下来，按动升国旗的电动按钮，确认国旗升到旗杆顶端之后，再翻身越出护栏。因此，这一阶段中天安门广场升国旗其实是没有什么仪式可言的。我们不得不承认，这种“兼职人员”“间歇式”的、缺少规范的升国旗的做法确实影响了国旗在人民心中的象征意义。

1977年11月26日至1983年2月28日，天安门广场的升国旗仪式处于专人负责的初始仪式化阶段。其实，在20世纪60年代末期，就已经有群众意识到国旗及升国旗仪式的重要性，并向有关部门反映，“国旗代表国家的尊严，国旗升降是严肃的事情，应该规范国旗升降仪式”。[1]在这样的背景下，天安门广场升降国旗的任务由中国人民解放军北京卫戍区接管，并由卫戍部队的两名战士共同承担。也是从这一天起，天安门广场才有了每天固定时间举行的升国旗仪式。但此时的升国旗仪式仍然缺少仪式感，尤其是当这两名战士一人扛旗、一人护旗从天安门城楼走出并横穿长安街走向天安门广场的时候，他们要在人流中穿梭，甚至要给行人、车辆让路，国旗的神圣庄严还是没能得到足够的体现。

1983年3月1日至1991年4月30日，天安门广场的升国旗仪式处于国旗班负责的仪式化阶段。1982年12月28日，原北京卫戍区警卫二师

---

[1] 孟红．国旗升旗仪式的变化故事［J］．党史文苑，2009（10）：8.

改编为武警北京总队，其第六支队十一中队五班开始承担天安门广场的升国旗仪式，这也是第一任“国旗班”。在按照原有模式执行了一段时间的升国旗任务之后，“国旗班”班长董立敢发现原有模式存在的不足：“一是仪式简单，不够隆重；二是着装单调，不够威武；三是时间不准，不好掌握；四是没有国歌伴奏，体现不出庄严和神圣。”[1]通过各方面的学习、思考和训练，“国旗班”的战士们将过去两个人的升国旗仪式改为三个人参与：三名战士统一着装，中间一人扛旗，另外两人分别于两侧护旗，从天安门城楼拱形门洞出发正步跨过长安街。其间，长安街上的行人、车辆自动避让，方便他们通过，保证他们能够让国旗与太阳一同升起。为此，他们还找北京天文台的专家专门计算了北京地区每天太阳升起降落的确切时间，制定了国旗升降时间表；找北京供电局调整了电动升国旗装置，将国旗升到旗杆顶端的时间调整为太阳升起全长的2分零7秒，并专门录制了升国旗仪式专用的国歌磁带；为了保证升国旗战士的仪态，他们还制定了“冬不穿棉、夏不穿单”的着装标准。所有的这些，都是为了保证升国旗仪式的神圣感、庄严感。这套仪式从1983年3月1日起开始实行，顿时让人们产生了不一样的感受。中央电视台曾经把这个三人升国旗仪式的画面记录下来，作为新闻联播的片头在全国连续播出了整整一年的时间。也正是在这个阶段，天安门广场升国旗仪式开始走入千家万户，到天安门广场看升国旗仪式成为多少中国人渴望实现的梦想。

1991年5月1日至2017年12月31日，天安门广场升国旗仪式处于国旗护卫队负责的完善仪式化阶段。在新中国成立之初设计天安门广场升国旗设施的时候，旗杆周围的汉白玉护栏是封闭的，负责升国旗的人员要翻阅一米多高的栏杆才能接近旗杆，将国旗绑到拉升国旗的钢丝绳上，完成升国旗的仪式。这个动作让很多群众感觉遗憾，因为它破坏了升国旗仪式的庄严感。1990年6月，第七届全国人大常委会第14次会议通过《中华人民共和国国旗法》和《关于惩治侮辱中华人民共和国

---

[1] 董立敢．回忆天安门国旗班往事［J］．纵横，2018（2）：23.

国旗国徽罪的决定》，这对天安门广场的升国旗仪式提出了进一步的改进要求。1991年2月，有关部门对天安门广场的升国旗设施进行了修缮，将国旗杆基座原先封闭的护栏改为3层开放式设计，并在基座四周设置了56个黄色的铜质隔离墩，既能够防止人们随意触碰旗杆，又寓意我们56个民族在国旗下的紧密团结。同时对旗杆的高度进行调整，从原来的22.5米调整为32.6米。另外，根据《中华人民共和国国旗法》的规定，将天安门广场使用的国旗规格调整为长5米、宽3.3米的特号旗，并对人们参观升国旗仪式的举止提出了要求。专门组建国旗护卫队负责升降国旗的仪式，在人员的着装、参与人员、参与人数和仪式规范等方面作出了明确的规定。新的升国旗仪式从1991年5月1日开始执行，这一崭新的升国旗仪式启用后在国内外引起了广泛的反响，隆重的仪式性使它很快成为北京旅游的热点，每天都会吸引数万游客自发前往参观。在国庆、元旦等重大节日中，观礼人数甚至达到十几万。1996年，中央电视台更是把升国旗仪式作为《新闻联播》的固定片头正式播放，进一步扩大了这一仪式的影响力。

2018年1月1日至今，天安门广场升国旗仪式处于中国人民解放军三军仪仗队负责的进一步仪式化阶段。2017年12月27日，《中共中央关于调整中国人民武装警察部队领导指挥体制的决定》印发，原隶属于武警部队的国旗护卫队转隶中国人民解放军三军仪仗队，天安门广场升降国旗仪式、国旗护卫任务转由中国人民解放军三军仪仗队承担。此后，天安门广场升国旗仪式在细节上进一步调整：人数由原来的36人调整为66人；增加军乐团礼号手在天安门城楼吹奏《升旗号角》和礼兵迎旗的环节；进一步规范升国旗人员的动作，增加升国旗仪式的美观性和神圣感；根据《中华人民共和国国旗法》，将升国旗的时间调整为唱一遍国歌的长度；等等。这些细节上的完善、调整，使天安门广场升国旗仪式更加庄严、肃穆，带给人们更加强烈的精神震撼。

从表面上看，70多年来天安门广场升国旗仪式的变化只是人数、形式上的变化，实质上却与我们国家的强大、人民爱国主义情绪的增强、中华民族自豪感和自信心的提升有着密不可分的联系。我们在其中看到的是一个越来越强大的中国，一个越来越团结的中华民族！

三、天安门广场升国旗仪式的红色文化意义

根据前文对红色文化内涵的阐释，我们可以发现红色文化的内涵非常深厚，所指范围非常广泛，包含各种具有红色内涵的物态、制度、行为和精神等方面内容，并努力将它们融为一体。也就是说，红色文化“既有物质的，也有精神的；既有有形的，也有无形的；既有历史的，也有现实的”。❶ 在天安门广场升国旗仪式中，我们恰恰可以看到红色文化这一兼顾历史纵向和现实横向的特征。

天安门始建于明永乐十五年（1417），原名“承天门”，寓意“承天启运、受命于天”；清顺治八年（1651）更名为“天安门”，取义“受命于天，安邦治国”。天安门后面的故宫和位于故宫西侧的中南海，曾是清朝皇帝处理政事和休息的地方。明清两代，天安门外设有一个东、西、南三面用围墙封闭起来的 T 形宫廷广场，是明清两朝举办重大庆典和向全国发布政令的重要场所，也代表着皇权的威严，普通百姓是不能进入的。民国三年（1914），北洋政府启动旧都城的改造计划，拆除天安门前的千步廊、瓮城，修筑沥青路，使原本封闭的宫廷广场变成可自由穿行和逗留的开放空间，这预示着压在中国人民头上两千年的皇权的消解，但天安门作为中国重要标志性建筑的地位并没有消失。民国十七年（1928），北伐胜利后，北平军政各界曾组织 7 万人在天安门广场举行祝捷大会。因此，在新中国成立前夕，中共中央很早就有一个意见：开国大典要在天安门举行；国旗要在天安门广场升起；天安门城楼将作为开国大典的主席台和阅兵台。❷ 天安门广场这个地点的选择，既显示了中国共产党领导中国人民在争取翻

---

❶ 中共北京市委党史研究室课题组 . 深入推进北京红色文化建设，凝心聚力做好首都文化这篇大文章［J］. 前线，2017（10）：75.

❷ 涤生 . 天安门升起第一面五星红旗背后的故事［J］. 党史博采，2009（10）：12.

身解放的革命征途上所取得的成果，又显示了中国共产党将继续领导中国人民建设独立、民主、富强的新中国的强大决心和信心。

天安门广场升国旗仪式中，那面特号的五星红旗是整个仪式中最鲜明、最神圣的象征符号。正如美国学者戴维·柯泽所说："国家是不可见的，它必须被人格化方可见到，必被象征化才能被热爱，必被想象才能被接受。"[1] 国旗就是一个国家的象征，五星红旗就是中华人民共和国的标志和象征。1949 年 9 月 27 日，中国人民政治协商会议第一届全体会议上，五星红旗被确定为我国国旗，毛泽东主席亲自为其赋予了团结与革命的内涵：五星红旗上大面积的红色旗面，象征着中国革命，是无数先烈流血牺牲方才迎来了新中国的诞生；五星红旗左上方缀着的五颗黄色五角星，象征着在中国共产党的领导下，全国各族人民的大团结，全国各族人民团结一心、共同奋斗才能建设好新中国。电影《我和我的祖国》第一个单元《前夜》中，天安门广场升国旗设备工程师林致远说过一句话："你以为升起的是一块红布吗？升起的是 28 年革命、2000 万人牺牲换来的红旗！"在开国大典的影像资料中，我们可以看到这样一个细节：毛主席宣布中华人民共和国成立之后，中央人民政府秘书长林伯渠宣布"请毛主席升旗"，他身边的工作人员马上意识到这句话的不妥之处，小声提醒之后，林伯渠及时调整自己的说法，再次宣布："请毛主席升国旗！"这个小故事提醒我们，"升国旗"中的这个"国"字是如何重要。

在过去的 70 多年中，天安门广场升国旗仪式不断调整完善，逐步走向规整，在对负责人员、参与人数、着装动作、流程细节，甚至观礼人员的举止作出越来越明确的规定过程中，已经形成了一整套成熟的仪式。可以说，这个仪式本身已经成为红色文化仪式化传播的典范和平台。仪式通常被认为是"具有象征意义的、具有高度形式性和非功利性的活动"，[2] 而仪式化传播就是要确立一种特定的仪式，通过具有特定程序性和权威性的

[1] 郭于华．仪式与社会变迁［M］．北京：社会科学文献出版社，2000：343

[2] 刘全亮．电视文化节目的仪式化传播分析［J］．当代电视，2016（6）：78.

文化表演，让人们在具有象征意义的仪式流程中受到特定文化的感染，形成特定的仪式体验，激发其特定的思想活动和情感体验。在天安门广场以红色文化为本质的升国旗仪式中，天安门广场、国旗、国歌、中国人民解放军三军仪仗队……所有的这些，在国家、民族、社会主义等这些平时不可见的抽象概念与观礼人群的心灵之间搭建了一座桥，让人们自然而然地升起对国家、民族的认同感、归属感和自豪感。这种体验深入灵魂，在他们离开天安门广场之后，也会时时复苏，提醒他们曾经有过的感受。正是由于这种不受控制的情感体验，才会有诗人说：唯有国旗升起的时刻是神圣的，神圣得让人找不到自我；唯有国旗旁边的目光是真诚的，真诚地告诉你什么是爱国情结。❶

由此可见，同其他形式相比较，天安门广场升国旗仪式这种红色文化形式在激发人们体验、形成红色文化认同方面具有不可比拟的优越性。因为，“庄严的升旗仪式，可以起到凝聚人心、宣示国威、展示国家形象、提振民族精神等作用。人们对国旗的崇敬、对升旗仪式的敬重，也凸显了一个国家公民意识不断提高、逐步社会化的过程”。❷

北京是我们国家红色文化的中心，天安门广场又是北京红色文化的中心。天安门广场升国旗仪式天生具有红色文化基因，是红色文化仪式化传播的典范，在培育红色文化精神、铸造红色文化信仰方面具有非常重要的价值。

---

❶ 郭毅. 肩扛祖国第一旗——访天安门国旗班第一任班长董立敢［J］. 公民导刊，2000（1）：43.

❷ 哈战荣. 新中国成立以来天安门升旗仪式的历史演进及其规整化研究［J］. 世纪桥，2019（3）：22.

“网红城市”的短视频传播 *

金韶 **　　王佳晨 ***

摘　要　近年来，随着短视频平台飞速发展，抖音、快手等平台诞生了一系列“网红城市”，短视频成为城市形象宣传的新阵地。地方感是源自人文地理学的重要概念，代表了人们对于特定地方的认知和感受，是从情感和价值观角度探讨人和环境的关系，为城市形象塑造和城市文化传播提供了新的研究视角。本文基于短视频传播特征，从内容表达、价值认同和多元视角三方面分析网红城市“地方感”塑造，从叙事过程、符号呈现、场景建构三方面分析城市“地方感”传播，为相关部门提升城市形象和打造城市品牌提供策略参考。

关键词　网红城市　短视频　城市形象传播

一、“网红城市”与“地方感”

短视频如今成为城市形象塑造、传播的重要平台，一批又一批的“网

* 本文系北京市社会科学基金研究基地项目“北京创新文化的建设路径和传播策略研究”（18JDXCB001）的研究成果。

** 金韶，女，传播学博士，北京联合大学应用文理学院副教授，主要研究方向为影视传播、文化产业。

*** 王佳晨，女，北京联合大学应用文理学院新闻与传播系第 2020 级硕士研究生，主要研究方向为影视传播、新媒体。

红城市”通过短视频平台成为近年来旅游、文化、经济全面发展的“黑马”，短视频用户在娱乐中捧红城市经济、提供流量热点，实现了传统城市宣传渠道难以实现的关注度和互动率。根据《2020抖音数据报告》发布的数据，全国获赞城市排名前五位的分别为武汉、北京、成都、上海、重庆，其中榜首武汉获赞超过83亿次。抖音可以说见证了全国旅游市场在新冠肺炎疫情得到有效控制之后的复苏。城市文化和城市魅力通过短视频平台的呈现和传播，逐渐展现出区别于其他城市的文化魅力，与用户形成情感联结，融合成具有情感性质的综合感受——“地方感”，推动了城市形象传播。

地方感是人文地理研究的一个重要概念。20世纪70年代，人文主义地理学者段义孚将“地方”引入人文地理学，提出“地方感”包含两层含义：地方自身固有的特性（地方性）和人们对这个地方的依附感（包括城市依恋及城市认同），并指出了“地方感”的影响来源：空间的地理特点和在日常生活中无意识地积累起来的个人体验和经历。[1]当人们把自身情感和审美意识有意或无意地投射在某个地区或城市时，这个过程就形成了“地方感”。唐文跃从整体角度提出地方感是人们对特定地理场所的信仰、情感和行为忠诚的多维概念。[2]而美国学者斯蒂尔（Steele）从人与地方的关系出发，认为地方感是人与地方不断互动的产物，是人以地方为媒介产生的一种特殊的情感体验，在这个体验过程中，“地方”逐渐成为人整体情感的一部分。[3]从这些学者的定义中可以看出，“地方感”就是人对某个地方产生体验和感觉，进而发展成人与特定地方的情感联结关系，体现了人们对于该地方的情感依恋和价值认同。

“地方感”的实质是从人的感知、情感和价值观等角度探讨人与环境的关系。大众传播时代，人通过大众媒体感受社会环境，即“拟态环境”对人产生重要影响；到了新媒体时代，各种新兴媒体重塑人和环境的关

---

[1] 宋秀葵. 段义孚人文主义地理学生态文化思想研究［D］. 济南：山东大学，2011：33.
[2] 唐文跃. 地方感研究进展及研究框架［J］. 旅游学刊，2007，(11)：70.
[3] STEELE F. The Sense of Place［M］. Boston，MA：CBI Publishing，1981：24.

系，短视频平台成为人们信息传播和情感交流的重要阵地，也为城市“地方感”的塑造和传播提供了重要载体和渠道。短视频不断生产网红城市的过程，也是在不断构建不同城市“地方感”的过程。

二、网红城市“地方感”的塑造

1. 内容变迁：媒介地方性表达的维度变化

在传统的人文地理研究中，地方性维度主要有四个：地方的自然特征、特殊物产、特殊历史事件和节庆、特殊的人物和建筑物。❶ 在短视频平台中，横向的空间展现是如今短视频城市地方性的主要呈现内容，短视频碎片化的特性限制了对于城市纵向历史的地方性符号的传播，用户通过短视频平台对于城市地方性的感受更多的是一种直观的、具有冲击性的、带有娱乐化快感的过程。2018 年，在抖音与清华大学城市品牌研究室发布的《短视频与城市形象研究白皮书》中，城市形象在抖音的符号载体总结为 BEST，即 BGM—城市音乐、Eating—本地饮食、Scenery—景观景色、Technology—科技感的设施。❷ 在短视频平台中，通过这几种符号不仅能单独形成一条视频内容，更能相互结合，呈现一段段生动的城市影像片段。

在 UGC 的传播机制下，短视频对于城市形象的呈现打破了以往依靠政府、媒体等官方部门的以上传下的宣传通道，通过用户自发地上传视频，进行点赞、评论，形成话题热点，在这个传播过程中，地方性维度的符号载体发生了前所未有的拓展和转变。重庆凭借特殊的“李子坝穿楼轻轨”、洪崖洞、重庆火锅等特色城市符号在短视频平台中充分展现了其重庆特色，成为近年来当之无愧的网红城市。重庆在短视频平台的“走红之路”中，城市景观和美食的视频量远远超过了关于重庆历史文化、事件、

---

❶ 邵培仁．地方的体温——媒介地理要素的社会建构与文化记忆［J］．徐州师范大学学报，2010（9）：146.

❷ 抖音，头条指数，清华大学国家形象传播研究中心城市品牌研究室：短视频与城市形象研究白皮书［EB/OL］．(2018-09-11)［2020-10-09］.https：//www.sohu.com/a/253293179_817743.

传统节庆的内容。另外，短视频把音乐与影像的结合作用最大化，城市音乐也成为城市形象符号的重要组成部分，这也是新媒体时代地方性表达前所未有的变化。

相较之前根据亲身体验潜移默化形成的“地方感”，通过媒介间接塑造的“地方感”受媒介本身特性的影响，符合媒介传播特性的内容更容易获得较高浏览量，受到大众关注。因而媒介地方性的内容维度也发生了相应的变化，但归根结底地方感探讨的依旧是人与环境的关系，落脚点在于人对地方的“感情”。

2. 想象的地理：网红城市的认同建构

在短视频用户使用媒介的过程中大部分人对于网红城市的实际接触较少，甚至很多人从未到过该城市，但这并不妨碍用户对城市的认知。这便是一种“想象”，基于一定基础上对城市本身产生的想象。这种根据媒介内容形成的“想象”是受众认知城市形象进而形成城市地方感的一个重要过程之一。大众媒介提供了一种共同阅读的“仪式”与过程，帮助人们建构起“虚拟的实体”和“想象的共同体”，使千百万陌生人形成相似的印象，并在此基础上建构起一个“想象的地理”。[1] 大众媒介在这个过程中，担当了构建“想象”的中间角色，潜移默化地塑造了地方在媒介的特点、形象，因而受众在从未接触地方时就能对地方进行认知，产生对“地方”类似的想象。这种对于地方的共同想象，是大脑接收到关于地方的信息所形成的综合反应，是媒介内容趋同的情境下所导致的必然结果。

在当下的新媒体时代，短视频的传播跨越时间、空间的界限，构建了人们对于网红城市的认同和向往。人们“地方感”的形成不再仅仅基于对环境的真实体验，而是可依赖于媒介的二次加工，转变成用户对于文字、视频、音乐等媒介产品的感受。与现实环境不同的是，短视频对于真实环境的展现是有限的，是带有他人主观意识创作出来的。创作者根据自己的

---

[1] 邵培仁，杨丽萍．媒介地理学［M］．北京：中国传媒大学出版社，2010：9.

主观想法进行素材选择，通过短时间的镜头变化、场景切换进行叙事，再加上后期音乐、文字的添加、剪辑，力求吸引受众，获得更高的浏览量和关注度。在这些镜头语言修饰下，短视频中城市形象的呈现必然会被美化加工，再加上抖音、快手大数据的精准推送，短视频呈现的符号堆砌成用户对于网红城市的美好幻想。这就导致了城市形象在短视频平台的塑造过程，往往也是被符号化、标签化的过程，生活的真实逐渐被虚拟的符号所替代，许多网红城市的媒介形象美好但片面，由一个个有趣的“热点”拼接、融合而成，成为人们脑海中营造的“乌托邦”。

3. 多元视角：地方感塑造的活力和补充

多元视角的碰撞与拼合，不仅减少了“地方感”传播过程中的传播隔阂，还使城市形象的传播主体更加全面。新媒介的出现虽然会使地方感形成产生变化，但“回到地方”依旧是人与地方建立情感联结的主题，新媒体带来的并不是地方感的消解，而是在新媒体用户的互动过程中经历了模糊再建立的过程。[1] 从西安的“不倒翁”小姐姐到重庆的“李子坝穿楼轻轨”，无数的城市符号一批一批地出现在热点里，无数游客为短视频中的符号场景而来。游客所带来的去本地化的多元视角，很大程度上消解了陈述主体和接受客体身份对立导致的互动双方（或诸方）对于“情景定义”不可避免的认知冲突，短视频平台便捷、即时的传播特性有利于快速消解互动双方的信息差，形成城市易传播、易理解的“情景定义”，进而帮助城市形成整体的、全面的形象表达。

短视频平台形同沟通交流的公共空间，本地人和非本地人通过发布内容、评论点赞，交流想法，促成新的空间意识形成。在这个过程中，很多本地人觉得平淡无奇的地方特色被挖掘，成为新的网络讨论话题，扩展了城市地方性的多样化。本地与外地、个人与官方，甚至是不同领域自媒体的挖掘创作，不同主体从不同视角出发，形成对城市方方面面多样性、多层次的表达，短视频平台的多元视角为地方符号和热点的挖掘提供新的活

---

[1] 徐翔．网络文化提升城市认同的路径探析［J］．城市观察，2012（2）：156.

力。多元视角使城市形象的呈现更全面、客观，推动用户对城市的立体性解读和感受，成为地方感塑造过程中的重要构建机制。

三、网红城市“地方感”的传播

1. 叙事过程：故事化的阐释与情感化的共鸣

通过故事化的凝练烘托氛围，是从情感和认知两方面达到用户对于城市的“地方感”感知的重要叙事手段。最初用户仅仅对具有地方符号性素材技巧性地选取，加上蒙太奇的剪辑手法、背景音乐的渲染，完成对城市内容的展现，到后来随着抖音用户的快速增长，单一的内容已经满足不了受众的需求，创作者们在叙事模式、表现手法等方面逐步形成新的形式与特征，最终形成了故事化的内容阐释。

在自媒体“秋圆圆带你吃成都”发布的“太古里隔壁的蛋烘糕爷爷”内容中，通过买蛋烘糕而进行与人物对话的形式塑造了蛋烘糕老爷爷的“人狠话不多”、实诚的成都人人设，成为代表性的爆款城市短视频之一，获得了 162 万的点赞量。相比蛋烘糕，老爷爷浓浓的川渝口音和成都人的随性性格更是把视频推向热门的首要因素，拉近了受众与这位成都老爷爷的心理距离，构建了受众对于“成都人”“成都美食”的印象，这些人物形象、情感触动最终都转化为对“成都”的认知和感受。在城市短视频的传播中，挖掘和包装地方要素背后的人物与故事，蕴含浓浓人文情怀的视频内容往往更能受到用户的青睐。在这类视频中，通过营造仿佛与人物面对面的“在场氛围”，短短的几十秒就能传达给受众生动的情感体验，拉近城市与受众的心理距离。

城市短视频在叙事过程中往往从日常生活的微观视角出发，在叙事过程中注重把握情感的共性，重视与受众的情感联结，在这个过程中，“地方感”搭载着“人情味儿”在短视频平台传递。地方感在短视频平台的传播并不仅仅是城市形象的塑造和城市文化符号的简单呈现，更蕴含着人们对于地方的情感依赖和认同。对于之前没有实质性联系的用户来说，氛围和情感的共情是快速联结陌生城市的捷径，而对被传播对象本身就具有情感联结的用户，短视频对于地方感的重塑和传播作用会更强，人们本身的地方认同和情感维系在短视频传播后会进一步巩固和放大。尤其在人口大量流动的当今社会，“回不去的家乡”成为普遍的现象，在素材的选择中，乡音、童年回忆、家乡标志性的地理建筑等简单的选题就能勾起受众对于家乡的集体记忆，短视频对于家乡的呈现，更能形成一种集体共鸣，唤起人们对于地域性社群身份的情感认知。地方感本质就是一种情感联结，只有挖掘城市形象的内涵共性，引发情感共鸣，才能真正使用户塑造起城市“地方感”，使城市形象在短视频平台的传播效果更持久、更有效。

2. 呈现方式：符号化分解和拼图式建构

城市形象在短视频平台传播过程中难以通过单一视频全面系统的表达，注定造成城市特性被分解成符号化、碎片化的呈现。这是由于短视频平台的视频时长限制造成了短视频碎片化的特性，不到一分钟的短视频可能只能突出某处景色或城市特殊场景，再加上用户大部分不是专业媒体从业人员，无法做到系统、全面地介绍城市文化，他们能做的只是把浅层的经历和感受表达出来。当某一个短视频出现爆红的现象时，其他的用户就会进行模仿，再通过大数据的推送机制，这就形成了短视频平台中“网红城市”符号化、病毒式的传播模式。在快速的工业化进程中，受到城市化发展的挑战，各个城市的地方特色慢慢消失，被统一的城市现代化文明所替代，在这个过程中，“地方”的边界逐渐消减，人们对于地方的身份认同也在弱化。所以，“地方”在短视频平台传播的过程中，传播内容在被迫碎片化、符号化的同时，可能也是打破城市的同质化、重新强化地方符号、塑造城市差异性的过程。

短视频的这些符号化的分解在用户的接收过程中最终又回归到人们对于城市整体形象的记忆与强化，在这个过程中完成对城市的拼图式的整体认知。短视频打破了传统城市形象传播中由官方媒体主导的模式，打破了自上而下的单向性，人人皆可创作传播。这使用户能随时随地记录城市生活场景，把城市的魅力和人情味凝结在镜头中，实现从细节延伸阐释城市整体的特色文化、标志景点、风土人情，再整合成一幅更具人情味和亲切感的城市文化画卷。这种前所未有的个人视角下的拼图式传播，满足了城市形象传播的复杂性需求，为城市形象的构建和确认丰富了传播范式。❶

3. 传播终端：场景建构扩展城市空间

目前，移动短视频构建虚拟环境依旧主要依靠符号化，无论是文字符号，还是影像符号、声音符号，视频作者通过利用自身空间符号的堆砌构建场景，用户通过符号间接体验世界，认知城市文化，从而形成城市地方感与城市认同。这个城市空间在媒介“拟态化”的过程中，短视频虽然进行了加工修饰，但并非与城市的实际空间属性完全冲突，在传播的过程中短视频逐渐在城市的地方逻辑的承载与延伸中扮演着越来越重要的角色，融入人们对城市主体的“地方感”和城市认同的有力构建中。❷

场景不单要剖析空间和环境，重要的是剖析基于这个环境之下用户的心理、实时行为，从而了解用户的需求，为用户提供相应的服务和满足。短视频平台中创作者对于城市文化和城市形象的创作和传播，加上平台对用户需求的精准推送，场景的构建扩展了城市空间的延伸范围，构建了非本地人的空间想象，大大延展了“地方感”在新媒体的传播范围。短视频通过场景建构，打破了用户的生活惯性，用视频的呈现联结了现实与传播对象城市的空间，满足了用户对于生活空间扩展的需求，不同城市、不同场景带来不同的生活方式，为人们日常生活带来更多有可能的憧憬和想象。“地方感”在短视频时代的塑造和传播过程中早已不仅仅是被动、潜在的接收，更是人们在媒介时代中的主动探寻，是一种全新的跨时空、跨地域的情感联结模式。

---

❶ 谭宇菲，刘红梅 . 个人视角下短视频拼图式传播对城市形象的构建［J］. 当代传播，2019（1）：96.

❷ 彭兰 . 场景：移动时代媒体的新要素［J］. 新闻记者，2015（3）：23.

城市文化系统传播

科幻产业和城市创新文化的融合和发展 *

金韶 **

摘 要 科幻和创新文化具有渊源关系，二者都是文化和科技的融合，科幻作品中的城市景观和现实生活的城市空间相互映照。科幻产业的发展能够聚集城市的文化、科技和人才资源，助力打造城市创新空间和创新型城市品牌。国内科幻产业发展迅速，北京、成都、深圳等城市通过发展科幻产业来加快建设创新型城市。科幻产业的发展，将培育更多具有中国特色的科幻 IP，在加强城市乃至国家的形象塑造和传播，促进城市更新，带动城市经济发展和文化繁荣上发挥越来越重要的作用。

关键词 科幻 创新文化 科幻产业 创新型城市 城市更新

科幻产业反映国家和城市的科技创新和文化发展水平。近年来，我国的科幻产业发展迅速，从刘慈欣《三体》的火爆，到电影版《流浪地球》的热映，科幻文学和影视蓬勃发展，科技和科普传播日益兴盛，再加上新技术的进步和“科幻十条”政策的推动，中国科幻产业迎来发展机遇。北京、成都、深圳等城市都在大力发展科幻产业，吸引人才、资源和资本，

* 本文系北京市社会科学基金研究基地项目“北京创新文化的建设路径和传播策略研究”（18JDXCB001）的研究成果。

** 金韶，女，传播学博士，北京联合大学应用文理学院副教授，主要研究方向为影视传播、新媒体。

把科幻产业作为促进城市经济、科技、文化发展的新兴主导产业。打造创新型城市品牌，是国家推进城市建设和发展的重要战略。本文首先分析科幻和创新文化二者之间的关系，再分析科幻产业和城市创新文化之间的相互促进和相互融合，进而研究科幻产业和城市创新文化的未来发展。

一、科幻和创新文化的渊源关系

1. 科幻是饱含科技想象和创新思维的文化

科幻，英文原意是“科学小说”（science fiction），后来发展成“科技”（science and technology）和“幻想”（fantasy）结合的创作形式[1]，主要包括科幻小说和科幻影视两种形式。科幻是伴随19世纪的科技发展而兴起的文化样态，是对科技时代的新的哲学解读。[2]一方面，科幻作品的基础是科技，是以科学原理为依据，以技术应用为道具，用文化形式呈现科技成果和未来世界，具有科学传播的特征。另一方面，科幻作品不是科教片，而是艺术化的创作形式，是对科技影响的现实或未来世界的反映、批判与超越。科幻提供给人们的不仅是科学知识，更是反思科学、反思世界的思维方式，具有意识形态和文化建构功能。科幻既让我们感受到科技带给世界的进步，又启迪我们批判性地思考人类生存状况和未来命运。

2. 创新文化是科技与文化的融合

人类社会的大文化系统包括人文文化和科学文化，随着二者的不断发展和融合，创新文化诞生了。学界对“创新文化”的含义有多种阐释。陈宇宙认为，创新文化是由创新思想（观念）、创新制度和创新行为等或隐或显多种因素组成的综合形态；[3]金吾伦认为，创新文化是与人类创新活动

---

[1] 黄禄善．是“科幻小说”，还是“科学小说”？[J]．上海科技翻译，2003（4）：42-43.

[2] 邬晓燕．科幻小说：科技时代新的解读方式[J]．自然辩证法研究，2007（5）：105.

[3] 陈宇宙．创新文化的内涵、模式及其建构[J]．内蒙古农业大学学报（社会科学版），2010（1）：203.

相关的文化形态；[1] 王汉林认为，创新文化是在技术领域激发人们自主创新的文化，是科学精神和人文精神的融合。[2] 由此可见，科技是创新活动实现的外显的物化成果，而文化则是激发创新的精神内核和文化土壤。20 世纪中叶以来，美国发展成为世界科学中心，以硅谷为代表，开创了大学和企业联合的创新模式，焕发出强大的创新活力，培育出大量科技成果，其成功源于“鼓励冒险、宽容失败”的创新文化氛围。[3] 北京的中关村地区素有中国“硅谷”的美称，聚集了政策、资本、科技公司、高校、科研院所及海归人才等多种创新资源和要素，形成了鼓励创新的环境，成为北京的科技创新高地。

3. 科幻和创新文化的渊源

科幻和创新文化的渊源，首先体现在二者都是文化和科技的融合。科幻创作直观展现了人类的科技成果，发挥着科技传播的功能，能够增强人们创新意识，激发人们探索未知、批判现实、思考未来，促进社会的创新发展。而创新文化能够促进一个国家和地区的创新活动，培养公众的创新意识和能力，提升创新生产的效率和效益，加快创新成果的转化和应用。

科幻和创新文化的渊源，还体现在二者的发展基本同步。进入 21 世纪，我们国家推出“科教兴国”战略，建设科技强国；又推进文化体制改革，将文化产业作为国家战略性产业；2012 年以来，科技部、文化部和广电总局联合推进文化科技融合，创新文化快速兴起并发展起来。在国家层面，创新文化得到领导人的高度重视，习近平总书记指出，“创新是引领发展的第一动力”，“要在全社会积极营造鼓励大胆创新、勇于创新、包容创新的良好氛围”，“坚持用创新文化激发创新精神、推动创新实践”。[4] 在产业层面，科幻产业快速发展。刘慈欣的《三体》系列从 2008 年到 2011

[1] 金吾伦 . 创新文化的内涵及其作用［J］. 现代企业教育，2005（2）：10.

[2] 王汉林 . 略论创新文化建设［J］. 科学经济社会，2006（3）：86–87.

[3] ［美］阿伦 · 拉奥，皮埃罗 · 斯加鲁非 . 硅谷百年史［M］. 闫景立，侯爱华，译 . 北京：人民邮电出版社，2016：23.

[4] 李军 . 让创新在全社会蔚然成风——学习习近平总书记关于创新思维的重要论述［N］. 学习时报，2018–01–22.

年连续出版了三部，引发了科幻出版热。2017年电影版《流浪地球》开拍，2019年年初上映后票房突破40亿元，引发了科幻影视热，全国的科幻产业进入发展“黄金期”。

二、科幻产业和城市创新文化的融合促进

1. 科幻的城市景观和现实城市的发展观交融

科幻作品尤其是科幻电影着力呈现科技塑造的城市景观，并融入对科技发展的哲学思辨。比如，《银翼杀手》中呈现的纽约，钢铁丛林般的摩天大楼和灰暗杂乱的贫民窟形成鲜明对比；《黑客帝国》的主要场景是由数字矩阵创造的虚拟城市“锡安”，是对现实社会中城市高度发达的信息技术网络的逼真呈现；《流浪地球》先后出现北京、上海、杭州等城市，既突出拯救城市的故事主线，又激发人们的家乡情结，为拯救和捍卫地球家园的科幻主题作了铺垫。

科幻电影在对未来世界的想象中生产出一种具备共性特质的都市形态，城市成为科幻电影中关于数字技术的具象化符号和空间哲学。[1]科幻电影和城市景象的虚实交融，让人们既感受到科技为城市生活带来的高效、品质和便捷，又反思科技异化带来的生存焦虑和环境危机，启发人们对科技进行合理应用和风险规避，对城市进行良性开发和可持续发展。在现实反思和未来探索中不断创新，是科幻作品的核心思想和主题基调，而这也正是现代社会和城市发展所需要的创新文化。保卫家园环境、传承家乡文化、实现创新发展、提升市民的生活幸福感，这也是我们国家促进城市建设和发展的理念。无论是鼓励科幻创作，促进科技传播，还是加快城市建设，都秉承以人为本、良性开发和可持续发展理念，关注人文精神、情感需求和心理体验，实现人、时空、资源、环境的和谐共生与协调发展。

---

[1] 祝明杰．赛博朋克电影的城市空间图景［J］．当代电影，2020（8）：41–42.

2. 科幻产业助力打造城市创新空间

北京作为首都，既有深厚的文化底蕴，又有现代化的科技资源，聚集了各种创新要素，打造了多层次、多维度的城市创新空间。2017年《北京城市总体规划（2016年—2035年）》明确了北京的“四个中心”战略定位，即政治中心、文化中心、国际交往中心和科技创新中心；同年，北京市委书记蔡奇在全国文化中心建设领导小组会议上解释了首都文化的内涵，即古都文化、红色文化、京味文化和创新文化。创新文化联结了北京作为文化中心和科技创新中心两大定位，推动了北京的城市建设和发展。

北京的创新文化资源，在海淀区拥有中关村高新科技产业，在朝阳区拥有丰富的文化人才和产业园区，从CBD的央视新址和北京电视台，到望京的文化产业园，再到中国传媒大学和国家动画产业基地，将文化资源和新媒介技术结合，打造了创新产业集群。石景山区依托首钢园，建设“科幻之城”，举办2020年中国科幻大会，将发展科幻产业作为区域发展战略。首钢园将大规模引进科幻人才、技术和资本，发挥工业空间、数字科技、冬奥会品牌等资源优势，打通产业链上下游企业，引入科幻制作企业，举办科幻交流活动，开展科幻论坛会展，搭建版权交易平台，打造中国科幻的创新展示空间和产业基地。

3. 科幻产业推动创新型城市建设

目前，在全国范围内，成都、北京、深圳都在大力发展科幻产业，加强创新文化建设，打造创新型城市，被列为“中国科幻城市榜”前三名。[1]成都早在1979年就创办了被誉为中国科幻作家大本营的《科幻世界》杂志社，在21世纪设立了国内最有影响力的科幻文学奖项“中国科幻银河奖”，连续三次成功举办国际科幻大会，近几年更是投资建设科幻影视硅谷，极大提升了其作为“中国科幻之都”的城市品牌影响力。深圳作为特区城市，具有高新技术产业发展的良好基础，以科技和文化立市，形成了

[1] 新浪财经．中国城市科幻指数发布：成都、北京、深圳居全国前三［EB/OL］．［2020-10-10］.http：//finance.sina.com.cn/china/2019-11-22/doc-iihnzahi2589242.shtml.

比较完善的科幻产业链，设立了国内首个致力于科幻产业发展的科幻公益基金——科学与幻想成长基金，以科幻为核心打造科技文创平台，发展粤港澳湾区的科幻产业。

三、科幻产业和城市创新文化的未来发展

1. 科幻 IP 提升城市品牌传播

科幻产业的核心是 IP 创意。一个好的 IP，能够依托国家、民族或地区的优秀文化资源，运用现代科技手段进行创造性转化，延伸出多元化、系列化的文化科技产品。[1] 一个好的 IP，对加强城市和国家的形象传播起到重要的推动作用。目前国内科幻产业的头部效应非常明显，刘慈欣的三体 IP，近几年都牢牢占据科幻出版、影视、周边市场的绝对优势，而大量科幻作家的小说、科幻网文和网络电影大都处在份额较小的长尾市场，科幻生产力得不到有效的开发、利用和市场转化。三体 IP 的火爆带动了国民对科幻文化的自信，但科幻文化的振兴和科幻产业的健康发展，拓展和激活更多的生产主体，孵化和培育更多的 IP 作品，才能形成健康的科幻产业生态，更好地推动城市文化的品牌形象和对外传播。

2. 科幻产业发展带动城市经济

科幻产业作为文化和科技融合的新兴产业，具有内涵丰富、边界延展的特性，呈现“科幻 +”多元业态的发展，形成“科幻 +”出版、影视、动漫、游戏等科幻内容产业；以科幻沉浸体验为核心，形成“科幻 + 娱乐”（科幻主题的游乐园、剧本杀、密室逃脱等）、“科幻 + 休闲服务”（科幻主题的餐厅、商场、公园、街区等）、“科幻 + 旅游”（景区、酒店、度假村等）等产业类型。国内剧本杀市场规模已超过 100 亿，其中科幻位列热门题材 Top 2；重庆科幻乐园、青岛东方影都、长春科幻影城等科幻文旅项目经营火爆，吸引了全国游客。以黑科技出名的“失重餐厅”已在全国

---

[1] 向勇．文化与科技融合发展的历史演进、关键问题和人才要求［J］．现代传播，2013(1)：56.

各大城市开了 12 家；北京开了全国首家科幻主题商场 SKP 购物中心，打造独特的科幻消费体验。发展科幻产业将极大带动城市经济的发展，促进招商引资和人才引进，加强创新文化的传播，激发城市的创新活力，形成创新扩散效应，打造城市新地标和新名片，带动城市的文化旅游，建设和发展创新型城市，带动城市经济的发展。

3. 科幻场景营造带动城市更新

随着全国城市化进程加速，城市更新成为优化城市空间、完善城市功能的重要方式。随着“科幻 +”多元业态的发展，科幻元素和科幻场景成为现实生活的组成部分。科幻街景和广告，科幻演出、会展和赛事活动，科幻建筑、园区和城市设计等新业态蓬勃兴起，科幻场景和城市生活融合，形成城市文化新空间和城市经济新消费。成都太古里推出户外裸眼 3D “科幻广告”，成为游客打卡地；青岛 CBD 天幕城推出建筑外体科幻光影秀，点燃城市夜经济；北京石景山首钢园将传统工业基地改造为以高科技研发和展示为主的科幻产业集聚区，以科幻秀场、沉浸演出、科幻会展为特色打造城市新地标。

将科幻场景和城市规划相结合，充分利用建筑、街区、公园、道路等空间进行科幻创意和设计，运用人工智能、虚拟现实、全息影像等高科技手段进行展示，再结合大数据、云计算等技术为城市居民提供交通、商务、休闲等智能化服务，让科幻产业在城市更新中发挥引领性作用，实现科幻发展和智慧城市建设的交融，带动城市经济和文化的发展。

城市社区中老年群体生活垃圾分类知识传播现状及策略

——以北京市D区S社区为例

高胤丰 *　张钧凯 **

摘　要　生活垃圾分类已在各城市逐渐推行。但是对于中老年群体而言，理解复杂的垃圾分类知识及有关制度仍然是一个艰难且漫长的过程。城市社区对于垃圾分类知识传播起到了积极的作用。本文通过混合式研究方法，针对北京市D区S社区的中老年群体展开探索式调查，关注中老年群体垃圾分类知识来源、传播效果、知识掌握程度、垃圾分类行为的情况，分析当前的生活垃圾分类知识传播现状与特点，并提出参考性对策。

关键词　城市社区　中老年　垃圾分类　知识传播

生活垃圾分类的普遍推行与广大人民群众的日常生活环境改善息息相关，同时反映出国家社会治理水平与社会文明发展。2016年年底召开的中央财经领导小组第14次会议将“普遍推行垃圾分类制度”纳入“六大民生工程”。近年来，我国对46个重点城市先行先试推行垃圾分类，已取

---

* 高胤丰，男，文学博士，北京联合大学应用文理学院讲师，主要研究方向为新媒体、网络素养。

** 张钧凯，男，中国人民大学法学院2020级法学硕士研究生，主要研究方向为知识产权法。

得初步成效。习近平总书记对垃圾分类工作也作出重要指示，强调要培养垃圾分类的好习惯，为改善生活环境作努力，为绿色发展可持续发展作贡献。[1]2019年《垃圾分类管理条例》的颁布、各地相关措施的出台，引发互联网用户对于“垃圾分类”的讨论与关注，线上线下共议“垃圾分类”。北京作为46个重点城市之一，具有丰富的垃圾分类实践经验。1957年7月，《北京日报》便对北京城区将全面实行垃圾分类收集进行报道。2020年5月1日，《北京市生活垃圾管理条例》正式实施，加快生活垃圾分类相关工作的部署。

垃圾分类的研究起源于20世纪60年代城市工业化后期所引发的社会资源与环境问题。以德国、瑞典等为代表的西方发达国家通过推动垃圾分类处理与再利用，回应环保主义的时代浪潮，并完善垃圾回收与处理的产业体系。西方学者也致力于通过垃圾分类政策法规研究促进垃圾分类与可持续发展的个体参与及行动，多元治理主体协同发力从而形成城市环境治理的整体生命力。我国关于垃圾分类的学术研究尚处于发展阶段，大多数研究集中关注垃圾分类的意愿态度、政策法规制度、协同治理等方面。生活垃圾分类的信息获取与知识传递依赖全媒体传播而展开，全媒体传播也因此成为环境知识及传播研究的新切口。

在生活垃圾分类的工作中，社区是连接区政府与垃圾产生者的枢纽环节，是垃圾分类组织构架中的关键节点，[2]也是居民垃圾分类知识传播的重要场域。社区的概念最早由德国社会学家滕尼斯提出，并由费孝通先生引介至国内。20世纪90年代，“社区”一词被本土语境挪用，成为“基层社会治理单元的法定称谓”。[3]本文对城市社区的界定，参照《民政部关于在全国推进城市社区建设的意见》，指的是依托居民委员会辖区规模形

[1] 习近平．培养垃圾分类的好习惯 为改善生活环境作努力 为绿色发展可持续发展作贡献［EB/OL］.（2019-06-04）［2020-10-24］. http：//cpc.people.com.cn/n1/2019/0604/c64036-31118117.html.

[2] 陈海滨，余威，刘彩，等．社区居委会在推进垃圾分类投放工作中的关键作用研究［J］．环境卫生工程，2017（4）：2.

[3] 李晓非．拿来、改造、中国式运用——社区概念中国化的思考［J］．学术探索，2012（9）：36.

成的地域社会共同体。城市社区生活垃圾分类治理是具有中国特色的社会工程。

本研究选取北京市D区S社区为调查地点，通过偶遇抽样方式展开调查及访谈，了解社区如何通过全媒体传播形式开展生活垃圾分类知识传播，并试图形成有效的社区知识传播对策。S社区位于北京市东南部，成员结构相对稳定，人员流动性低。社区内生活的居民主要为早年在附近园区工作的员工，退休后仍居住于该社区。S社区现有常住居民1696户，街道办与社区常年举办社区活动，居民参与热情，对社区认同度高。本研究发放问卷120份，回收有效问卷113份，并对12位居民进行了深度访谈。

一、生活垃圾分类知识情况调查

本次调查对象聚焦于该社区内的中老年人，其中40—49岁居民占26%；50—59岁居民占38%；60岁及以上居民占36%。从职业分布来看，调查对象主要是退休人员与全职主妇，占总人数的90%以上。

1. 知识来源

受访者获取生活垃圾分类知识的信息来源多样。其中，传统大众媒体（广播、报纸、电视）占55%，网络媒体（微信公众号、微博、抖音、快手等）占40%，社区宣传（集体宣讲、志愿者讲解、手册、海报等）占82%，亲友宣传占17%，从未了解生活垃圾分类知识的情况为0。说明社区宣传是生活垃圾分类知识的主要来源。

2. 传播效果

研究通过李克特量表请受访者对各类获取生活垃圾分类知识来源渠道的传播效果进行评分。0为不适用，1为效果非常差，2为效果较差，3为效果一般，4为效果较好，5为效果非常好。传统大众媒体（广播、报纸、电视）的平均值为3.3，网络媒体（微信公众号、微博、抖音、快手等）平均值为3.7，社区宣传平均值为4.4，亲友宣传平均值为4.1。对于社区中常住的中老年居民而言，社区传播与亲友传播的效果最好。

3. 生活垃圾分类知识自评

在研究问卷中，研究者请受访者对自身生活垃圾分类知识的掌握程度进行测评，选项1—5分别对应非常不了解、不太了解、一般了解、比较了解、非常了解。在受调查的居民中，63%的居民认为自己非常了解或比较了解，29%的居民认为自己一般了解，8%的居民认为自己不太了解。调查结果反映S社区居民中生活垃圾分类知识的宣传较为到位。

4. 生活垃圾分类行为

在日常生活垃圾的投放过程中，16%的居民会对厨余垃圾、其他垃圾与可回收垃圾进行严格分类并准确投放；60%的居民只参与厨余垃圾的分类，不对可回收垃圾与其他垃圾严格分类；17%的居民会进行可回收垃圾与非可回收垃圾的分类，对厨余垃圾与其他垃圾不太严格分类；3%的居民完全不分类；其他受调查者不参与生活垃圾投放。上述结果反映，尽管大部分居民对于生活垃圾分类行动已具有较强的主观能动性，但是具体执行仍存在“理念上认同、行动上懒怠”的状况，需寻求外部动力与内部动力共同促进生活垃圾分类的行动。

二、社区知识传播特点分析

1. 传统媒体效果有限

大众媒介在知识传播与知识的传承中扮演着重要的角色。尽管互联网向中高年龄人群的渗透率逐年提高，传统媒体受众的老龄化现象依然严重，很多中老年人仍然把每天的报纸、广播、电视作为信息的主要来源。然而，受访者在对生活垃圾分类知识传播的效果评价中，传统媒体的传播效果并不理想。在调查过程中，多名受访者也表示通过传统媒体无法很好地获取生活垃圾分类知识。

在受访者看来，传统媒体更多的是承担意识宣传、构建舆论空间的作用。虽然他们在多年前便已知晓垃圾分类的倡导与推行，但传统媒体的媒介语言与垃圾分类的目标、途径、再利用体系的复杂性之间的矛盾，使传统媒体难以简单、直接、有效地将信息传达给普通受众。受访者认为，媒体报道中常伴随着过多的专业术语，令其只能了解“生活垃圾分类造福地球、保护环境”，而未达成知识科普与传达的效用。生活垃圾分类工作长期停留在试点阶段，也使他们无法很好地理解主动垃圾分类的价值，而难以将垃圾分类行为转变为日常习惯。

此外，广播、电视媒体具有瞬时性，信息短暂，稍纵即逝，难以实现知识的重新习得。尽管互联网已经能够实现节目的点播、回放、转播、归档等功能，但是中老年人无法清晰回忆自己从何处获取过相关知识，更非所有人都善于使用互联网电视的回看功能，传统媒体单向传播的特性未能被突破。另有部分受访者将广播、电视视为伴随式媒体，而非专门的知识获取来源，这也使得传统媒体的传播效果受到限制。

2. 组织传播持续输出

城市社区是城市的基层社会管理单位。社区居民委员会作为基层群众性自治组织，完成居民的自我管理、自我教育、自我服务，推进社区社会生活共同体内基层群众的情感联结与公共生活参与。在社区建设的进程中，逐渐形成了社区组织传播结构。“组织系统运行的不同方向决定了组织传播的纵向、横向、上行、下行之分。”[1]社区组织的生活垃圾分类知识传播，主要通过举办集体宣讲、张贴海报横幅、发放宣传材料、志愿者解说等。

社区居民委员会作为上层部门与基层群众的信息枢纽展开的知识传播活动，相较于传统媒体的直接传达，更能为社区居民所接受。S 社区采用社会工作模式，引入外源性资源载体，与物业公司、环卫公司、社会企业合作构建全程、全员、全息、全效的浸润式人际传播模式，帮助社区内的中老年人养成日常生活垃圾分类习惯。在与受访者的访谈过程中得知，S 社区工作人员以及志愿者在“家庭—垃圾投放处—休闲生活区”

[1] 周建青，刘航．国外组织传播研究知识基础与前沿主题——基于 1999—2018 年英文文献的引文分析［J］．暨南学报（哲学社会科学版），2020（10）：117.

三个场景展开反复、多次的宣讲，确保信息的反馈畅通。组织内人际传播的模式更贴近社区内中老年人的生活场景，符合其媒介使用习惯。在组织内传播过程中，S 社区面向中老年人开展志愿者招募工作。通过邻里亲友间“告知、劝服和对他人提供情感支持”❶，完成生活垃圾分类知识的传播与共融。

3. 网络媒体初绽锋芒

在智慧互联城市发展的时代背景下，多数中老年人开始配备移动智能设备，开启银发网络之旅。在庞大的互联网市场中，微信获得了多数中老年人的青睐。《我国中老年人互联网生活研究报告》中显示，有近半数中老年人会关注浏览微信公众号的文章。❷微信公众号与小程序孕育了微信内独特的媒介生态环境。然而，对作为“数字移民”的中老年群体而言，接触新媒体技术时间晚，信息传播技术（ICTs）认知不足，数字设备应用不熟练，仍然是他们面临“数字鸿沟”所须解决的首要问题。

在受访的中老年人看来，面对海量的互联网信息，他们心中仍有疑虑。由于网络素养不足，难以对生活垃圾分类专业信息进行甄选与辨别。因此，他们更加倾向于信任以政府为主体的垃圾分类知识传播信息来源，如街道办微信公众号、所在区微信公众号等。然而，以政府为主体的公众号传播无法做到垂直化、精细化，且多数文章聚焦在政策讲解及正面事例报道等，对于中老年群体的使用门槛设置仍然较高。

相较于微信公众号，小程序的设计更加贴近中老年群体的使用习惯。“北京市垃圾分类宝典”小程序获得了许多受访者的认可，他们认为小程序使用简单，界面设置清晰，设计符合中老年群体的使用诉求；“国务院客户端”小程序也有“垃圾分类”的专门入口，并可以对所处城市进行选择，查看当地垃圾分类的具体政策与标准。

---

❶ 王怡红．论“人际传播”的定名与定义问题［J］．新闻与传播研究，2015（7）：121.

❷ 田丰．我国中老年人互联网生活研究报告［EB/OL］．（2018-03-03）［2020-10-24］．http://tt.cssn.cn/zk/zk_rdgz/201803/t20180322_3883873.shtml.

三、反思与展望：生活垃圾分类知识传播对策

1. 传统媒体改变叙事策略

长期以来，传统媒体通过对生活垃圾分类知识的宣传、普及，帮助普通民众塑造了环境保护与生活垃圾分类的意识，构建了可持续发展的绿色舆论场。然而，中老年受众对于传统媒体的叙事结构已经呈现出疲态，他们无法通过传统媒体获取到更为丰富的外延信息。

因此，传统媒体需要在原有内容的基础上，增加新的栏目。例如，通过系列专题片、纪录片等完成生活垃圾分类后端的科普性教育功能。《肮脏的城市》《垃圾围城》《塑料围城》等纪录片均以受众为本位，通过直观通俗却又触目惊心的视听语言，在较长的时间内能够较为清晰、深入地进行系统性描述，适用于不同文化水平的中老年群体，让其对生活垃圾分类的目的、意义与价值产生更为直观的认知，以此促进中老年群体生活垃圾分类的意愿与行为。此外，专题性的内容更适合于视频的在线归档与回看，并与互联网电视联合，设立环境保护专门频道。

专业内容的制作对媒体工作人员提出了较高的要求。媒体及从业人员的职业和环保专业素养、媒体独立因素与自律机制因素等，都有可能造成环境保护舆论场的异化，[1]需要媒体工作人员、环境学者、社会组织合力，谋篇策划，挖掘主题，创新叙事策略。

2. 人际传播增加应用场景

组织内传播的人际传播在 S 社区中取得了良好的效果。社区内中老年群体常在社区的公共空间（如休闲广场、生活超市、便民服务点等）扎堆，在社区社会生活共同体中形成非结构化的小型聚落，开展日常性的人际交往活动。目前，社区开展生活垃圾分类知识传播仍处于组织内人际传播的初级阶段，即由社区工作人员与志愿者向社区居民的日常生活场景渗

---

[1] 吴柏林，许星伟．环保传播舆论场域研究：媒体与公众二维视角［J］．中州学刊，2014（3）：175.

透。然而，社区工作人员与志愿者人数相较于社区常住住户而言比例偏低，部分社区内小区数量过多，难以确保点对点的知识传播。组织内的人际传播应当通过提高社区居民的主体参与意识和积极性，采用同伴教育与家庭传播，完善生活垃圾分类人际传播链条。

同伴教育发源于澳大利亚，系指利用年龄相仿、社会背景相近的群体趋向性开展教育的方式。在近年的发展中，同伴教育已经被广泛应用在社区居民生活方式干预等社会发展领域内。[1]社区借鉴同伴教育的模式，通过对一批志愿者居民进行科学、系统培训后，鼓励他们在日常生活场景中，将生活垃圾分类的相关知识润物细无声地嵌入在对话里，避免在此过程中出现地位不平等与说教形态。

家庭传播是从人际传播与群体传播中剥离出来的新的传播学研究方向，研究问题贴近现实生活，关注家庭成员间的信息流动，以及“家庭如何在话语中共同构建、协商和合法化”[2]。通过家庭传播，生活垃圾分类得以成为家庭成员的共识，认可生活垃圾分类这一特殊符码背后的深层意涵，使家庭成为生活垃圾分类的基本单元与治理主体，合力推动社区社会生活共同体的分类。

3. 网络媒体深耕专业服务

伴随移动互联网的普及，各类网络媒体也成为社区垃圾分类宣传与治理的重要工具。在生活垃圾分类的知识传播过程中，各级政务传播主体应当联合企业、媒体与环保组织，实现资源对接，合力搭建专业的生活垃圾分类信息传播平台，扩充相关知识内容的传播体量。社区主导的网络内容生产应当快速寻找到自身的平台定位，找准社区生活垃圾分类知识的传播入口，提升内容的贴近性、科学性与生动性。

在“互联网 +”与智慧城市的发展契机下，社区生活垃圾分类知识传播还可以借力数据服务完成。例如，S 社区与 J 企业依照北京市“两桶

---

❶ 李敏，柏玉萍，吕洋，等 . 老年冠心病患者同伴教育研究现状［J］. 中国老年学杂志，2013（2）：483.

❷ 朱秀凌 . 家庭传播研究的逻辑起点、历史演进和发展路径［J］. 国际新闻界，2018（9）：32.

一袋”分类模式，向居民免费发放生活垃圾分类工具，并通过二维码绑定J企业建立的个人绿色积分账户。居民每日只需将垃圾桶放置于指定位置，由社区工作人员分拣与记录居民生活垃圾分类情况。面对投放错误的情况，社区工作人员将通过拍照上传与标签提示的方式，对居民进行及时的垃圾分类投放反馈。对于多次分类错误、重复分类错误者，社区通过线上、线下合力的方式，与个人取得联络，进行宣传教育与知识传播。后台工作人员也可以针对月度出错频次较高的错误分类现象，采取有针对性的公众号内容发布。

个人绿色积分账户系统除了根据居民生活垃圾分类实施情况设置奖惩机制，以积分易物提升生活垃圾分类的意愿，还设置垃圾分类日历、社区达人榜与社区总榜，提升社区居民的成就感与归属感。系统内充分植入生活垃圾分类资讯、误投案例等，全方位、多层次建构社区居民个体知识获取体系。

结　语

本研究对北京城市社区中老年生活垃圾分类知识传播状况进行探索性的研究，认为中老年群体对于组织传播及以政府为主体的网络媒体传播更为信任，传播效果更佳。相较之下，以中老年群体为受众主体的传统媒体力有不逮。针对当前的状况，本研究继而提出相应的传播对策。

但是本研究在调查过程中还存在一些不足之处。例如，S社区具有一定的特殊性。S社区所在的D区不属于东城、西城、朝阳、海淀等大区，人口密度更小，人口结构更稳定，社区更容易开展组织工作。此外，由于调查周期限制，有待今后开展更加细致深入的研究，促进北京社区中老年群体生活分类知识传播。

北京地区高校大学生传统文化典籍阅读情况调查研究 *

穆常昊 **　　纪凌云 ***

摘　要　传统文化典籍承载着祖先的智慧和中国优秀的传统文化，每个中国人都应当了解。当代大学生作为祖国未来建设的中流砥柱，更有必要对优秀传统文化典籍进行认真研读。为全面了解当代大学生中国传统文化典籍的阅读现状，本研究选取北京地区 20 所高校开展问卷调查，本文对问卷调查结果进行详细分析，并在此基础上对如何有效推动大学生传统文化典籍阅读提出建议。

关键词　北京地区　大学生　传统文化典籍阅读　建议

一、调研背景

党的十八大以来，以习近平同志为核心的党中央发表了一系列关于中华优秀传统文化的重要论述。习近平总书记指出："优秀传统文化是

* 本文系北京联合大学 2019 年"启明星"大学生科技创新市级项目"北京地区高校大学生传统文化典籍阅读情况调研"的研究成果。

** 穆常昊，男，北京联合大学应用文理学院新闻与传播系汉语言文学专业 2016 级本科生。

*** 纪凌云，女，文学博士，北京联合大学师范学院中国语言文学系讲师，主要研究方向为汉语历史语法、语言规划。

一个国家、一个民族传承和发展的根本，如果丢掉了，就割断了精神命脉。”❶中华优秀传统文化是中华民族的“根”与“魂”。传统文化典籍作为优秀传统文化的重要载体，每一个当代大学生都应当认真研读和深入了解。

为了全面了解当代大学生传统文化典籍的阅读现状，我们选取北京地区的高校开展问卷调查。这是因为：首先，北京作为首都和文化中心，是全国高校最为集中的城市，开展问卷调查相对比较方便，能够获取足够多的调查样本；其次，北京地区高校大学生来自全国各地，其传统文化典籍的阅读情况可以在很大程度上代表全国大学生的基本情况。

二、调研概况

我们在北京地区共选取20所高校，涵盖部属院校和市属院校，以线上和线下相结合的方式开展问卷调查，每所高校的目标样本为400份，最终共收回7171份有效调查问卷。

调研对象的性别占比情况是：女性占52.9%，男性占47.1%。

调研对象的年级组成及其占比情况是：一年级占35.12%，二年级占14.31%，三年级占12.96%，四年级占21.08%，研究生占16.53%。

调研对象的专业学科类别及其占比情况是：理工科占32.82%，艺术类占28.80%，文史类占15.03%，财经类占8.83%，语言类占6.16%，师范类占4.64%，政法类占3.27%，医药类占2.51%，农林类占2.40%，体育类占2.34%，民族类占2.09%。❷

❶ 习近平.在纪念孔子诞辰2565周年国际学术研讨会暨国际儒学联合会第五届会员大会开幕会上的讲话［N］.人民日报，2014-09-25.

❷ 专业学科类别占比总合为108.89%，超过100%，是因为有的被调查者勾选了两个选项，如同时勾选了文史类和师范类、文史类和语言类、语言类和师范类。

三、调研数据分析

调查问卷共设计了 17 个问题，其中 10 个问题是有关大学生基本阅读情况的，7 个问题是专门针对传统文化典籍阅读的。下面分别对这 17 个问题的调研结果进行统计和简要分析。

1. 调研对象每天的平均阅读时间

占比最高的阅读时间为 1—2 小时，占 53.43%；阅读时间少于 1 小时的占 23.37%；阅读时间为 3 小时以上的占 13.31%；阅读时间为 2—3 小时的占比最少，为 10.01%。高校大学生每天平均的阅读时间并不乐观，有接近 1/4 的人每天的阅读时间不足 1 小时。那大学生每天除了上课，大量的时间都用去做什么了呢？大部分大学生的答案是：打游戏、谈恋爱、兼职、玩手机、购物、旅游和睡觉。

2. 调研对象每月的平均阅读量

占比最高的是阅读 1 本以下，占 38.92%；阅读 5 本以上的，占 32.88%；阅读 1—3 本的，占 14.85%；阅读 3—5 本的，占 12.98%。可以看到，读书多的人占近 1/3，读书少的人也超 1/3。

3. 调研对象阅读的主要渠道

占比最高的是图书馆借阅，占 37.72%；网上下载或在线阅读，占 25.08%；其他渠道，占 16.49%；自己购买，占 12.62%；在书店阅览，占 8.10%。由于纸质书的价格较贵和不便于随身携带，选择图书馆借阅和电子版本阅读的大学生超过了六成。但是由于纸质书对于眼睛的损害远远小于电子产品，还有一部分学生认为纸质书更有阅读的实体感觉，这使图书馆借阅的比例仍然是最高的。

4. 调研对象最常用的阅读方式

居前两位的是手机 App 和电子阅读器，占比分别为 28.88% 和 28.05%；第三位纸质书，占 25.38%；第四位报纸杂志，占 15.55%；还有 2.56% 的受访者选了“其他方式”。随着网络信息技术的发展，越来越多的人选择使用手机 App 和电子阅读器阅读，这一结果在预料之中。从调研数据中可以看到纸质书还是具有一定生命力的，虽然受到电子阅读的挤压，但可以断言纸质书是绝不会消失的。相较于纸质书，报纸杂志的电子化似乎是其未来的命运，因为纸质的报纸杂志时效性远不及手机App，其传播范围也受到载体的极大限制。

5. 调研对象阅读的书籍类型

占比从高到低依次是：网络小说，占25.79%；专业类书籍，占24.15%；流行文学，占23.02%；传统典籍，占21.06%；其他，占7.10%。各类书籍的占比较为平均，说明大家的需求和兴趣还是比较多样的。

6. 调研对象阅读的书籍内容

占比最高的是文学艺术类，占28.04%；史学类，占20.85%；社会科学类，占15.96%；自然科学类和哲学类分别占11.70%和11.49%；还有6.80%的受访者选择了“其他”。文史类的书籍阅读起来没有什么门槛，占比最高。社会科学类、自然科学类和哲学类相对专业，具有一定的阅读门槛。调查发现还有一些学生喜欢刑侦、玄幻、数学、宗教、军事、旅游等类别的书籍。

7. 调研对象的阅读目的

占比最高的是专业学习，占32.94%；增长见识，开阔视野，占25.88%；提高文化修养，占24.94%；消遣时间，占23.22%；其他，占4.09%。专业学习和消遣时间在一定意义上不是自愿去阅读学习，这部分受访者占了一半多，出于提升自己主动去阅读的不到50%。

8. 调研对象所阅读的书籍或文章的来源

占比最多的是网络获知，占23.03%；同学推荐和老师推荐占比相仿，分别为20.47%和20.34%；来源于媒体推荐的，占19.12%；来源于书店推广的，占11.93%；来源于其他途径的，占5.3%。老师推荐的书籍有一部分属于要求阅读的书目，其他来源的则基本体现了学生出于兴趣的主动选择。

9. 调研对象在阅读方面遇到的主要问题

最多的是想读的书图书馆没有，自己购买负担太重，占27.75%；时间规划不合理，没有时间看书，占 24.91%；时间紧，忙于学业或实践活动，占 24.74%；不喜欢阅读和不知道读哪些书分别占 11.13% 和 10.20%；还有 4.74% 的受访者选“其他原因”。总结起来没有经济能力和没有时间是最主要的困难。大学生既有学业压力，也有社会压力。当代大学生兼职现象特别普遍，课后还有各种课程论文、项目、实践等。很多大学生没有合理的时间和经济规划，确实是现实存在的问题。在“其他原因”里，受访者反映较多的问题是专业书目较多、阅读其他方面的书籍条件不足。

10. 调研对象的朋友圈内喜欢传统文化典籍阅读的人多不多

受访者表示基本没有，占 35.21%；有很多，占 32.07%；比较多，占 14.81%；比较少，占 17.89%。多与少处于两极分化的状态。总的来看，传统文化典籍阅读的社会氛围还需加大力量营造。

11. 调研对象觉得一个人的阅读兴趣是如何养成的

受访者觉得是家庭培养，占 35.17%；觉得在于个人兴趣发掘，占 22.57%；认为在于学校培养，占 10.65%；还有 31.69% 的受访者选择“其他”。父母是孩子的第一任老师，家庭培养对个人的兴趣发掘很重要，应该从小就给孩子一种文化气息的熏陶；当孩子开始了学校教育阶段之后，学校则应当在孩子习惯和兴趣培养方面承担更多的责任。

12. 调研对象的学校是否举办过与传统文化典籍阅读相关的活动

49.17% 的受访者表示举办过；39.36% 的受访者表示不清楚；12.10% 的受访者表示没有。调查结果提示我们高校在举办与传统文化典籍阅读相关的活动方面还有很多工作要做。

13. 调研对象是否参加过此类阅读活动

这一题与上一题相关。50.87% 的受访者表示没有参加过；48.87% 的受访者表示参加过。

14. 调研对象觉得开展此类阅读活动有何影响

觉得“有益处，可以和更多喜爱阅读的同学进行交流”的，占 35.94%；觉得“有益处，可以发掘同学们的阅读兴趣”的，占 33.03%；觉得“没什么实际收获，形式大过内容”的，占30.85%。这里我们要注意到有近1/3的学生认为“没什么实际收获，形式大过内容”，学校在开展这类传统文化典籍阅读相关的活动上是不是排场大，内容少？或者是形式单调枯燥，学生缺乏参与感和获得感？

15. 调研对象对传统经典的态度

觉得“传统经典是中华文化的源泉，新一代年轻人非常有必要阅读”的，占41.59%；觉得“传统经典年代太久远，难以适应新时代的需求，没阅读的必要”的，占25.18%；觉得“传统经典陈旧落后，都是一些思想糟粕，完全没必要阅读”的，占2.24%；另外还有31.64%的受访者选择“其他”。我们看到有接近三成受访同学对传统文化典籍是持否定态度的，传统文化教育和传统文化典籍推广仍然任重道远。

16. 调研对象认为当代大学生是否有阅读传统文化典籍的必要

这一题的调研结果基本与上一题保持一致：59.12%的受访者表示有；34.61%的受访者表示没有。

17. 调研对象在阅读典籍的过程中，有无做读书笔记的习惯

49.41%的受访者表示有；50.60%的受访者表示没有。

18. 影响调研对象阅读传统文化书籍的障碍

“没有时间”的占28.25%；“不感兴趣”的占22.9%；“不知道如何阅读传统文化典籍”和“不知道阅读何种传统文化典籍”的分别占18.72%和18.67%；“难以长期坚持”的占13.6%。其中选择“不感兴趣”“难以长期坚持”这两者是属于主观情绪选择，我们该如何培养大学生阅读传统文化典籍的兴趣和长期坚持阅读传统文化典籍的积极状态？如何加强对传统文化典籍进行多角度、多方位分类书目和内容的宣传工作，减少“不知道阅读何种传统文化典籍”和“不知道如何阅读传统文化典籍”的情况发生？

四、对推动大学生传统文化典籍阅读的建议

可以说此次调研的总体结果并不乐观，当代大学生的平均阅读时间

（问题1）、阅读量（问题2）和阅读意愿（问题7）等都令人不满意。造成这一现状有受访者个人的原因，当然与家庭氛围、课堂和学校引导、社会环境等因素也都有密不可分的关系。因此，在推动当代大学生传统文化典籍阅读方面也要考虑如何调动学生个人、家庭、学校乃至整个社会，形成一种学习和弘扬传统文化的合力。

首先，应当从当代大学生的阅读习惯入手（问题4、问题8），积极探索和开发传统文化典籍传播的新途径，以提高学生的阅读兴趣（问题17）。这意味着对传统"阅读"观念的变革。"文本"只是一种形式，"阅读"也只是一种行为。"文本"的形式可以从纸上转到屏幕上，可以从"文字"的形式变为"音频""图画"，甚至"视频"。"阅读"的行为可以是眼睛进行的，也可以是耳朵进行的，还可以是眼睛和耳朵同时进行的。纸质的传统文化典籍通常都是大部头，需要阅读者有大块的阅读时间。我们可以对大部头的内容进行切割，以新的方式进行编排和呈现，以适应现代社会碎片化阅读的现状。

其次，积极营造重视和热爱传统文化的社会大环境（问题9、问题14、问题15）。近几年，我们在这方面已经取得了很大进步，如对非物质文化遗产的重视和保护，《百家讲坛》《中国诗词大会》等节目都推动了人们对传统文化的关注。近两年渐渐兴起的博物馆热也体现了人们对我国历史文化的兴趣越来越浓。2019年义务教育阶段开始统一使用部编版语文教材。与以往的教材相比，部编版语文教材大大提高了文言文的比例，这必将带动全社会对传统文化典籍阅读的重视和兴趣。

再次，高校应在推动当代大学生传统文化典籍阅读方面承担更多的责任，发挥更大的作用。大学生大部分时间都是在校园里度过的，这一阶段家庭的影响在降低，学校的影响力在提升。作为这一阶段教育行为实施的主体，高校至少可以在以下三个方面有具体可行的举措。第一，开设与传统文化典籍相关的公选课，要注意将传统文化与当代社会关联，引导学生认识传统文化的当代价值，转变大学生对传统文化典籍的偏见（问题14）。第二，提高专业教师的传统文化素养，言传身教、潜移默化地影响学生，专业课教师在推荐阅读书目时避免仅强调本专业的重要性，而应注意培养学生更系统的知识体系和更广阔的视野（问题6）。第三，高校应加大图书馆工作的力度（问题8、问题11、问题12、问题13），加大图书馆的财政投入，购买更多传统文化方面的图书。图书馆也要积极探索灵活多样的传统文化典籍阅读活动，尤其要注意活动过程中对阅读书目的推荐和阅读方法的介绍。

最后，阅读App公司、游戏公司、网站以及书店等社会企业也应承担更多社会责任，而不能一味着眼于经济利益（问题4、问题7），应多做传统文化典籍的推介，通过开展阅读竞赛返利等方式推动公众对于传统文化典籍阅读的兴趣。游戏公司也应多开发与传统文化典籍相关的游戏，激发大学生阅读的主动性和积极性（问题1）。

NFT 艺术的特点、艺术变革与收藏

翟杉 *

摘　要　作为艺术与技术的跨界产物，NFT 艺术在过去一年多来突然爆火，广受投资界、艺术界、IT 界乃至整个社会的关注，众多名人与普通人纷纷开始创作发行或购买 NFT 艺术作品。NFT 给艺术带来了一些新的气息，使艺术的创作、交易和收藏门槛前所未有地降低，艺术的鉴定与保存也前所未有地容易起来，但同时，随着 NFT 艺术的产生也带来一系列问题，需要各方协同，促进其健康有序发展。

关键词　NFT　区块链　加密数字货币

所谓 NFT，是英文 Non-fungible Token 的简称，中文译为“非同质化代币”。同质化是指所有资产之间遵循共同规则，且可以自由分割和交易置换。而非同质化则意味着完全独特且唯一，并且不能分割、彼此之间不能自由交换。数字加密货币分为原生币和代币两大类。其中原生币拥有自己的主链且使用链上的交易来维护账本数据，包括比特币、以太币等；代币则依附于现有的区块链，使用智能合约进行账本的记录，如依附于以太坊上发布的通证。代币又有同质化和非同质化之分，同质化通证 FT

*　翟杉，女，艺术美学博士，政治传播学博士后，北京联合大学文理学院教师，主要研究方向为艺术哲学、新媒体与社会治理。

（Fungible Token）是指互相可以替代、可接近无限拆分的通证，任何人持有的通证都是同质的；非同质化通证是用于表示数字资产的唯一加密货币令牌，具有不可分割、不可替代、独一无二等基本特征。将非同质化代币也即 NFT 技术运用于艺术品领域，就形成了 NFT 艺术品。

一、NFT 艺术的特点

NFT 艺术大致分为三类：第一类是已经成型的数字艺术品，这类作品经过区块链技术加密后，被赋予独一无二的“身份标识”，无法被篡改复制，并可以通过多种途径进行买卖、收藏；第二类是创作主题紧扣区块链和加密文化的作品，这类作品就创作形式而言并无限制，无论是实体或是虚拟作品，都可以自由地表达艺术家的加密精神；第三类是真正具备加密性或区块链语言性的艺术作品，这类艺术作品是艺术家们从区块链生态和应用的角度出发，利用底层技术与合约，创作出完全符合区块链语言的艺术作品。[1] 无论哪一种 NFT 艺术品，都具有以下特征。

1. 独一无二性

NFT 包含记录在其智能合约中的识别信息，标识独特，不能两两互换，具有全局唯一性，NFT 通过这种标识可以将非同质化资产映射到区块链中，在全球化交易平台上完成价值交换，故此，每个 NFT 艺术品都存在天然唯一性，独一无二，各不相同，这种唯一性保证了每个 NFT 绑定的是持有者的某个收藏品，无法被复制，确权后的 NFT 艺术品可以放心在网上传播和交易，从而保证市场价值的充分实现。

2. 不可篡改性

NFT 的技术基础是区块链，它是一种按照时间顺序将数据区块以顺序相链接并采用密码学方法保护的分布式账本。在区块链中，每个区块都包

---

[1] 江哲丰，彭祝斌．加密数字艺术产业发展过程中的监管逻辑——基于 NFT 艺术的快速传播与行业影响研究［J］．学术论坛，2021（4）：122.

含上一个区块所有数据包的数据指纹（哈希值），计算当前区块的数据指纹（哈希值）时，同时包含上一个区块的数据指纹（哈希值），并形成链接关系。所以，一旦任意一个区块发生了变动，后面相连的所有区块数据指纹（哈希值）都会发生变化，所有人都能发现数据被篡改，除非获得至少 51% 用户的认可，否则篡改无效，这种数字技术很好地保证了 NFT 艺术的真实性与不可篡改性。

3. 易于追溯性

NFT 艺术品的交易信息记录存在区块链中。区块链由“区块”和“链”两部分组成，其中，每个“区块”记录单次交易信息，区块由本区块 ID、交易单据（记录本次交易的详细信息）、前后区块 ID（本次交易前后所发生交易行为对应“区块”的 ID）三部分构成。“链”是每个“区块”指向其“前后区块 ID”的指针，通过“前后区块 ID”可以获取前后两次交易的信息。将上述“区块”和“链”的信息记录在文件中，就可以按照时间先后顺序记录已发生的所有价值交换活动。每个区块通过迭代访问其前驱和后继结点，可以找到交易行为的开始和结束节点，形成完整的交易链条，构成区块链。因此，区块链信息具有可追溯性，通过追踪区块链，我们可以追踪所有已经发生的交易行为，有效防止艺术品的仿冒、售假、盗窃等不良行为，保护交易双方利益，维护市场稳定性。

4. 收益持续性

在传统艺术品的销售模式中，艺术家只在作品首次出售时获利，此后无论作品售价几何，都与艺术家无关，也无从获益。NFT 利用区块链技术，把数字资产与他的创作者永久绑定在一起，版权的归属可以在各自的数字钱包里一目了然，从而有助于创作者获得追续权。所谓追续权，是指艺术作品的创作者及其继承人从其作品的公开拍卖中或经由一个商人售出其作品的款项中，提取一定比例的金额的权利。在 NFT 领域内，追续权的范围进一步扩大，可以保证艺术家因 NFT 的每笔转让而产生新收入。这相当于艺术家拿到了自己创作的 NFT 的一定比例的原始股，可以分享每一次增值带来的利益，而 NFT 艺术平台在支持艺术家获利的同时，自身也可获得一定的经济利益，确保了艺术市场的有序运作。

5. 所有权可分割性

虽然NFT艺术品本身不可分割，但是通过使用Fractional协议，NFT艺术品的所有者可将其NFT部分所有权代币化，即将一个完整的NFT所有权分割成多个ERC20代币，并分给不同的收藏者持有。而收藏者则可通过购买代币的方式扩大自己交易的范围和数量，用购买单一完整所有权艺术品的本金持有更多艺术品的部分所有权，以此分散和化解投资风险。对于艺术市场来说，当一个NFT艺术品被分割成小份NFT资产后，单个购买价格大幅度减小，很好地降低了收藏者的准入门槛，有利于吸引更多的收藏者，增加交易渠道，使艺术品的流通更加灵活快捷。

二、NFT艺术对于传统艺术的变革

与传统艺术形式相比，NFT艺术以艺术创意内容为核心，依托区块链数字技术进行创作、生产、传播和服务，由于技术的变革，NFT对艺术品的创作主体、创作方式、展示形式乃至交易流通等都带来巨大的突破，甚至对“何为艺术”本身，也提出了新的挑战。

1. 从创作者的角度来看，NFT艺术扩大了创作者的范围与构成

NFT出现之前的艺术家多为康德所谓的艺术天才，这种天才无法培养，无法定义，具备极强的审美力、感受力和创作力，为了达到技巧纯熟，往往需要数年时光打磨，而其创作过程也往往具有神秘性，而其艺术作品总是凝聚并呈现了个人的苦苦求索以及人类的整体命运，表现了人的丰富存在，因此，艺术作品的价值与艺术家所处的时代、境遇等情境性和艺术特质直接相关。与之相比，区块链技术最为人津津乐道的优势之一便是去“中心化”，能够实现信息的多节点维护，降低网络信息风险并将权力分散化，这一特点吸引了一大批年轻的非主流艺术家入场进行NFT艺术创作，其中有相当大比例的创作者并未接受过专业艺术训练，拥有多年的理工科学习背景的创作者大有人在，“艺术创作者”的范畴前所未有的扩

大化，跨界合作、文理交叉正在成为当下艺术创作者的常态。

2. 从展示方式来看，NFT 艺术展示方式更加灵活、互动

与传统艺术品通过画廊、美术馆、博物馆等专业机构或私人厅堂、茶室等区域进行展示的形式不同，NFT 艺术展现的方式及媒介都呈现出明显的亲民性与交互性。当下 NFT 艺术多以虚拟形式在互联网上呈现，NFT 艺术作品本身所具有的数字艺术的本质属性——开放性与可复制性，使得任何人皆可在开放的作品展示或交易平台上自由访问、下载存储、传播以此种形式存在的作品。因此，艺术欣赏的时间、地点、欣赏者都前所未有地呈现出灵活性、大众性和方便性特征。在传统艺术的展示中，由于艺术作品和特定的场景密不可分，艺术欣赏往往具有仪式性，著名的“司汤达综合征”便是指因在特定场景欣赏到伟大的艺术作品而产生的眩晕感。相形之下，NFT 艺术作品与艺术作品本身的材质、介质、历史、社会环境等几乎毫无关系，它完全被去情境化了，这种欣赏环境的改变，一方面使得艺术作品本身的所蕴含的历史文化价值稀缺性被消解，另一方面，欣赏方式的变化也造成笼罩在艺术品身上的“光晕”的消失，很大程度上降低了艺术欣赏中所独有的审美快感与高峰体验。

3. 从鉴定机构的角度来看，NFT 艺术使鉴定过程完全工具化，人的地位消失

不言而喻，流传有序对于艺术品交易来说极其重要，通过溯源明确作品出处与真赝才能对其进行正确估值，保证艺术品的投资性。传统艺术品的鉴定因受媒材、技术、史料等的限制，鉴定结果无法精确，主观性较强，也因此饱受赝品之扰。与之相比，NFT 艺术品所使用的技术完全避免了上述困境。作品一旦被注册到区块链系统，会采用分布式账本将档案形成不可篡改的智能合约，并可对之后每一位所有权者建立跟踪记录以确认作品所有权，所有环节均公开透明，易于溯源。无论是哪种类型的 NFT 艺术品都拥有独特且唯一的标识，这一属性很好地解决了传统艺术品易被复制、篡改、难以交易、不便收藏等问题。但是，特别需要注意的是：艺术鉴定行为本身自有其内在价值。为了鉴定作品的艺术价值、历史源流、作

品真伪等一系列因素，会引发出关于艺术家以及艺术作品的创作技法、风格、思想、在艺术史之中的意义与地位等方面的讨论，这对于推动美学理论与艺术实践的发展意义重大。NFT艺术的出现，一切都让位于技术，机器、数据的作用被最大化体现，艺术作品的鉴定与批评变得前所未有的无足轻重，艺术史作为一个学科，作为一个一度充满想象力与吸引力，需要综合艺术与历史、社会与人文的学科，势必沦为简单的年代列举，毫无美感，这也会进一步影响到未来的艺术发展走向。

三、NFT受追捧的原因

和传统艺术收藏者相比，NFT艺术品的收藏者明显具有年轻化、个性化、圈层化、潮流化等特点，其购买动机隐藏着以下几方面新的变化。

1. 将NFT当作一种炫耀的资本，认为拥有NFT艺术品是个性与身份的象征

布尔迪厄曾指出，所谓品位本质上是一种区隔，用以对人群进行分层。[1]与此类似，凡勃伦在《有闲阶级论》中也提出，消费是一种个性的展示，体现着人对自我的形象定位，满足着人的炫耀心理，以此告诉世界我是谁——其中包括艺术品的消费。[2]与传统贵族巨贾的艺术品收藏风格有所不同，第二次世界大战之后，参与艺术品市场与收藏活动的新贵们，其生活经历与趣味偏好显著影响了全球艺术品的走向，新奇的、潮流的、高科技的、戏仿的新型艺术品不断涌现。延展到网络社交平台中，拥有NFT艺术资产无异于拥有一件知名奢侈品，通过在社交平台、电子钱包中展示自身的NFT收藏，不仅能够显示收藏者的经济水平，更能够最大限度地向整个世界展示自身的品位、艺术嗅觉与所处的圈层，从而以前所未有

---

[1] [法] 皮埃尔·布尔迪厄. 区分：判断力的社会批判 [M]. 刘辉，译. 北京：商务印书馆，2005:46.

[2] [美] 索尔斯坦·凡勃伦. 有闲阶级论：关于制度的经济研究 [M]. 赵伯英，译. 西安：陕西人民出版社，2011:126.

的方式满足人的炫耀心理。

2. 将 NFT 艺术品当作一种社交资本，获得归属感和认同感

艺术品消费不同于一般商品消费，它属于精神性消费，并极易因审美偏好的不同而形成多个“小众文化圈”，圈内人往往具备类似的教育背景、知识结构、价值观和品位偏好，在数字化社交的背景下，社交媒体使人群突破既往以国别、种族、性别、收入等社会或生理因素所形成的区隔，人们越来越以爱好、兴趣、价值观、审美观等为区分彼此的标准，形成了一个个桑斯坦所谓的“网络共和国”[1]，为王在自己的国度。而新冠肺炎疫情的暴发更加重了这种趋势，人们被迫将更多的社交转移到网上，有意或被迫越来越多地接受线上远距离社交，这势必导致更严重的趣味圈层。NFT 艺术不期然也成为一种有效的社交工具或是一种媒介物，收藏同类 NFT 艺术品的人成为一个个圈子，用圈内人才明白的方式进行交流、对话与创造，讨论着圈内人才明白的话题，借此满足人对交流的渴望，赢得一种与有荣焉的乐趣。

3. 将 NFT 艺术品当作投资产品，获取投资收益

NFT 艺术品具有金融价值，收藏者可以将 NFT 艺术品质押成代币，并予以分割售卖，这种做法既可以明确估算艺术品的价值，又可以促使众多闲置资产进入流通市场。同时，以 Rocket NFT 为代表的借贷平台还为收藏者提供借贷服务，后者可以通过贷款获得代币以持有 NFT 的所有权，一旦无法还款或者逾期还款，贷款人便可以低价获得被抵押的 NFT 艺术品，以 Rocket NFT 为例，其上线第一天便有 2400 笔交易，显示出强大的吸引力。此外，市场上还流通着 NFT 指数基金，采用 NFT 指数，用户可以将高价值 NFT 的所有权分割为大量的低价值代币（它们是可替代和可组合的投资基金），在降低 NFT 的投资门槛同时，方便了资产的流转。例如，Beeple 拍卖画的购买者就曾将其所有的 Beeple 的 20 幅数字艺术品打包成一个 NFT 基金，并发行相应的通证，当该画创出超 6900 万美元的高价后，该

---

[1] ［美］桑斯坦．网络共和国［M］．黄维明，译．上海：上海人民出版社，2003.

通证价格增长超过 150%，为 NFT 艺术品的金融价值做了很好的背书。

4. 注重 NFT 艺术品的效应价值，随着用户数的增长，NFT 的价值无可估量

根据梅特卡夫定律（Metcalfe's Law），网络的价值随用户数量的平方数增加而增加，一种新的产品、新的服务如果只有少数人使用，这种产品、服务所产生的价值非常有限；但是当用户数达到一定数量时，其经济价值就会大大提升。作为一种链接而成的超级社交平台，在元宇宙时代中，随着真实与虚拟、物理空间与数字空间的不断重合，NFT 的使用者势必越来越多。事实上，在 NFT 艺术机制中，用户、玩家或粉丝的参与都成了有回报的行为，都在吸引着新用户的加入。在这种开放性的组织模式中不仅可以建构更为丰富的艺术家、赞助人和玩家用户的关系网络，提升艺术创造和传播的潜力，而且 NFT 艺术品具有公开分享的特点，点击鼠标右键“另存为”即可获得副本，NFT 艺术这种开放性、趣味性、灵活性的特点在不断吸引新用户加入，从而使得 NFT 艺术品具备了持续的效应价值。

结 语

历史上每一次新技术的革新总会给文明带来新的方向，给艺术创作带来新的带来灵感，乃至新的风尚，其长期价值只有经历过时间的考验才能最终确认。作为一种技术与艺术的结合体，NFT 艺术与近十年来由科幻文本进入现实建构的“元宇宙”概念形成了富有深意的互文关系，而 NFT 艺术不仅仅到艺术品的艺术性，还涉及机制、管理、技术等各个方面，需要联合多方协同治理，才能建立一个高效、稳定、多元的 NFT 艺术品市场，促进 NFT 艺术的正常有序发展。

三重城市公共空间在圆明园的叠加与共生

张春华 *

摘　要　本文从城市公共空间理论的视角，对圆明园作为城市公共空间进行分析，认为圆明园既是一个有重要纪念价值的历史文化空间，又是一个现代都市公共空间，同时也是一个具有独立特点的网络公共空间。这三重城市公共空间既在圆明园实现叠加与共生，也存在矛盾与冲突。本文提出了促进三重空间协调共生的建议。

关键词　城市公共空间　圆明园　叠加　共生

一、研究背景

圆明园始建于清代康熙年间，最初是康熙皇帝赐予其子胤禛（也就是后来的雍正皇帝）的皇家园林。雍正皇帝在位期间，亲自担纲圆明园的总设计师，聚集了当时的建筑与设计优秀人才，扩建圆明园，并且在1725年之后，每年都有相当长时间在圆明园办公。到了乾隆皇帝时期，圆明园已经过三代皇帝的扩建，成为被西方人极力称颂的“万园之园”。法国作家雨果说：“艺术有两种渊源：一为理念—— 从中产生欧洲艺术；一为幻

* 张春华，女，文学硕士，北京联合大学应用文理学院讲师，主要研究方向为国际传播、话语分析、跨文化传播。

想——从中产生东方艺术。圆明园在幻想艺术中的地位就如同帕台农神庙在理想艺术中的地位。一个几乎是超人的民族的想象力所能产生的成就尽在于此。”❶

1860 年，圆明园被英法联军洗劫并焚毁，随后又经历了 1900 年八国联军的劫掠、军阀土匪的破坏，到了 20 世纪中期，圆明园的珍贵古玩、艺术品、金银财宝，以及建筑、林木、砖石都已荡然无存。圆明园成为近代中国遭受外国侵略的苦难的符号，所有中国人心目中难以平复的伤痕。

新中国成立之后，对圆明园遗址进行了保护和部分整修工作。1988 年，圆明园遗址公园正式对公众开放。在清代圆明园作为皇家园林，尽管部分时间也有行政中心的功能，但它本质上应该属于一种私人空间，是权力阶层的“私域”，其园林设计、建筑以及各种细微的符号，无不体现封建统治阶级的思想意识与审美。而现代的圆明园遗址公园，虽然脱胎于旧有的皇家园林旧址，却属于城市公共空间，在社会功能方面与清代的圆明园有着本质的区别。

2000 年，北京市城市规划设计研究院发布的《圆明园遗址规划》，明确了圆明园遗址公园的四个主要功能：

（1）具有参观凭吊，教育后人不忘国耻、热爱世界和平、国际友好交往的教育功能；

（2）具有历史研究、造园艺术科学考察及借鉴功能；

（3）具有东西方文化交流功能；

（4）具有游览休憩功能。

通过对遗址的整体保护、对山形水系、园林植被的整体恢复和建筑遗址的清整，使人们能够感受到过去皇家园林的环境风貌。

在这一规划思想的指引下，圆明园遗址公园进行了多种变革与建设，在新冠肺炎疫情之前的 2019 年游客量超过 1250 万人次，在遗址保护、文物考古与修复、文化传播、文创、网络传播等方面都作出了显著的成绩。

---

❶ 雨果．雨果文集［M］（第 11 卷）．程曾厚，译．北京：人民文学出版社，2002：360.

现在的圆明园遗址公园不仅是“首都遗址”和传统历史文化符号，更是集爱国主义教育、中国文化传播和休息娱乐为一体的公共文化空间。而它在网络上的传播，又形成了具有独立风格的网络公共空间。

本研究主要从城市公共空间理论的视角，考察圆明园遗址公园所营造的三重公共空间及其相互关系。

二、城市公共空间的概念和社会功能

“城市公共空间是人们开展公共交往活动的物质空间载体，是公共生活的发生地，体现社会功能。”[1]法兰克福学派著名学者哈贝马斯认为，“公共领域”主要是人们对公共生活发表意见、展开政治对话、形成舆论的场域。哈贝马斯的“公共领域”是非官方、非经济性的，公民在这种公共领域的交往中所提供的社会融合作用和政治机制及经济体制对社会发展所起的作用同样重要，且不可或缺。因此，公共领域是社会生活中的一个关键组成部分，其性质应该是中立的、对所有公众开放的、能产生对话的领域。“公共领域”的物质载体就是城市公共空间，包括咖啡馆、广场、公园等。

随着现代城市的发展，城市公共空间的功能也发生了巨大的变化。城市的商品化发展造成了人群的区隔，不同族群、阶层的人们逐渐形成了“空间分异”，造成社会各阶层的分化和隔阂，成为潜在的不稳定因素。而城市公共空间的公共性和普遍开放性特点有助于打破空间分异的壁垒，拉近人们之间的心理距离，从而产生对城市的认同感和归属感。比如，纽约中央公园就成为“纽约最大的人种混合与阶级之间汇集之地”。[2]

综合来看，城市公共空间对于城市文化的可持续性发展、城市的心理凝聚力和吸引力，以及对于人们的个人日常生活与精神塑造，都具有重要

---

❶ 李昊．公共空间的意义——当代中国城市公共空间的价值思辨与建构［M］．北京：中国建筑工业出版社，2016：30.

❷［美］塞萨·洛，达纳·塔普林，苏珊·舍尔德．城市公园反思：公共空间与文化差异［M］．魏泽崧，汪霞，李红昌，译．北京：中国建筑工业出版社，2013：146.

的意义。

然而现实中，不同的城市公共空间所发挥的作用可能存在各种问题。比如，塞萨·洛等人运用文化人类学的方法对美国五个城市公园的调查研究表明，在一个多种族、多民族和文化差异大的社会，同一个城市公共空间在不同的族群里被解读的意义差异极大，这与其设计传达的信息，尤其是价值观密切相关。“如果国家历史博物馆和纪念馆不能代表人民，或者更严重一些，他们的历史被抹去，那么他们将不再使用它。”❶

还有，现代消费社会的到来，使得城市公共空间不可避免地打上了商品经济的烙印。“随着空间商品化的加剧，人们的生活越来越受制于空间商品的控制和牵制，生活方式被剥夺了人情味和自由感，城市公共生活被严重异化。”❷

由此理论视角看，圆明园遗址公园从其建立之始便“天生”带有双重空间属性，中国历史文化空间与现代都市公共空间在这里叠加，两者相互成就也相互冲突。其历史文化空间既是吸引现代游客的主要因素，又存在与现代都市公共空间的割裂、冲突，消减了公园的吸引力。而在互联网时代诞生的网络公共空间，一定程度上弥合了两者的裂痕，同时又发展出自身独特的属性。这三重公共文化空间的相互作用，对于圆明园遗址公园能否发挥城市公共空间的积极作用、减少其弊端，意义重大。

三、圆明园遗址公园的三重公共文化空间分析

1. 历史文化空间：虚拟性与现实性

因为“遗址”的特殊教育意义，圆明园遗址公园不能在遗址上重建新的圆明园，由此产生了历史文化空间与现实空间的断裂，很多慕“万园之

---

❶ ［美］塞萨·洛，达纳·塔普林，苏珊·舍尔德.城市公园反思：公共空间与文化差异［M］.魏泽崧，汪霞，李红昌，译.北京：中国建筑工业出版社，2013：3

❷ 李昊.公共空间的意义——当代中国城市公共空间的价值思辨与建构［M］.北京：中国建筑工业出版社，2016：44.

园”的盛名而来的游客，面对现实的圆明园中大多数只存有地基、草坪和一两块遗址介绍文字的景象，难免产生理想与现实的落差感。圆明园过去的盛景成为令人怅惘的空中楼阁，既看不到，也摸不着，对公园的旅游体验和认同感也有负面影响。

但是，圆明园遗址公园作为历史文化空间既是一个虚拟的文化符号，也具备一定的现实性。首先，清代的圆明园的实体虽然已经基本消失，但是现实中人们仍然可以看到西洋楼景区的部分断壁残垣，时刻提醒着我们那段令人痛心的历史。

同时，虚拟的文化符号还具备向现实转化的条件。清代圆明园存续的时间跨越一百五十多年，留下大量史料记载和珍贵文物。虽然辉煌的皇家园林实体已经仅剩下山形水系和少量遗址，但留给后人的资料记载使得后世进行虚拟复原的工作有据可依，成为可以实现的工程。清华大学建筑学院郭黛姮教授率领的团队，经过 18 年的调查研究和精心设计，已经实现了圆明园部分景区的数字化复原。2017 年“数字圆明园”正式推出，人们在手机客户端即可 720 度浏览数字复原的圆明园“正大光明”“海晏堂”等多个景区，还可以观看同一个景区在不同时期的变化、数字复原景区与遗址景色的迅捷切换与对比等。“数字圆明园”工程的成果，弥合了历史与现实两个空间的巨大断裂，对于重现圆明园历史风貌、增强现实吸引力、激发民族感情和增强民族认同感和自豪感具有重要意义。

而圆明园的清代皇家文化、习俗等隐形遗产，则可能在当代以文化活动、文创产品等形式，以契合当代思想与审美的方式“复活”。近年来，圆明园根据时令季节，结合历史文化和圆明园特色，在春节、踏青节、端午节、乞巧节、中秋节等都推出了特别活动，吸引了大量游客。自 1993 年以来每年夏天举办的荷花节已发展成为国内外规模最大、品种最多的荷花盛典之一。“圆明园大讲堂”邀请历史学者、文化专家多方位解读圆明园，与听众交流他们圆明园研究的学术成果。圆明园还开展手工制作毛猴、掐丝珐琅、工笔团扇、网花、剪纸、端午节香囊等传统文化产品的体验课程，主要面对青少年传播中华历史文化。

2. 现代都市公共空间：商品性与娱乐性

现代都市本身就是消费社会，商品经济的身影无处不在，现代都市的公共空间，尤其以商场为代表，充斥着消费主义的符号。人们进入都市公共空间的目的，主要是休憩、娱乐，这个过程往往包含着购买代表某种意义的符号物或者服务。人们初次游览圆明园遗址公园，往往会购买带有明显标志的旅游纪念品、参观圆明园特色展览、在西洋楼遗址留影，其主要动机就是获得自己在景点“打卡”的心理满足感，实现夸示自己阅历的目的。在他们朋友圈的照片中，圆明园就相当于一种商品符号，人们借助它的意义，给自己的形象赋予价值。

多次游览圆明园的人，有不少是拖家带口的，尤其是带着少年儿童来的。这类游客看中的是圆明园内美丽的风景和游船、多人自行车等娱乐设施，在这里和自然亲密接触，还能顺便运动锻炼、促进家庭和谐，让孩子得到传统文化熏陶。圆明园内的湖光、山色、繁花、绿草、黑天鹅等受到各个年龄群体的喜爱，门票也是大部分人能够消费的水平，因此可以说，它作为人们休憩、娱乐的空间，是受到社会喜爱的。

但是，圆明园遗址公园并非普通的都市公园，它的商品属性和娱乐功能不可避免地与它的厚重的历史空间和进行爱国主义教育的功能形成冲突。比如，2010 年圆明园要举办庙会的消息就引发了舆论的争议，有人认为不应该利用文化遗址赚钱。有人认为庙会的商业气息和喧闹的氛围会破坏圆明园的庄重与肃穆感。圆明园管理方认为不会，首先，庙会不会在遗址区域举办，而是相隔较远；其次，庙会文化也是有历史依据的；另外，举办庙会也可以发挥圆明园作为公园的游憩功能。[1]

这次争议虽然早已过去，但是，只要现代都市公共空间存在，它就一定会对历史空间产生严重的、持续的冲击，如何协调这两重空间的矛盾之处，是一个长期的议题。

---

[1] 刘修兵 . 圆明园办皇家庙会，合适吗? [N] . 中国文化报，2010-01-21.

3. 网络公共空间：参与性与融合性

圆明园遗址公园在互联网上建设了多种类型的空间，比如微博“圆明园遗址公园”、百度贴吧“圆明园吧”等；微信公众号“圆明园遗址公园”更是集导览、门票预约、“圆明园大讲堂”回放、微商城、各种线上线下活动报名参加等功能于一体；公众号“数字圆明园”主要是展示数字复原圆明园和景区介绍；微信小程序“圆明园微商城”主要售卖相关文创产品。此外，圆明园还有专门的手机应用导览程序等。这里主要以百度“圆明园吧”和微信公众号“圆明园遗址公园”为例，探析其网络公共空间的特点。

首先，圆明园的网络公共空间区别于前面提到的两重空间的特色：广泛、高度的参与性和互动性。这是由网络自身的属性决定的。网络空间允许大量无法实际到达圆明园的人们参与进来，通过 3D 数字复原或者网友分享的图片和资料在线游览圆明园，了解和传播相关历史文化；在贴吧中，网友之间的互动迅捷而频繁，分享讯息、答疑解惑的帖子比重最大，在分享自己的资料的同时，网友也建构了自己的身份，在互动过程中，找到了同好。这对于现实中游园的游客是较难的。百度贴吧也有少量投诉圆明园服务问题、交流如何找到在圆明园的工作岗位的帖子，兼有意见表达和批评监督的作用。微信公众号“圆明园遗址公园”作为官方账号，很好地联结了公园管理方与广大网民，其中的游客服务包括门票和展览票预约、景区语音导览、游客留言板等；知识与资讯版块包括新闻、“圆明园大讲堂”讲座回放、圆明园研究文章等；活动资讯版块包括志愿者招募、各种活动报名、摄影和绘画比赛报名等。另外，还有文创产品售卖功能。网络公共空间为全国乃至全世界对圆明园感兴趣的人提供了接触圆明园的机会，并形成了独特的共同社区，也为更广泛的群体参与圆明园的建设和文化传播提供了场所。这些发动广大网友参与的摄影、绘画比赛活动，使更多的人参与到圆明园中来，让他们成为更绚丽的“圆明园画卷”的一部分，无疑起到了凝聚人心和共识的作用。

其次，网络公共空间具有一定的“融合性”，这里指的是模糊历史空间与现代空间的边界，使两者在一定范围内、一定程度上达到了融合。比如，前面提到的“数字圆明园”弥合了历史空间与现代空间的断裂。另外的例子就是“圆明园文创馆”，这是在官方微信上的文创产品商店。相对于实体存在的商店，网络商店不会影响景区的整体氛围，该链接的入口与景区文化传播的“导览”入口不同，是在“预约”入口，与“门票预约”并列，同属于游客服务项目，并不会如实体商店一般颇为强势地干扰游客。另外，网络商店在视觉上与圆明园的整体基调更加协调，精心设计的古风店面赏心悦目，售卖的文创产品既具有古风文化特色，又带有一定的现代价值和时尚意义，让现代都市的商品气息不再显得与圆明园格格不入。

需要注意的是，因参与的低门槛性，网络公共空间很可能产生谣言、错误信息、负面舆情等，危及圆明园研究的严肃性和圆明园的公众形象，因此，必须有比较严谨的监督与管理，对于网络公共空间的建设采取的具体举措应该反复论证，三思而后行。

结 语

圆明园的历史文化空间因为大部分缺乏实体存在而与现代空间产生了较大的分隔与断裂，现代都市空间新生的商品经济特色难以与历史的庄重肃穆的氛围相协调，这两点矛盾成为圆明园遗址公园在新时代发展的障碍。而网络公共空间可以沟通消失的历史与喧闹的现世，给圆明园相关的多重因素以各自发展又协调共生的空间，但网络公共空间的发展有其自身的规律与局限，需要加强监管，让网络公共空间根植于现实空间，同时又超越现实空间的束缚，沟通圆明园的历史、现在与未来。

城市与地方文化传播

“杨柳楼台”：报刊视野下晚清上海文化空间的新变

李彦东 *

摘　要　杨柳楼台是晚清文人袁祖志在上海自建的一个雅集场所，它地处沪北繁华之地，不仅与西式公园形成潜在的对话，也保留着同戏园、青楼等传统欢场千丝万缕的联系。在此雅集的各种情形不断以诗词歌赋的文学体式登载在《申报》等新兴的商业报刊上，报刊传媒对文化空间的塑造产生了特别的影响，既从文脉纵向上保持了杨柳楼台与随园的精神联系，也从横向的地理空间因素上同晚清上海的文化融合在一起。

关键词　报刊视野　文化空间　象征资本

文化空间是一个有虚有实的概念。虚的方面是指其比喻性建构的一面，与物理空间或地理空间等可以实指的空间有所不同。实的方面则指其可以阐明和解释的一面，它需要有相对明显的诱发性因素，在此基础上展示出一系列人为的创造性活动，并因此形成一种可供思考和论证的范式。

如果从报刊视野看，杨柳楼台是观察上海文化空间的一个绝佳样本。杨柳楼台是晚清文人袁祖志 1881 年在沪北自建的一处文人雅集场所，容纳了传统文人在诗、书、画方面相互切磋、交流和展示的功能。袁祖志是

* 李彦东，男，文学博士，北京联合大学应用文理学院副教授，主要研究方向为近代文学。

清代中期著名诗人袁枚的嫡孙，其兄长袁祖悳曾做过上海知府。家世背景为他与公卿士大夫的交往提供了极富意味的象征资本。他在报界的经历使其结识了不少供职于《申报》《上海新报》《益闻报》等报刊的文人，这些文人多半出生于江南一带，大多擅长吟诗作赋。他们有较为丰厚的传统文学素养，同时也开始介入较新的西学文化传播。此外，袁祖志随唐景星出使西洋的经历也开拓了他的个人视野，对伦敦和巴黎等世界大都会有一定了解，对晚清人士热衷谈论的“西学”也有了基本的常识。这些因素的交织，使得来往杨柳楼台的人士身份多元，活跃于不同场域的人士通过这一场所得以交往和唱酬，形诸于诗文的部分大多都刊登于《申报》上。借助报刊上存留下的这些“信息”，可以寻绎出这一文化空间形成的内在脉络、趣味乃至影响等相关问题。

一、人际网络与身份认同

文化空间的形成依赖于文化的流动性，此种流动可以通过垂直的经典传播、师生关系或等级考试来完成，也可以通过人际交游等水平流动来完成。垂直方式更多是塑造信念与认同，水平方式则主要建基于趣味与想象。阅读史、学养或科举考试的层面赋予文化空间一种外在的权力结构，如果放在明清时期的中国读书人群体，阅读儒家经典，师从名师硕儒，以及通过科举考试都是士大夫跨越的必备阶梯。而在水平层面的人际交游多少会受此影响，但不完全受制于此权力结构，譬如，有人不喜欢科举文章，只喜欢诗词歌赋，也阅读儒家经典，但有个体的独特理解，甚至会有一些独到的发明。那么，在这一趣味群体会形成一种内在的文化权力，如果他们的活动或者作品在新的阐释框架里得到确认和证明，则他们创造出的文化空间会成为新的传统。

袁祖志（1827—1898），字翔甫，号枚孙，别署仓山旧主、杨柳楼台主，是清乾隆年间著名诗人袁枚之孙。他出生于杭州，在南京生活过一段时间，1851年移居上海。他在科举考试中的经历比较惨痛，七次未中，

“已是人生半百身，有才无命例沉沦。传家岂必科名重（余七次应试未售），入世惟存面目真”(《五十述怀》)。❶

虽然家世比较显赫，但在上海的最初岁月里，袁祖志还算不上太知名的人物。当他成为报馆主编之后，新闻媒介的作用扩大了他的名声，也使他结交了活跃于上海的新闻报刊主笔、实业家和一部分朝廷要人。

袁祖志担任《上海新报》的主笔，这份报纸比《申报》出现的时间还早，不过主要是登载各种贸易行情和码头信息。真正使袁祖志成为上海名人的主要还是得益于他的《申报》朋友圈。这份创办于1872年的《申报》栏目多元，既展现了新闻报纸的新鲜样态，也与传统文人的趣味息息相关，在后幅刊登大量诗词作品，主要是报馆文人之间的唱酬。这份报纸的主笔与袁祖志关系密切，这从袁氏所写的海外怀人诗可以看出。《申报》主编钱昕伯是著名文人王韬的女婿，眼睛近视，雅号“雾里看花客”，袁祖志除了“揶揄”他的视力，还高度评价其文才，“雾里看花花不老，花间酌酒酒弥香。梦中佳句传抄遍，似此仙才鲜颉颃”；《申报》主笔何镛是山阴才士，身遭太平天国之乱后逃寓上海，擅长论说，为《申报》做了不少深度报道，“眼底明于水一泓，胸中容得酒千觥。甜吟密咏人人服，独让高昌寒食生”；《申报》主笔蔡尔康是上海本地人，翻译过不少西学作品，也长于写词，“词成绝妙有谁知，白石新声此绪余。我有楼台傍新柳，晓风残月合卿居”。❷《申报》《益闻报》主笔邹弢是最早传播西学的启蒙者，也是一个高产的小说家，文言小说《浇愁集》酷肖《聊斋志异》，白话小说《海上尘天影》借自己的情事展现上海的欢场文化。他也是《红楼梦》的爱好者，自号“潇湘馆侍者”。袁祖志与其交情不浅，有《题梁溪邹翰飞潇湘侍立图四叠前韵》：“歌风戏马几高台，让与英雄旷世才。往事千年浑似梦，痴情万劫不成灰。甘为绣阁知心使，耻向权门托足来。鹦鹉若将人意解，声声应亦代

---

❶ 袁祖志．谈瀛阁诗稿［M］．北京：国家图书馆出版社，2010：537.

❷ 袁祖志．瀛海采问纪实［M］．长沙：岳麓书社，2016：126.

人哀。”[1]得益于《申报》广泛的影响力，袁祖志受到了不少《申报》读者的追捧。

《上海新报》的基本定位是纯商业性，这让袁祖志经常与上海当地的实业家有密切的往来。袁氏结交的富商大都与轮船招商局有关，作为中国近代第一家轮船运输企业，它是李鸿章发起的官督商办企业。1873 年在上海洋泾浜永安街正式开门营业，总局设在上海，分局设在烟台、汉口、天津、福州、广州、香港等地。唐景星、徐润和郑观应等人都曾参与该局的事务。

正是与唐景星等人的交往，使袁祖志有机会接触一部分朝廷要员，并在 1881 年有了一次随使出洋的经历。这次出洋的记录都在其《瀛海采问纪实》中，围绕这次出洋，《申报》上刊登了不少祝贺的诗歌。从社会影响力来看，作为随员的袁祖志在这次出洋时的角色远比主使唐景星更加引人注目。管斯骏的赠诗题目很值得玩味，“翔甫先生应聘出洋，登程仓促，余得信少迟，未获恭送，诗坛领袖，遽赋长征，回首当时，益增离索，衷怀眷眷，不能无诗”。[2]这个诗题除了客气恭维袁祖志在上海诗坛的地位，也将他这次以随员身份出使使用了“应聘”一词。唐景星看重袁氏的地方正是其文章写作的才华，“爰与本局管事美人白君竦，及钱塘袁翔甫先生偕行。白君能通数国语言文字，钩辀结格，入耳了然。重译而属诸袁君。袁君议区六事：首政令，次民俗，次疆土，次武备，次物产，次制作，条分缕析，眉目井井”。[3]唐景星的这次出使属于官派，按规矩要上交考察日记，袁祖志不仅是一个不错的诗人，也是一个擅长案牍，能写官样文章的文人，他划分的这六个方面从知识构造上看是比较容易写的。虽然观察不一定深入，但能够面面俱到，作为一种官样文章，上交之后能够得到朝廷的嘉奖。在这次游历中，最值得一提的是他在巴黎见到了曾纪泽（曾国藩的儿子），两人的酬答充满了机锋，也是一

---

[1] 袁祖志．谈瀛阁诗稿［M］．北京：国家图书馆出版社，2010：550.

[2] 袁祖志．瀛海采问纪实［M］．长沙：岳麓书社，2016：185.

[3] 唐景星．瀛海采问序［M］// 瀛海采问纪实．长沙：岳麓书社，2016：10.

个分析象征资本转换和迁移的绝佳文本。

曾劼刚袭侯纪泽召饮使馆，即席赋呈

海外今才识凤鸾，固宜人当重臣看。
夔龙事业赓歌易，韩范勋名接武难。
即此丹心照异域，全凭赤手挽狂澜。
拓开眼界知何许，大地浑如一弹丸。
频年西顾海云沉，煞费和戎魏绛心。
胸有千秋临事慎，目无余子爱才深。
片言能使邦家重，一见偏教寤寐钦。
领取十分优宠意，沧溟阔处逞狂吟。

附和作 湘乡曾纪泽（劼刚）

钟山烟嶂峙龙鸾，白石青溪次第看。
剩有随园踪迹在，邈然芳躅步趋难。
春风煦物如和酿，秋水为神静不澜。
私淑有年成底业，心惊日月跳双丸。
胜迹楼台已陆沉，翠微明月照亭心。
肯堂赖有文孙健，倾盖先知积学深。
仆仆宦游同李石，翩翩书记似繁钦。
惠然贻我奚囊句，角调清于出塞吟。

袁祖志开篇自然是从曾国藩手定东南的勋业说起，借用舜的乐官夔和谏官龙来比拟曾氏的功德，接着说要能接续这样的功德并不容易。先抑之后，笔锋一转，叙写曾袭侯在中俄交涉中的不世功勋，极道自己倾慕之情。袁氏的诗可谓善颂善祷，将应有的信息都编织在一张典故的网络里。曾纪泽的和诗自然不会遗漏袁家家世的因素，以随园开篇，写东南乱后，胜迹难寻的沧桑，巧妙地将其父平定太平天国同从前世家的零落连缀起来。而具体说到袁祖志时用了两个人物来类比。李石是晚唐时期的宗师子弟，游幕多年；繁钦是东汉时人，曾任曹操主簿。借这两个人突出袁祖志宦游四方的经历和书写公文的才华。由于两人的社会地位不同，突出的侧重不同，但他们的唱和中都将家世作为一种象征资本来强调，袁氏实写，是因为曾家父子的功勋是众所周知的；曾氏则虚写，是因为袁家的声名主要依靠文学上的成就。虚实之际曲尽雅致客套之能事。

二、缩微与位移的传统

如果没有杨柳楼台的存在，袁枚家族的文化资本只是一种无形的存在。但袁祖志在上海所建的杨柳楼台，则在虚拟的文学传承之外，寻找到一种致敬祖辈的方式，将随园这个充满文学气息的私家园林移植到了上海。“辛巳春。钱塘袁翔甫大令祖志，于沪上北郊辟三弓地。高楼大道，踠地垂杨。对宇为西人花园，屋之后悉曲院。月夕花晨，笙歌四起，致足乐也。”❶邹弢的这则记述有两个关键信息值得注意，一是沪北（沪上北郊），二是西人花园。

沪北是晚清上海的新兴繁华之地，袁祖志曾先后写过《沪北竹枝词》《续沪北竹枝词》《再续沪北竹枝词》。记载晚清上海的竹枝词众多，袁祖志的这三组非常有特点。他是一个久居于此的人，诗笔流利，讲述的是上海最新鲜的各种事物，如有别于绘画的照相术，“传神端不藉丹青，有术能教镜照形。赢得玉人怜玉貌，争摹小影挂云屏（照相乃西人术，能以药水照人全影及玻璃或纸上，神采逼肖。勾栏中人必各照一像，悬置壁间）”。❷还如展现城市现代感的自鸣钟、自来火（路灯）等。最令袁祖志挂怀的自然是由戏园、美食、烟馆和青楼组构的欢场文化。

如果说随园是按照传统文人士大夫审美建造的园林，那杨柳楼台则是

---

❶ 邹弢．三借庐笔谈［M］// 笔记小说大观（十三）．扬州：广陵书社，2007：10218.

❷ 袁祖志．沪北竹枝词［M］// 瀛海采问纪实．长沙：岳麓书社，2016：154.

对此种审美的一个延伸和变形。相同之处在于都是通过人际交游巩固已有的文化资本，都力图将日常生活审美化，并通过多种艺术样式进行表现和纪念。园林或文学自然有其内在的美学标准和传统，但如果从文化资本的角度看，只要基本满足了门槛条件，则园林或文学之美的背后主要是其“所有权”。袁枚的诗名自然来自其杰出的诗歌才华，但随园的出现也为其诗名添加了新的附加值，园林与诗歌之间相得益彰，而随园里的戏剧演出、美食也以一种艺术和生活的整体融合性而呈现出来。

作为袁枚的后代，袁祖志从一开始就生活在其祖父的影子当中。这影子对于创造力强的诗人来说自然会是阴影，但对袁祖志来说，却是一个可以转换和利用的最好资源。于是，杨柳楼台的出现成为一个家族名声代际传承的绝佳范例，它用一个仿建的方式将随园展示的整体性美学重现于沪北，不过与清代中期杭州相比，迥异的文化气息也使这次仿造不是简单的亦步亦趋，而是在其间添加了一些新的形式和内容。

杨柳楼台在规模上要小于随园，属于半开放式的结社场所，与封闭式的随园有相当大的差异。封闭式园林比较方便做到阶层和趣味的区隔，没有与园林主人大致相当的身份地位和才情品位是不可能进入私家园林的。但杨柳楼台在此区隔上显然没有随园那么严格，大凡与袁祖志有文字往来或者仰慕者都能进入此空间，而当时上海刊行的报刊也变成了架设人群交往的桥梁，“赓唱叠和，殆无虚日。而上自公卿，下逮牧竖，遂无不知先生，即无不知杨柳楼台者”。❶《申报》上题咏杨柳楼台几乎成为后幅诗歌的一个固定栏目，有简单记事，如“辛巳暮春过杨柳楼台呈仓山旧主教之”❷，也有和前作韵而作，如“读龙湫旧隐题杨柳楼台思律原韵以赠仓山旧主并乞吟坛郢正”❸。“杨柳楼台”成了一个专门的题目，由此产生了数量不少的古体诗、词及赋等作品。随着报刊的广泛传播，杨柳楼台成为一个类似文化地标的娱乐场所，它容纳了旅沪文人寻找文友的

---

❶ 杨伯润．春柳吟序［M］// 袁祖志．谈瀛阁诗稿．北京：国家图书馆出版社，2010：555.

❷《申报》1881 年 6 月 2 日。

❸《申报》1881 年 7 月 9 日。

期待，为体验西式公园提供就近的便利，还在沪北欢场文化的喧闹之中别开一风雅之境。

如果从受众人群看，晚清中文商业报刊最初主要面向的是经济宽裕的文人士大夫，他们通常都受过良好的古典文学教育，对于报刊的阅读体验更多是从文学传统中寻求对应。报刊后幅的诗词是他们最熟悉的表达方式，在这里他们会慢慢适应新媒介带来的表达变化。文人雅集的空间形式实现了地理空间与文化空间的叠加，报刊便不再是新闻信息的简单反映，而是文人精神世界的有效延伸，它展示了一种延续传统文艺生命力的可能性。

在媒介变迁因素外，还得附加上一点儿时代因素的影响。在太平天国运动之后，江南诸多私家园林被摧残殆尽，此地的文人才士们如果没有通过科举考试，往往云集上海。新兴的报刊能为一部分耽溺笔墨生涯的江南文人提供新的表达可能，这是他们谋生的手段。但对于他们的日常生活和娱乐来说，西方人带来的生活和娱乐方式还需要一个接受的过程。公园和跑马场不过是看个新鲜，像戏园、青楼这些场所才是他们重温古典才子梦的最佳去处。只不过欢场逻辑已不复旧时秦淮月色、扬州风韵，王韬、袁祖志等才人们依旧有钱谦益、侯方域辈的才华，但上海的长三幺二（青楼女子）们眼里只有交易。晚清上海文人的寂寞在于怀抱着细致建构的古典绮梦，却要面对支离破碎的文化处境。赖以谋生的报界生涯在后来的新闻史家的追溯中似乎是一桩崭新事业的开始，对于当时的从事者来说却常常是意兴阑珊或是不得已而为之。他们对诗歌、书法或绘画等技艺的迷恋需要一个出口，而杨柳楼台无疑能满足这一切。

晚清上海文化场所的变化并非一个简单的新旧交替过程，这与文化场域的变化也大致相似。一些似乎不那么具有“现代性”的场所在某一时段起到过渡和缓冲的效果。“杨柳楼台”保留的象征资本惯例是诗歌写作能力，但与随园不同的是，报刊会将这些作品在短期内迅速传递到更广泛的人群中，慕名而来观赏或者以此为题的写作能够使一些与楼台主人不熟悉的人获得一些知名度。金芳荃以仰慕的语气在《申报》上发表了《敬题随园图》[1]，将随园与杨柳楼台之间的关联写得很清楚。清中叶名扬海内的随园以缩微和位移的方式转移到上海，并因报刊传播的介入而使得文学与空间的关系产生一些新的变数。

[1] 金芳荃 . 敬题随园图［N］. 申报，1881-07-26.

网络公共空间对集体记忆的记录及其再生产

——以武汉新冠肺炎疫情期间微视频传播为例

赵伊纯*

摘　要　当前处于以网络传播占主流的互联网时代，多媒体传播手段和多元传播主体都在极大地改变着以传统媒体为主的中心化传播环境。集体记忆也经历着互联网对其的记录和再生产。本文以武汉新冠肺炎疫情期间的微视频传播为例，分析网络公共空间对集体记忆的记录及其再生产，找出网络公共空间与集体记忆之间的内在关联性，以及集体记忆在网络时代面临的挑战。

关键词　网络公共空间　集体记忆　微视频

公共空间的形成，标志着人类已经开始进行一定规模的社会公共活动，在物理空间中产生了人际传播、群体传播和组织传播等传播样态。公共空间发挥着城市媒介作用——对外发布信息，对内传递信息，人类在此交流信息、情感，产生相应的集体记忆。如今互联网迅猛发展，使得网络在中国已经成为聚集着近十亿网民的新公共空间。同时，多媒体的传播手段应运而生，拍摄微视频成为目前互联网环境中较主流的传播手段。通过

* 赵伊纯，女，北京联合大学应用文理学院2020级硕士研究生，主要研究方向为网络文化与新媒体。

对社会公共空间进行微视频影像表达的网络再传播，人类原本在公共空间中产生的集体记忆由此经历再生产。本文以武汉新冠肺炎疫情期间的微视频为例，分析网络公共空间对集体记忆的记录及其再生产。

一、网络公共空间对集体记忆的记录

法国社会学者哈布瓦赫提出集体记忆概念，即一个特定社会群体之成员共享往事的过程和结果。集体记忆的显著属性之一是社会性，即集体记忆是群体成员社会互动、交往的产物，区别于个体记忆，集体记忆是群体成员对于历史的共同记忆。哈布瓦赫指出："尽管集体记忆是在一个由人们构成的聚合体中存续着，并且从其基础中汲取力量，但也只是作为群体成员的个体才进行记忆。"[1]社会中有多少群体和组织，便存在多少种集体记忆。对于中国这样一个统一的多民族国家来说，中国民众形成民族团结和国家统一的集体记忆无疑是促进国家长治久安的应有之义。集体记忆助推形成族群共同体意识，拥有集体记忆不一定会促进统一，但失去集体记忆的国家势必走向分裂。

2020 年的新冠肺炎疫情对中国是一场大考，网络微视频的传播记录了中国的抗疫成就，并在短时间内迅速获得国人认同、点赞，起到再建构人们集体记忆之效用。在以爱国主义为核心的伟大抗疫精神驱动下，中国人民攻坚克难，取得疫情防控阻击战的胜利。与抗疫相关的人物、事件早已融入当代中国人的集体记忆。

1. 记录新冠肺炎疫情集体记忆之大国形象

2020 年新冠肺炎疫情肆虐全球，中国果断采取疫情防控各项措施。自 2 月中旬暴发的疫情在 4 月份得到有效遏制，武汉解封。中国的防疫举措通过短视频平台等社交媒体在互联网上广泛传播，使中国之治更加深入人

---

[1] ［法］莫里斯·哈布瓦赫．论集体记忆［M］．毕然，郭金华，译．上海：上海人民出版社，2002：39–40.

心，树立疫情中巍然屹立的大国形象，对民众集体记忆进行再生产。

新冠肺炎疫情初期，为严格落实居家隔离措施，很多公职人员放弃春节期间与家人团圆的机会，重返工作岗位。"河南村长硬核喊话"的短视频在社交平台流传，村长朴实无华的话语一时间得到网友的点赞支持。随后各地方的基层工作人员开始效仿河南的硬核办法，并且使用无人机巡逻喊话，敦促村民严格居家隔离。在短视频记录下，这些看似夸张的行为蕴含着中国农村治理的成功。

在世界新冠肺炎疫情逐渐严峻时，中国投桃报李，向海外国家捐助抗疫物资，并在不同国家的物资箱外贴有双语祝福。例如，中国在给非洲捐赠物资时写有"人心齐，泰山移"，英文表达采用了南非前总统曼德拉的名言；给法国捐赠的物资上写有"千里同好，坚于金石"，法文表达采用了法国大文豪雨果的名言。这些海外物资的标语被中国网友亲切称为"中国式浪漫"，展示中国与世界各国的风雨同舟、肝胆相照，蕴含着中国推动建设人类命运共同体的初心。

新时代的中国正处于"两个一百年"的时代交汇点，比以往任何时候都更接近实现中华民族伟大复兴的中国梦。越是在"吃劲儿"的关键时刻，越要保持清醒。经过新冠肺炎疫情洗礼的中国人民更加坚定中国特色社会主义自信，以集体记忆凝聚中华民族共同体意识，以行动昭示爱国之心。

2. 记录新冠肺炎疫情集体记忆之奋斗信念

在新冠肺炎疫情暴发时，有一群人不顾自身安危，勇于逆行，前往武汉抗疫一线。2020年9月8日，全国抗击新冠肺炎疫情表彰大会在北京人民大会堂举行，授予钟南山"共和国勋章"，授予张伯礼、张定宇、陈薇"人民英雄"国家荣誉称号。通过举行全国表彰大会，宣传抗疫英雄舍己为公、舍生忘死的高尚情操，激励当代中国人学习抗疫英雄的理想信念，对民众集体记忆进行再生产。

武汉金银潭医院院长张定宇勇于担当，尽管行动不便，仍亲自带领全院医务人员奋战在抗疫一线，共克时艰。来自全国各地的医务工作者放弃休假，自愿返回工作岗位，请求支援湖北，一封封请愿书上写有“若有战，召必回”的心声。为保证隔绝病毒，一线医务工作者身着层层防护服，一天工作结束后，摘下防护面罩，满脸尽是勒痕。为区分人员，他们彼此用记号笔在对方防护服写上“名字＋加油”字样。在一部部 Vlog 的镜头下，一件件纯白无瑕的防护服上写着“加油”“坚持”，让屏幕前的观众为之感动。从除夕夜第一支队伍抵达，到 4 月 15 日最后一支援鄂队伍离开，全国共计 346 支国家医疗队、4.2 万多名医护人员驰援湖北。武汉当地民众自发在街边组成欢送队伍，高速公路卡口的执勤民警也向支援医疗车队列队敬礼，现场民众拍摄短视频记录武汉民众对医务人员的深情与感激，在互联网被广泛转发。广大医务工作者舍生忘死的家国情怀和奋斗信念在互联网微视频传播之下，融进中国人的集体记忆中，令人难以忘怀。

3. 记录新冠肺炎疫情集体记忆之相助情感

各地支援队伍和物资到达湖北之前，新冠肺炎疫情突发致使湖北许多医院陷入床位紧缺、物资极度缺乏的窘境。社会各界人士积极伸出援手，货车司机、餐馆经营者和个体户等普通老百姓自发开车前往各大医院，运送抗疫物资和生活用品。在互联网上，网友们开启爱心通道相关话题，帮助未能入院治疗的病患寻找可接收医院，搜集最新信息，同时鼓励病患乐观生活。在此之前，他们均是萍水相逢的陌生人，一场突如其来的新冠肺炎疫情将全国人民拧成一股绳。这样的团结互助，是上千年以来无数次自然灾害下中国人顽强意志的集中体现，早已融入中国人的血液和集体记忆中。每当面临重大危机，温厚的中国人总会天然地选择舍己为人、守望相助。

居家隔离期对于每位身处其中的武汉人来说都是难熬的，一方面是家门外的病毒肆虐，另一方面是长期待在家中精神状态欠佳。2020 年 1 月 27 日开始，有居民打开窗户高唱国歌，与对面邻居隔空喊话，互相加油。此场景被拍成短视频发布，点燃全国各地居家隔离民众的热情。3 月 19 日是武汉封城第 57 天，也是“武汉清零日”——据国家卫健委通报，3 月 18 日湖北与武汉新增确诊、新增疑似、现有疑似病例实现“三清零”。19

日晚上8点开始，武汉市民纷纷高喊“武汉加油”“中国加油”。对于大多数普通民众而言，他们没有经历过一线抗疫的危险，也没有机会接触相关抗疫工作，能做到的就是以身作则，认真遵守国家防疫政策。而就是在疫情期间的集体居家隔离之下，身处异地的人们也能有相似感受。人们通过互联网分享共同体验，形成共享记忆，增强彼此联结，从而达成群体性认同，奠定契合情感、文化和族群等认同合意之上的国家共识。[1]

二、网络公共空间对集体记忆进行再生产的路径

在互联网成为传播中心之前，集体记忆的建构通常是由传统媒体进行的。传统媒体的传播模式是相对单向，并趋于中心化的，这在集体记忆建构过程中固然是优势，可以稳定地输出思想，凝聚群众共识。但随着互联网日益趋向传播地位中心，相应改变的不仅是传播手段的更新、传播环境的开放化，在以用户为中心的网络传播时代，集体记忆也经历着不同往昔的再生产。

1. 通过网络公共空间的多媒体传播手段对集体记忆进行再生产

互联网的包容性使其能够承载多种媒体形式，文字、图片和音视频的网络传播让民众足不出户，通过网络获取与自己社会距离较远的、来自全国各地的信息，并加以储存。最初，论坛和新闻门户网站的图文传播是网民获取信息的窗口，信息以文字为主，打破文字传播的时空限制；图片作为辅助，通过简洁、直观的方式进行信息视觉传达。进入Web 3.0时代，网络信息传播技术更迭，喜马拉雅等移动音频FM，爱奇艺等视频网站和抖音、快手等短视频平台的问世，以更立体的表现形式丰富着网络公共空间的传播手段。多媒体通过视听符号的表达在短时间内快速调动观众感官，带动观众情绪，是集体记忆再生产的关键网络抓手。据第47次《中国互联网络发展状况统计报告》显示，截至2020年12月，我国网络视频

[1] 许光．纪录片建构集体记忆与国家认同的方式［J］．视听，2020（11）：26-27.

（含短视频）用户规模达 9.27 亿，占网民整体的 93.7%。其中短视频用户规模为 8.73 亿，较 2020 年 3 月增长 1.00 亿，占网民整体的 88.3%。[1]

本文以网络公共空间中传播的微视频作为研究对象，分析微视频作为当前互联网较受欢迎的传播手段，对于集体记忆的再生产实践。微视频作为广泛传播于互联网的视频形式，时长从 15 秒至 20 分钟不等，常见形式有短视频、微电影、短纪录片和 Vlog 等。与传统的中长视频相比，微视频仅在互联网平台播出，受众对象明确，内容创作更加贴合互联网"短、平、快"的特点，在信息传递、内容输出和情感表达方面直抵网民，提升传播效率和质量。本文研究的网络微视频，以短视频、Vlog 和短纪录片为主要内容。

2. 通过营造开放性传播环境对集体记忆进行再生产

当历史进入记忆，它便不再是自己。[2] 为了保持社会秩序的和谐统一，社会需要对过往发生的事情进行记录和建构，形成社会和族群的集体记忆，以便服务于当下社会系统运转。在传统媒体时代，我国的新闻传播事业由国有媒体主导，信息发布趋于中心化。由于技术手段对于人才的限制，集体记忆由社会精英阶层建构，大多体现在书籍、报刊和广播电视，舆论环境较为单一。在互联网时代，随着网络进入千家万户，互联网初步实现了"人人皆有麦克风"的技术民主，集体记忆由此进入大众书写时代。[3] 武汉新冠肺炎疫情期间，各地方政府卫健委官网每天及时更新疫情数据；各新闻媒体加强网络平台运作，24 小时不间断发布真实可信的疫情最新消息；丁香医生等社会机构向网民科普防疫和辟谣知识；武汉市民拍摄并发布 Vlog 短片，记录个人抗疫经历。在疫情面前，官方与民间在互联网上齐动员，最大程度推动疫情信息在网络公共空间的公开透明，帮助民众及时了解疫情发展态势。与 2003 年"非典"不同的是，2020 年新冠肺炎疫情暴发时间点临近春节，防疫管控工作面临多重困难，但是互联网

---

[1] 第 47 次《中国互联网络发展状况统计报告》发布［J］. 新闻世界，2021（3）：96.
[2] 胡百精 . 互联网与集体记忆构建［J］. 中国高校社会科学，2014（3）：102.
[3] 胡百精 . 互联网与集体记忆构建［J］. 中国高校社会科学，2014（3）：106.

在信息传播中发挥的“及时雨”作用使得全国民众对于疫情的集体记忆不再是过去的隔离、管控与闭塞，而是对于国家的信任和人与人之间的暖心相助。

3. 通过对物理空间的再传播实现对集体记忆的再生产

法国哲学家亨利·列斐伏尔提出“空间生产”的概念。空间的生产并不是在空间内部的物质生产，而是空间本身的生产，即空间直接与生产相关。这就把空间中的生产转变为空间生产，生产的是信息、意义和价值等非物质内容，意味着物理空间本身即是媒介。公共空间作为传播媒介，承载着它所在城市居民的共同集体记忆。以武汉为例，作为华中重镇，武汉一直以来是“九省通衢”之地，是中国最大的水陆空交通枢纽。在武汉这座历史与现代并存交融的都市中，有巍峨屹立的黄鹤楼、具有民国气息的汉街商业街、高楼林立的现代商务区和播撒知识的高等学府，还有烟火气十足的百姓居住区。这些公共空间组成了武汉这座城市，同时也各自作为独立空间传达着武汉的城市内涵，凝结着武汉人的集体记忆。

物理公共空间在互联网传播借由多媒体为介质和载体，成为物理网络公共空间。在多媒体介质中，尤以微视频为公共空间赋予更鲜明的特点，通过视听语言的表达及镜头的场景切换，呈现出公共空间更加立体的面貌，对民众的集体记忆进行再生产。

新冠肺炎疫情期间，一纸“封城令”让武汉从原本的繁华变得冷清。越来越多的武汉人主动拿起手机和相机，对于武汉当地的疫情防控情况进行拍摄，制作短纪录片和 Vlog 上传网络，见证武汉的变化。

网友 @ 林晨同学 创作拍摄个人 Vlog《武汉 UP 实拍，封城后的 24 小时，“空城”武汉的物价、交通、生活状态》。在这部时长 10 分钟的短片中，创作者使用无人机对武汉街景进行全景呈现式拍摄。临近春节，原本应是一年中最热闹的时候，镜头之下的武汉汉街商业街只有空旷和肃静。同时，视频中还出现了汉街商业区地下停车场和长江大桥等交通路段，画面使用第一人称视角呈现，同样是稀疏的车辆和萧瑟的环境，紧张感尽显，不由让观看者心生悲伤。而在 2021 年 2 月春节期间，网友 @ 天多高发布自制短片，对比2021年和2020年新冠肺炎疫情时武汉过年的不同，镜头之下尽是车水马龙。如今武汉已恢复活力，当人们再驻足武汉大街小巷时，仍然不免想起2020年春节期间萧瑟寂静的景象。微视频的影像记录，永恒定格往昔历史，建构起武汉人共同的抗疫集体记忆。

清华大学清影工作室@清影 Tsingying 在微博发布18分钟纪录片《手机里的武汉新年》。这部短纪录片整合了短视频平台上关于武汉新年期间的112条视频。创作者包含武汉普通市民、援鄂医务工作者和货车司机志愿者等。纪录片从2019年12月开始叙事，在影片开端，武汉人介绍特色早餐、外国人游览黄鹤楼和跨年之夜汉口江滩的庆祝狂欢等画面依次出现，彼时城市空间传播的是热闹和烟火气符号。之后画面黑幕几秒呈现的是武汉因暂停公共交通运营和关闭离汉通道之后，武汉楚汉路、楚河汉街、中山大道和新华路等道路的空荡，与之前的温情画面呈现极大反差。在微视频的影像拍摄下，武汉受新冠肺炎疫情影响的真实历史被记录，民众的集体记忆也经历着再生产和再建构。

通过对武汉街头巷尾、商场超市等公共空间的实景拍摄，让公众的集体记忆得到视觉化、空间化、实体化，通过某种固定、永久的形式讲述某一社群的集体身份认同，激活集体回忆，衍生记忆共同体，这就是网络公共空间再生产集体记忆的作用。

三、网络公共空间“众声喧哗”对集体记忆再生产的挑战

前文提到集体记忆在网络传播环境中已经进入“大众书写时代”，传播的去中心化使得每个网民拥有独立发声的话语权，但要注意的是，传播者数量的激增意味着集体记忆建构路径的不可控性。集体记忆的生产是为了形成“想象中的共同体”，凝聚族群共同意志，但在“众声喧哗”的网络传播环境下，各利益主体的发声将使集体记忆面临由凝聚到消解的风险。尤其在特定群体情景下，个体的集体记忆建构会受到群体影响。身处非理性的舆论环境，个体受到群体情绪的感染和支配，形成非理性、片

面、与客观实际相悖的集体记忆。

微视频在集体记忆再生产中的“双刃剑”效应值得警惕。微视频因其时长短、镜头切换快、语言情感化的特点，在加深集体记忆中有突出表现，但微视频也可能成为消解集体记忆的工具。在国家重大突发事件中，充满情绪宣泄的谣言充斥民众内心，加重社会不安感，也在一定程度上消解国家共同意志，民众对政府信任度逐渐走低，造成“塔西佗陷阱”。

武汉新冠肺炎疫情期间，尽管官方最大程度地推动疫情信息公开透明，缓解民众焦虑，但由于信息量庞杂，各信息发布平台的把关机制尚不完善，依然有一些非官方、真实性存疑的信息流入网络。部分谣言和假消息在短视频平台上形成“病毒式传播”。

处于互联网传播时代，每个个体都有权利书写自己的集体记忆，个体网民更须明确作为独立传播者的主体责任，强化责任意识，以理性客观的态度书写集体记忆。

结 语

“真正共同体”的形成，有赖于构建公共领域。[1]公共空间为人类提供交流的场所，意义、情感和价值在此建构。集体记忆在公共空间中，经过人类自主建构得以产生。在网络发达的时代，公共空间在“云端”呈现，成为网络公共空间，在网络传播中产生新的特点，对集体记忆进行再生产。互联网自诞生起，肩负着联结全人类的使命，网络公共空间“短、平、快”的传播特点推动了微视频的出现。本文以武汉新冠肺炎疫情期间的微视频传播为例，通过分析虚拟网络公共空间和物理网络公共空间各自对集体记忆再生产的路径，以及互联网传播建构集体记忆的具体内容，证明网络公共空间对于集体记忆的再建构和再生产机制。集体记忆推动群体加强凝聚力，形成群体合意，对于国家而言即为国家共同体意志。当前，

---

[1] 胡百精 . 互联网与集体记忆构建［J］. 中国高校社会科学，2014（3）：106.

我国处于新发展阶段，为贯彻新发展理念，构建新发展格局，国家的舆论环境至关重要。集体记忆是统一国家共识、凝聚集体力量的关键。尽管互联网时代下，大众书写集体记忆的时刻早已来临，个体有权利书写自己的集体记忆，但网络公共空间对集体记忆的再生产面临挑战，个体网民亟须提高责任主体意识，构建健康理性的舆论环境，书写理性集体记忆。

文化视域下的山西影像研究 *

吴惠凡 **　郭苏哲 ***

摘　要　山西省不仅完整保存着我国典型的黄土高原地貌和独特地理优势所孕育的人文风情，而且具有悠久的晋商文化、厚重的历史积淀，其封闭而完整的文化传承为中国的影视发展提供了源源不断的文化资源与创作灵感。本文采用文化地理学、文化传播学等研究方法，梳理山西的地域文化资源的构成与特质，从其发展脉络中结合具体的电影、电视剧文本总结出山西文化资源在影像中的表现形态，关注影视作品与地域文化的关系，并在此基础上探讨山西影视发展的薄弱板块及其解决方案。

关键词　山西影像　地域文化　文化阐释

恩格斯说："经济上落后的国家在哲学上仍然能够演奏第一提琴。"❶这是他在论述社会意识与社会存在之间的关系时提出来的绝妙观点，这一理论也能作为注脚解释概括山西的影视发展。提到山西，大多数人第

* 本文系2018年国家社科基金青年项目"社会责任视角下的网络意见领袖传播效能评价研究"（18CXW030）的阶段性成果，并受2019年度北京市属高校青年拔尖人才培育计划项目（CIT&TCD201904071）资助。

** 吴惠凡，女，北京联合大学应用文理学院副教授，硕士生导师，主要研究方向为网络传播。

*** 郭苏哲，女，北京联合大学应用文理学院新闻与传播系2019级硕士研究生。

❶ 马克思恩格斯选集（第4卷）[M].北京：人民出版社，1995：704.

一印象是“煤炭王国”，近些年来，随着煤炭经济的起起落落，经济转型下的山西也迎来转型期，新型能源的出现使得山西的支柱产业逐渐边缘化。另外，山西地处西部内陆，地理位置较闭塞，内部多山地和丘陵，对经济发展存在很大制约，人口集中在两三个盆地内，资源开发十分有限，在全国经济的排行中处于尴尬位置。整体经济不甚发达的山西却在影视创作上“演奏第一提琴”，也许正因为开发有限，使得山西保有封闭且完整的文化传承，古朴的文化遗址与习俗也没有遭到破坏。

素有“华夏文明摇篮”“中国民间文化艺术之乡”“中国古代文化博物馆”之美誉的山西，三千多年来，历史的沉淀与积累带来了取之不尽的民族文化瑰宝。山西独特的历史渊源、地貌特征、地缘优势等特性受到影视拍摄的青睐，而人才辈出的山西籍优秀导演影视制作人也是电影圈的半壁江山。李俊、何平、米家山、曹保平、贾樟柯、宁浩、韩杰……这些人几乎串联起中国第三代到第七代导演，他们都是从山西走出来的。《乔家大院》《昌晋源票号》《走西口》《吕梁英雄传》等优秀电视剧创作也是植根于山西肥沃的本土特色与历史渊源。

山西影视借助地缘特色发展的影视剧，为我们在文化视域下研究地域影像与地域文化互动关系提供了范例。在全球化的背景下，随着我国文化的不断对外输出，中国内地电影也需要以全球化语境来解读文本。如何增强民族自信？如何在竞争激烈的环境下立足？开发地缘文化发展地缘电影，依托本土特色，打造带有中国地域特色的影视文化对于应对好莱坞大片冲击与国际竞争有一定积极作用。

一、山西影像的呈现方式

山西作为黄河文化的发祥地，有着悠久的历史，以三晋大地鲜明的地域特色和传统文化在电影中留下了强烈的地域符号。典型的黄土山地地貌、保存完整的古朴建筑，这种自然环境为追求风格不一的影视作品提供了拍摄的背景风光。而山西本土封闭又完整的文化传承和养育出的影视剧创作人才，也在反哺着这片文化底蕴深厚的地区。镜头语言下的山西元素分散作用于各种类型电影中，发挥着不可替代的作用，而山西籍的导演们也借山西作为小窗口展示着中国这个大舞台。

将山西这片地域剖开来，细细拆解，会发现正是山西独特的生活特质赋予了这些电影“山西味道”，也为影视作品提供了创作的温床。所谓“地下文明看陕西，地上文明看山西”，这里保存了非常完整的地上景观和系统的文化风格体系。据统计，山西现存不可移动文物 30186 处，其中，国家级重点文物保护单位 452 处，世界文化遗产 4 处，国家级历史文化名城 6 座，山西省的文物保护单位数量更是居全国之首。丰富的文化资源和鲜明的民俗特色，让山西成为极具地域代表性的文化之乡。而在文化展现上，山西影视作品也有着自己独特的地域形态。

1. 借助鲜明而具体的文化符号展现多样山西

在 2001 年，凤凰卫视一档专题节目全方位介绍了山西的历史和经济发展情况，在栏目中节目组把山西放到大中国的背景下来审视，提出一个全新的理念，“十年中国看深圳，百年中国看上海，千年中国看北京，三千年中国看陕西，五千年中国看山西”。时间是从尧舜禹时代来计算的，山西在历史的长河中一直存在。提出“五千年中国看山西”有确凿的理论依据，首先因为尧王立都平阳是在公元前 4700 年发生的事情，尧王在这里划分九州，建立了我国历史上第一个统一的国家体制。其次，尧王制定法典——《尧典》也是在这里。而且，敬敷五教是中国最早的教育制度，大禹治水开创了我国历史上兴修水利的先河，仓颉造字开创了中国文字纪事的先河，由后稷稼穑、神农氏教人种地，中国从此进入农耕时代……而这些见证中国文明出现的重大事件都发生在山西境内，说中华文明的曙光出现在三晋大地，这绝不是夸张。

山西作为华夏古老文明的发祥地之一，历史底蕴厚重，完整的地上景观，悠久的历史文化，得到许多影视创作者的垂青。《乔家大院》中婚嫁葬娶的风俗流程，《大红灯笼高高挂起》中乔家大院摇曳的红灯笼，《走西口》中随处可听的民谣，贾樟柯电影中朴素的山西方言和灰蒙蒙的天气，

《赵氏孤儿》中取景的藏山风光，这些朴素又真实的山西地域特色正在通过一部部优秀的影视剧作品向世界展现山西风味。张艺谋的作品《大红灯笼高高挂》的故事放在了山西乔家大院里，那种自我封闭的状态，极度规矩的构图，营造了一种压抑的气氛，这正是经过历史风雨洗礼的山西所能提供的沧桑感，也是原著《妻妾成群》所描绘的小桥流水的江南难以取代的。山西鲜明而具体的文化符号散落在多部影视作品中，为电影多样风格的呈现增添了新鲜的调味料。

2. 借力丰满而立体的“山西人”打造真实山西

地域文化中的主体是这片地域中的“人”，山西影视中的主人公有像贾樟柯镜头里处于时代变革中无所适从的普通人，也有为了生计不得不离开家乡“走西口”的底层老百姓，还有奉行儒家仁义道德、经商领域广泛的山西商人，也出现了很多如君主晋文公、女皇武则天、思想家荀况、政治家蔺相如、狄仁杰，以及军事家廉颇、卫青、霍去病等留在史册的历史人物。山西影视作品借助“山西人”这一优秀资源，大力开发，留下了很多优秀作品。出现了电视剧《晋文公传奇》《北魏冯太后》《武则天》《圣武关公出解梁》，电影《狄仁杰之通天帝国》《狄仁杰之神都龙王》等优秀影视作品。镜头并没有仅仅向上复现英雄波澜壮阔的一生，也关注底层山西人的悲欢离合，不管是《走西口》回忆那段山西人为了生活而远离家乡的奋斗史，还是《乔家大院》晋商精神的集中表达，山西影视资源中的“山西人”是丰满且立体的。

而另一种“山西人”则是在受到这片土地的滋养，又在自己的电影创作中展现这片土地的山西籍导演，五代到六代导演中的陈凯歌、张艺谋都对山西地域的文化影像有着独特的情愫。乔家大院布局严谨，设计精巧，建筑考究，工艺精湛。但是，在张艺谋的《大红灯笼高高挂》镜头里，它是吃人的封建礼教。影片讲述了民国年间一个大户人家的几房姨太太争风吃醋，并引发一系列悲剧的故事。电影画面精美，色彩明丽，在富有中国韵致的庭院房屋，构成一幅幅美丽而雅致的中国画。第五代导演关注的主体大多是中国社会的底层民众，但是他们的作品注入了更多主观元素，特别是对中国乡土进行了深刻的关注和寓意性的解读。

作为第六代导演中的领军人物山西籍导演贾樟柯，用长镜头与方言和非职业演员记录着社会转型时期最真实的山西。20 世纪 90 年代，贾樟柯拍摄了“故乡三部曲”《小武》《站台》《任逍遥》，以强烈的地貌特征表现山西在大时代背景下的社会转型和变迁、底层人们的困惑和挣扎。贾樟柯电影中对长镜头的偏爱是一以贯之的，在拍摄过程中，他将摄影机充当旁观者的角色，来尽可能客观地呈现现实。但是对他来说“一切纪实的方法都是为了描述内心经验的真实世界，我们几乎无法接近真实本身”[1]。

在贾樟柯的电影中，人们能够看到最真实的山西，汾阳老城的墙砖在时间的冲刷下早就变成了灰色，破败、荒凉，街上到处都是地方戏曲与迪厅狂舞，懒洋洋的台球厅、录像厅和破败空旷的火车站，县城中到处弥漫着卖彩票的声音，冷漠、刻板，却有煽动性。在贾樟柯的镜头下，最能代表山西的，正是在这种复杂背景之下被搅乱的县城生活。从“故乡三部曲”到《世界》《三峡好人》《二十四城记》《天注定》，曾经的县城生活印记成为贾樟柯电影中最重要的符号表达。坍塌的故乡、吵嚷的县城、灰白的墙瓦和凌乱的街道是贾樟柯电影里炼化的山西味道；而走村头串村尾、整天无所事事在各家酒桌上蹭热酒冷饭的“树哥”，则是韩杰电影里炼化的山西味道。

3. 借势中国社会变革的力量呈现厚重山西

山西的影视与中国息息相关，虽说是对本土地域的挖掘，但是山西的影视又不仅仅局限于此，它是小窗口却可以窥探整个中华民族的复兴。早期的山西影视作品如《我们村里的年轻人》的创作者，以一种乐观轻松的审美心态，来呈现与处理那个特定时代人群之间的故事，使得影片整体上具有强烈的“乌托邦色彩”。《吕梁英雄传》《太行山》等红色影视剧则讲述了中国人民保家卫国的英勇史诗。新中国成立以来，山西迎来急剧变化，古老的农耕文化逐渐退出舞台，新旧交替、现代化与农耕文明碰撞、辉煌与落寞，在不对等的城市裂痕中，山西人迸发出许多哀伤

---

[1] 贾樟柯 . 贾想 1996—2008：贾樟柯电影手记［M］. 北京：北京大学出版社，2009：99.

和自我表达的欲望。于是在中国经济转型下的山西，孵化出了《山河故人》这样的电影。这部以山西煤炭行业发展为背景的电影，男主角张晋生是一个山西煤矿主，他在煤价很低的时候买下煤矿，在和女主角涛儿结婚时煤价疯长，后来他又放弃了煤矿行业，去倒腾石油。这是山西煤炭经济发展的一个缩影，被浓缩进电影语言中，成为这个时代的注脚。在这样的特殊时代和行业背景下，社会变迁带来的阵痛给了这片土地更多的艺术呈现，山西导演们也根植于此，用自己独特的视角表达了小人物的挣扎与关怀。

也正是山西影视将自己与大背景联系在一起，才使得地域文化不仅仅局限在三晋大地上，所表达的内容也更加深刻。透过山西影像窗口看中国，不仅有全面的历史横截面，而且有纵向的历史厚重感，是研究中国发展的生动教科书；从中也找到地域文化如何走出去的办法，即依托本土资源，讲本土故事，在全球语境下讲好地缘故事。

二、从文化视角看山西影视的发展困境

“地域文化除了与自然环境密切相关，还离不开在自然环境中发展起来的社会环境。山西地处西部内陆，地理位置较闭塞，内部多山地和丘陵，对经济发展存在很大制约，但正是这样的环境孕育了山西厚重的历史文化，传统痕迹在山西每个角落随处可见，甚至成为山西题材影视剧的独特标记。”❶ 于是山西影视题材多以历史剧、乡土剧、革命剧等为主，但是在本土资源的开发与利用方面，影视剧在题材选择方面对本土文化的呈现似乎有些失衡，现代剧数量较少，且难出佳片，如何将传统与现实结合，山西影视行业过去做得很好，但是在新时代，新的山西面貌狭小且单一，传统元素主导现代的文化模式似乎一直存在，现代都市题材是山西影视创作的最大薄弱之处。虽说有传统文化深厚的土壤，但是如何与时俱进再创

❶ 张丹 . 山西题材影视剧中“地域文化”的魅力［N］. 山西经济日报，2013-10-01（5）.

山西影视剧的辉煌而不是一味地“吃老本”，是值得所有地方题材影视剧创作者们深思的问题。

1. 本土文化资源开发狭窄，精品 IP 难以超越

散落在电影、电视剧中的山西地域文化元素随处可见。1994 年，以山西渠家为原型创作的电视剧《昌晋源票号》播出，第一次向世人展现了晋商的形象。电视剧创作者有意突出山西的地方特色，并在渠家大院实地取景拍摄。此后，一大批晋商题材电视剧蜂拥而上，内容大同小异，描写的是百年山西各大票号的商业沉浮。而乔家大院、常家庄园、曹家三多堂，这些极具地方文化特色的古建筑为山西题材影视剧创作提供了有利条件，出现了很多晋商题材作品，如电视剧《白银谷》《龙票》等。其中，电视剧《乔家大院》《走西口》刻画晋商、晋文化移民群体，呈现出不同时代山西人民艰难拼搏、奋力挣扎的朴素映像。近年来山西开始挖掘深红色革命文化的历史内涵，如电影《吕梁英雄传》《太行山上》、电视剧《喜耕田的故事》《文化站长》《八路军》《吕梁英雄传》等。还有一些关于煤矿题材的作品，如电视剧《矿山人家》《命比天大》《燃烧的生命》等，这都和山西经济文化发展有着密切的联系。

但是在创造了一些如《大红灯笼高高挂》《乔家大院》《赵氏孤儿》等经典 IP 后，山西影视剧的发展难免落入窠臼，在展现山西元素时围绕晋商文化、煤矿题材等为大家所熟知的、具有代表性的文化资源垂直挖掘，使得有些影视剧内容千篇一律，形式类似。山西具有地域特色的文化资源丰厚，种类繁多，在很多方面雄居全国前茅。可在庞大浩繁的山西地域文化中，闻名中国乃至世界的山西地域特色文化品牌却很少。

2. 现代影视传播停滞不前，公众需求难以满足

著名民俗学家钟敬文说过：“民俗是一种民间传承文化，它的主体部分形成于过去，属于民族的传承文化。但它的根脉一直延伸到当今社会生活的各个领域，伴随着一个国家或民族民众的生活继续向前发展和变化。”[1]

---

[1] 钟敬文. 民俗学概论［M］. 上海：上海文艺出版社，1998：23.

也就是说，民俗与人们的生活息息相关，它不仅是历史的印记，更反映在现代特定地域的人们共同的人生理念和价值取向中，而山西现代剧精品较少的一个原因正是难以将地域特色文化民俗与公众需求点衔接。现代观众的需求在市场化的影视剧作品中可窥探一二，穿越、古装、青春偶像、商战等现代剧中鲜少见到山西元素，难以满足公众多样需求。以关公精神为例，尽管一代“武圣”关公的忠义精神流传甚广，许多影视剧当中也纷纷体现，比如《将军》当中许大胆和虞小白在结义时拜的便是关公，许多生意人也会选择拜关公等；但是，很少有人将关公精神同山西地域文化联系起来。山西影视缺少融会贯通，对传统地缘文化的挖掘流于表面，并没有走在现代剧的风口。

在现代影视剧中合理地运用民俗元素不仅能够在场景设置、气氛营造、人物塑造等方面提升影片的地域特色，而且能形成独特的意象、符号，从而增添影片的精神内涵和艺术魅力。山西地域特色文化，缺少的是与新时代相匹配的文化符号，缺少的是明显的时代烙印。有了可承载的影视剧才能谈文化品牌塑造，满足公众的观看需要才能谈地域文化传播，所以在进行影视剧创作时要将传统元素与现代需求结合，这样借助影视剧展现山西文化魅力的路子才走得通。

3. 地域文化标签过于明显，全球传播难以实现

基于山西地域文化拍摄的享誉中外的《大红灯笼高高挂》和《赵氏孤儿》两部电影曾引发电影圈的争议。梁振华认为，“捏造伪民俗的现象，最典型的是《大红灯笼高高挂》。为了符合影像化呈现，张艺谋自创了点灯、封灯等一系列关于灯的仪式，小说中是没有的，中国民俗中也没有。但我相信这是偶然为之，并非刻意。任何一个中国人都不会有意丑化中国，这种伪民俗心态是研究者的阐释，不应归咎于创作者的初衷”[1]。而关于《赵氏孤儿》这部影片，他认为，“《赵氏孤儿》又是一个历史叙事的怪胎。伏尔泰曾经认为《赵氏孤儿》是中国最伟大的戏剧，但在陈凯歌的导

---

[1] 梁振华．拍什么样的中国电影给世界［N］．中国艺术报，2011-10-28（6）．

演下，这个故事变得极其暧昧，他讲述了一个草根的故事，瓦解了《赵氏孤儿》里最神圣的东西：舍生取义、慷慨赴死、舍身报国等。故事基调和主题完全背离《赵氏孤儿》，叙事方法非常拙劣，从‘道’（中国历史）和‘技’（叙事手法）的角度都不及格”[1]。山西散落在影像作品中具有代表性的文化地域元素，往往是中国民俗、传统艺术、古代故事与传统文化等，一方面，强烈的地域特色有助于打造山西影视发展的标签，但另一方面，扩大了与我国有着交流障碍、社会意识形态不同的国外观众的传播鸿沟。

在今天这样一个全球化的时代，电影作为显学，一个为大众所广泛认可的艺术门类，承载着宣扬中国传统文化，讲好中国故事的义务与重担。作为中国传统文化的缩影与窗口的山西影像，更应该思考这个问题，即如何在不“去中国化”“去历史化”的前提下，架构中外影视交流之桥，挖掘传统文化中蕴藏的共通价值。

三、山西影视的未来发展策略

美国学者欧·奥尔特曼在阐释文化的含义时说：“一个社会的价值观、信念和习俗涉及的不仅是‘内心的’和‘行为的’过程，文化出现在物和物质环境中。”[2]文化的滥觞正是依靠所谓“物和物质环境”，即极具特色的地域风景，山西充分利用自身特色，依靠地域环境、地域特色、地域文化生产出一部部精彩的视觉影像，打造出特有的山西影像王牌，而地域文化的发展正是山西影视发展至今的内在动力。但是在山西影视借助地域文化蓬勃发展的同时，一些如地域文化挖掘面较为狭窄、传统与现代元素难以融合、“走出去”仍有困境等问题亟待解决。

1. 打造全球视野，讲好地缘故事

在全球化发展的今天，发展山西影视要具备全球眼光，着眼于将“本

---

[1] 梁振华．拍什么样的中国电影给世界［N］．中国艺术报，2011-10-28（6）．

[2] ［美］欧·奥尔特曼．文化与环境［M］．骆林生，王静，译．北京：东方出版社，1991：198.

土故事”以全新形式讲解。鲜明的文化特色一方面是地缘故事中的印记，但另一方面由于语言交流、文化背景、政治制度的沟通障碍，使得民族特色的地缘文化在国际传播与交流中难免受到限制。因此，如何讲好地缘故事成为输出中国影视的关键所在。研究地域文化中具有突出代表性的山西和挖掘开发带有山西元素的影视作品，将对山西文化软实力建设产生积极的助推作用，并且为我们探究文化视域下山西影视发展从部分到整体、从地域到“走出去”的一系列相关问题提供切实可行的解决方案，为其他地域文化的开发提供可借鉴的蓝本。

在山西影视对外呈现山西地缘故事时，要将山西地缘特色元素与国际接轨，借助传统文化的形式叙述国际普遍认同的普世观念。影视行业的工作创作者们要具有全球视野，在保留地缘故事中基本的人物关系和故事脉络的同时，着力于共通价值观的输出，适应当前国际观众的需要，将中国元素润物细无声中浸染在影视表达中，以真实的情感打通各国民众共通的心灵，是最佳的对外文化输出方式。

2. 打造文化品牌，紧跟市场需求

山西必须着力于打造自身特色的文化品牌，全面、深度地挖掘打造特有地域元素，与时俱进，不断与公众需求相结合、与时代要求相结合。用先进文化的眼光去审视历史、挖掘题材、塑造形象。不断从地域文化中挖掘出新的养分，有效地进行影视转化。山西的文化品牌打造还处于初级阶段，所展现的只是其中一部分，后期需要将更多山西元素嵌套在多个不同种类其他地缘文化影视剧中，另一着力点即延伸影视剧影响力，通过打造影视剧联名的旅游景点、文化周边等进一步塑造文化品牌。

要将“山西制造”的品牌打出去，内容质量是第一位，但是也需要与时俱进，紧跟影视发展的历史潮流，面对当下日渐年轻化的市场，多元的、有营养的影视作品要注重公众的主体性，激发创作主体的活力，以市场为导向，立足本地资源开发新项目，培养新型影视剧人才，才能推动山西地域文化在影视中的传播，从而促进山西地域文化的蓬勃发展。

深厚的历史文化底蕴和历经时代变迁的哀伤，孕育了山西人自我表达的欲望，也催生了山西独树一帜的影像风格，成为中国电影的一笔宝贵财富。凭借保存完整的地域文化、历久弥新的传统文化，具有独特风土人情的山西成为我们研究中国地缘文化的代表性省份。通过对文化视域下山西影像的分析与研究，并针对当前发展困境提出具体的解决措施，为接下来研究地缘文化的发展提供了全新视角。

稻城亚丁旅游地形象的影像传播策略

徐晓斌* 陈清珍**

摘　要　影视剧对其取景地的旅游形象的塑造有良好的助推作用。但由于其虚构性，观众对影视取景地的预期印象往往过于美好。而短视频在一定程度上能修正人们对旅游地过于美好的想象。影视剧与短视频在制作主体、传播内容、传播渠道和传播意图上能够相互补充。本文以在亚丁取景的电影《从你的全世界路过》等作品为例，从影像传播的视角，分析得出塑造稻城亚丁旅游地形象的对策。

关键词　稻城亚丁　影像传播　旅游地形象

亚丁位于四川省甘孜州稻城县，最初为一个村庄的名字，现在它是国家级自然保护区和4A级旅游景点。2016年9月，电影《从你的全世界路过》上映后，亚丁作为“副产品”之一，迅速扩大了影响力，游客们纷纷前去旅游。然而去了之后，许多游客表示，看到的景色与电影中的形象相去甚远，感觉“被骗了”，应该早看一看“抖音”上旅友的提醒。

那么，影视剧、短视频对旅游地形象的塑造有着怎样的影响？景区管理部门又该如何借助影像手段来传播和提升旅游地的形象呢？笔者以亚丁为例，谈谈对此问题的理解。

---

* 徐晓斌，男，文学博士，北京联合大学应用文理学院讲师，主要研究方向为影视传播、新媒体传播。

** 陈清珍，女，北京联合大学旅游学院2016级本科生。

一、稻城亚丁旅游地形象概览

大自然孕育了神奇梦幻的景色。稻城亚丁地处青藏高原东部，南部与云南省香格里拉县毗邻，东南靠近泸沽湖和丽江。这里是中国最高一级阶梯向第二级阶梯云贵高原和四川盆地的过渡地带，横断山脉最美的景观几乎都在亚丁汇集。

1996 年管理部门正式以亚丁村命名成立县级自然保护区；1997 年它成为省级自然保护区；2001 年它被列为国家级自然保护区。2003 年，它被列入联合国教科文组织“人与生物圈计划”（MAB），正式加入人与生物圈保护区网络。

1928 年美国探险家约瑟夫·洛克曾考察此地，他把拍摄的照片发表在美国《国家地理》杂志上，当时引发了世人的广泛关注，国际友人将稻城亚丁称之为“蓝色星球上的最后一片净土”。

1. 关于稻城亚丁的名称

稻城和亚丁往往相连出现，但二者在级别上并非并列关系，而是隶属关系。稻城是甘孜藏族自治州的一个县，亚丁是隶属于该县香格里拉镇的一个村庄，但现在亚丁景区管理局和稻城县是同等级别的行政机构。

到了稻城县城，去亚丁村还要走 108 公里，路途不近，途中还要穿越高山峡谷。

稻城这个名字是有来历的。原来在清朝时，政府派人在这里种植水稻，试验成功后将这里命名为“稻成”，后来演变成现在的“稻城”。亚丁是藏语，是“向阳之地”的意思。一个意译，一个音译，合起来“稻城亚丁”意指一个能种植农作物，并且充满阳光的地方。无论从视觉还是从听觉来说，“稻城亚丁”都是一个很美的名字。这对于发展旅游业来说，是一件不可多得的幸事。

2. 亚丁有什么

亚丁有壮美的高山峡谷风光。亚丁景区的最高点仙乃日峰海拔 6032 米，最低点贡嘎河口海拔 2900 米，从草甸湖泊到冰川雪峰，这种高山峡谷风光体现了横断山脉景观垂直变化多的特点。

亚丁有丰富的动植物资源。这里有 200 多种野生保护动物，还有 1100 多种高等植物，保存着复杂多样的生物基因，以及动植物赖以存在的高山自然生态系统。

亚丁有网友们交口称赞的“网红景点”。包括自然景观牛奶海、珍珠海、五色海、洛绒牛场、仙乃日峰、央迈勇；还有人文景观亚丁村、冲古寺等。

3. 亚丁要建设旅游运营牌

每年的 4 月中旬到 10 月中旬是亚丁的旅游旺季，2018 年景区游客接待量突破 100 万人次。从游客增长量来看，亚丁对旅游者的吸引度一直在不断增加。景区现在已采取限流模式，每日最大游客承载量 16054 人。

四川省对亚丁的定位是“世界级原生态、康巴文化体验旅游目的地”。稻城亚丁“旅游 + 文化 + 体验”的模式，也带动了当地群众增收致富。

品牌是游客认同感与个性化旅游体验结合的共同体。从旅游品牌角度看，稻城亚丁目前是一个优秀的旅游形象品牌，但尚未达到一个优秀的旅游运营品牌。

好的旅游运营品牌，与主题的差异化原则，与“食、住、行、游、购、娱”六大旅游体验要素，与游客的旅游体验等密不可分。就亚丁来说，塑造良好的旅游地形象，有助于吸引游客，也有助于指导游客的旅游行为，提升游客的旅游体验，进而提升亚丁的旅游运营品牌。

二、影视作品中稻城亚丁的形象

1. 电影《从你的全世界路过》中亚丁的形象

电影《从你的全世界路过》片长 113 分钟，于 2016 年 9 月上映，票房累计 8.14 亿元，目前这是传播亚丁形象最为得力的作品。

电影改编自张嘉佳同名小说，由张一白执导，邓超、白百合、杜鹃、杨洋等主演。影片中出现了三对恋人：电台 DJ 陈末对他的同事小容爱得平静深沉，最后因不同的追求用各自安好做结局；发明家茅十八和警察荔枝是一对欢喜冤家，茅十八想要给荔枝最好的生活，最后在稻城亚丁求婚成功；被陈末称为“全城最傻”的猪头，干过各种职业，拼命攒钱，为的是能给女友燕子提供最好的生活。

“有一个地方，叫做稻城，我要和我最心爱的人一起去到那里，看白色的雪山，看一场秋天的童话，只要最后是你就好。”当荔枝再次驾车行驶在 S17 公路上，这时听到茅十八录的导航仪的声音：“荔枝，你又到稻城了吗？这里定位是冲古寺，我向你求婚的地方。抵达这个目的地，我就会对你说：因为天是最蓝的，所以你是天使。你降临到我的世界，用喜怒哀乐代替四季，微笑就是白昼，哭泣就是黑夜。”这种煽情的台词，让爱好文艺的观众激动不已。

亚丁，一个梦幻之地，一个见证爱情的地方，一个洗涤心灵、一生中至少要去一次的圣地。这就是电影《从你的全世界路过》中亚丁的形象。

2. 电视剧《青丘狐传说》中的亚丁形象

32 集电视剧《青丘狐传说》也在亚丁取景。这是一部玄幻剧，2016 年 2 月在湖南卫视首播。其内容取材于《聊斋志异》中《封三娘》《婴宁》《胡四》《长亭》《恒娘》《阿秀》等六个故事。剧中巍峨的仙乃日、央迈勇、夏诺多吉三座神山，绿草如茵的冲古草甸以及周围湖泊河流，很好地展现了狐狸国这一世外仙境的玄幻意境。

这部电视剧对塑造亚丁的形象作用有限。原因有三：第一，这部剧自身影响力有限，剧中的特效、妆容、服装受到很多观众吐槽，在众多玄幻剧里这部剧“泯然众人”；第二，它的剧情和亚丁没有直接关系；第三，由于宣传等原因，虽然观众看到了剧中恢宏秀美的山峰湖泊，但并不知道是在亚丁所拍。

3. 综艺节目《哈哈农夫》中亚丁的形象

2019 年湖南卫视《哈哈农夫》栏目播出了 3 期关于稻城亚丁的节目。《哈哈农夫》是一档真人秀节目，节目中明星走入田野农村，去体验渔夫、牧民、果农等职业的生活。

这 3 期节目在亚丁景区的拉个木村拍摄。这是一个藏族村落，共有 16 户人家居住在这里，村民主要靠养殖牦牛和种植青稞生活。节目中共有五位嘉宾出镜，他们捡牛粪，与村民比赛摔跤、射箭，还给村里幼儿园的孩子们讲课，同孩子们一起玩游戏。节目展现了村民们放牧劳作之外的娱乐生活，透露出淳厚的藏族风情。

4. 纪实节目中亚丁的形象

2019 年，CCTV4《远方的家》“国家级自然保护区”系列播出了亚丁的一期节目，主要介绍保护区内冰川、湖泊等自然景观，以及虫草、松茸、羊肚菌等无数珍稀的药材、食材。

2020 年，CCTV2《生财有道》栏目制作了一期亚丁的节目，标题为《特色风情生财路》。节目不仅展现了美食酥油茶、土锅鸡、青稞做的红酒，还拍摄了国家级非物质文化遗产藏族黑陶，以及传统的藏族婚礼，婚礼中人们跳着锅庄舞来表达祝福。这是为数不多的主要展示亚丁人文景观的影视节目。

不同于虚构类节目，纪实类节目能够真实地反映稻城亚丁的自然与人文，展示当地的生产、生活状态，呈现人们的人生故事、未来期许等。但现在看，此类纪实节目数量还很少，尤其是对稻城亚丁普通人精神面貌的刻画，还显得远远不够。

5. 游客体验与影视剧中的印象偏差大

亚丁路途遥远，游客要乘坐大巴经过几十公里的高海拔盘山路到旅游接待中心，然后换乘电瓶车到达洛绒牛场。如果不坐电瓶车选择步行，需要个 3 小时左右。亚丁各景点之间距离很远，游客如果再往其他远一点的景区走，就需要借助当地的马帮，一个人大概要支付 300 元。游客如果一天没法观赏完景点，第二天还要补交费用，才能进入继续游览。

亚丁位置偏远，游客住宿要到距离景区 37 公里的香格里拉镇。如果想要价格便宜一些的，则要到 110 公里之外。景区内的藏族民居，不少是外地人在经营，游客们很难体验到真正的藏族风情。

亚丁平均海拔高达4000米，很多游客到景区之后都会出现高原反应，特别是在景区里缺少工作人员的情况下，很多游客会在半途中就放弃继续前进。

天气变化莫测，亚丁会在一夜之间下雪。由于它海拔高，积雪很难融化，游客便无法上山游览。

亚丁的旅游集中在夏季，这段时间里景区的游客数量暴增，景区承载力超负荷。这不仅破坏景区的自然环境，影响保护区内动植物的生存，同时拥堵的游客、较差的旅游体验也造成负面口碑——“华而不实”“徒有虚名”，这削弱了亚丁的正面形象。

三、短视频作品中稻城亚丁的形象

移动化、便捷化和使用场景的碎片化是互联网不可逆转的趋势。短视频就是在这种背景下，迅速“火起来”，抖音、快手、秒拍等短视频平台的日活跃用户量都远超传统门户网站。[1]

在抖音上搜索到的有关稻城亚丁话题的视频播放量几乎都在10万以上，播放量最高的视频点赞数超过100万。在快手、秒拍等其他短视频平台上能够搜到的有关稻城亚丁的视频的播放、点赞数量也都极高。

1.“稻城亚丁”抖音官方账号影响力弱

稻城亚丁景区管委会在抖音上有自己的官方账号，在上面分享了有关稻城亚丁的交通路线规划、雪山美景、景点形象宣传等，但是它更新速度很慢，内容有限只有19条作品，粉丝数量和获赞数都不多。可见，其影响力十分有限。

2.“稻城亚丁”的民间账号更活跃

在抖音平台，博主名字中带“稻城亚丁”的个人账号有100个。其中

---

[1] 2020年1月6日，抖音发布《2019抖音数据报告》。报告中说，截至2020年1月5日，抖音日活跃用户数已经突破4亿，作为国内最大的短视频平台，继续领跑市场。

粉丝量最大的是“稻城亚丁旅游询”这个账号。她有24万名粉丝。“稻城亚丁索朗尼玛”“稻城亚丁小马哥”“稻城亚丁小田哥”等也是粉丝量较大的个人账号。

不同于官方账号，个人账号更多的是分享自己在亚丁的游记，记录所游览的景点，还有专门制定去亚丁旅游的攻略等。有的博主去亚丁旅游之后，给人们提出去稻城亚丁旅游时需要避开哪些“陷阱”，有什么注意事项等，讲述亲身经历的亚丁。这样就能让游客在去亚丁之前，有一个相对客观冷静的期待。

短视频制作不像影视剧一样——需要具有特定的表达形式和高配置的制作团队，它的流程简单、制作门槛低、参与性强。它表达的是网友个人的意见、兴趣和感悟，这不同于影视作品——有着很明确的宣传意图，对景区常常“过度美化”。并且能够通过文字评论，博主和网友之间，不同网友之间，能进行多回合的意见交换，更能呈现出亚丁真实的样貌。

四、塑造稻城亚丁旅游地形象的对策

影视文化与旅游文化的完美融合是影视旅游追求的最终目标。观众在受到影像作品的熏染时，能够了解取景地的民俗文化；游客在景区旅游时，能够联想起影像作品的情节。

当前，“影视文化 + 旅游美景”二合一的模式逐渐向“影视文化 + 旅游美景 + 景点文化”三合一的模式转变。那么，稻城亚丁也应该在挖掘和建设自身文化方面下功夫，将其作为提升形象的着力点。

从影像传播的视角，笔者认为塑造稻城亚丁的形象可以参考以下路径。

1. 传播主体：动员更多民间力量参与

官方传播主体具有权威性，同时有政策、资金的保障，可以多策划和制作电影等“大片”。

社会机构和个人传播主体具有亲切、互动性强、话语空间大等优势。

他们制作的内容多是“去政治化”的，宣传意图不明显，但这样的作品传播力很强。当地有关部门应予以实际帮助，动员民间力量加入亚丁形象的推广工作中来。

2. 传播内容：诠释“高原生态康巴文化”定位

同样在做“藏族风情 + 高原美景”的，还有云南迪庆州的香格里拉县和甘肃甘南迭部县的扎尕那等。因此，稻城亚丁要在主题的鲜明性上、景区的差异性上作出强化，突出特色。

亚丁“蓝色星球上最后一片净土”这个旅游口号，具有排他性、夸大性和情绪性，是一种定性的表述（而且“冲出了中国和亚洲”）。这个“鉴定”应由（但至今没有）权威机构作出。因此，官方旅游部门不宜对此大加宣扬。

“高原生态康巴文化”是亚丁的定位。当前对“高原生态”呼吁的多，而“康巴文化”宣传分量太轻。要人文与自然并重，多策划一些展现当地风土人情的作品。

电影引领时尚，能形成话题效应；电视剧容量大，适合创作“大部头”的作品；综艺节目能借助明星的流量；纪实节目导向性强；短视频具有个人言说的魅力。应充分利用不同传媒艺术体裁的长处，将故事情节与亚丁的自然人文水乳交融，注入审美的和文化的蕴含，分步骤、成系列地推出有影响力的作品。

3. 传播渠道：更倚重新媒体

传统影视作品“高举高打”，短视频作品“用户基础庞大”，而且当前影视作品也十分注重在互联网的二次传播。

个人化的视频作品、各大网络博主的 Vlog，对景点形象传播更加真实有力。同时，新媒体上也呈现出了各种旅游诉求，旅游部门应该对这些诉求给予更多的回应，为其提供便利，增加游客的旅行乐趣。

稻城亚丁的形象塑造，应当在新媒体投入更多力量，并恰当运用传统媒体之长，配合使用，使传播效果达到最大化。

从《We Are 厦门》看城市宣传片对城市形象的建构*

吴惠凡** 周子璠***

摘 要 作为一种特殊的传播形式，城市宣传片对于城市形象建构具有难以替代的作用。通过从社会、经济、文化、历史、艺术这五个层面对《We Are 厦门》在厦门城市形象建构中的作用加以分析，可以看出在城市宣传片的创制过程中，一方面要找准城市定位，突出城市个性，找寻与城市历史、人文相契合，与城市形象相匹配的要素加以展现，实现多层次的形象建构；另一方面要淡化城市宣传片的广告色彩，用场景化的故事传递真情实感，实现潜移默化间的情感沟通，最终在扎实内容的基础上，从理念、形式、渠道等多方入手，多管齐下，使城市宣传片建构的城市形象达到最好的传播效果。

关键词 城市宣传片 城市形象 建构 We Are 厦门

人类的生存和发展离不开城市，城市往往是一个地区政治、经济和文化的中心，承载着特定的人文风貌和文化特征，反映着特定的人类物质生

* 本文系2018年国家社科基金青年项目“社会责任视角下的网络意见领袖传播效能评价研究”（18CXW030）的阶段性成果，并受2019年度北京市属高校青年拔尖人才培育计划项目（CIT&TCD201904071）资助。

** 吴惠凡，女，北京联合大学应用文理学院副教授，硕士生导师，主要研究方向为网络传播。

*** 周子璠，女，北京联合大学应用文理学院新闻与传播系2014级本科生。

产水平和精神交往水平。城市形象之于城市的重要性就如同车之双轮、鸟之双翼，良好的城市形象可以极大地提升城市的知名度和美誉度，吸引人才流入，促进城市发展繁荣，提升城市竞争力。

在当下的中国，一方面，城市化如火如荼，城市集聚了大量的资金、劳动力等市场资源，城市本身也成为被关注的焦点，换言之，城市已经成为我们生活中必不可少要去探讨的中心议题；另一方面，城市与城市之间的竞争日趋激烈，这种竞争主要表现为对市场资源及生产要素的争夺上，而这种争夺往往是通过塑造与突出城市自身在社会公众中的形象认知来实现的。

城市形象对于一个城市而言，不仅是一种工具性的手段和策略，更是城市组织与管理视角的体现，而政府运用最多的塑造城市形象的手段就是城市宣传片。城市宣传片作为城市软实力提升的重要手段之一，其目的是树立良好的城市形象，提高城市的知名度和美誉度。

如今，城市宣传片的塑造成为现代城市吸引社会公众关注、美化城市形象的重要手段。通常情况下，根据不同的主题和不同的城市形象定位，城市宣传片有着不同的表现元素。随着公众的欣赏水平和审美趣味不断提升和变化，其对于城市宣传片的要求和喜好也在不断发生变化。本文将以《We Are 厦门》城市宣传片为例，着重分析此宣传片通过哪几个层面塑造厦门的城市形象，由此探讨国内其他城市如何更好地利用城市宣传片塑造城市形象，以更好地展现城市的魅力，吸引公众的广泛关注。

一、城市宣传片与城市形象建构的关系

随着城市之间竞争的日益激烈，城市宣传片在城市形象建构中日益占据举足轻重的地位。城市形象通过城市宣传片得以展现，一部好的城市宣传片可以将城市的政治、经济、文化、历史等各方面展现得淋漓尽致。

1. 城市宣传片的概念及其社会功能

“城市宣传片”一般由城市政府主持，对城市的政治、经济、文化、

历史、城市建设等作全方位陈述，其时长一般在十分钟以内。从品牌形象建构的角度来看，凝练城市的独特人文风貌、表达城市的差异化定位、形成对城市理念的核心诉求，是城市宣传片的基本要素。城市宣传片因内容丰富，形式多样，包含了城市发展的自然环境、经济建设、历史文化和社会风尚等元素，从20世纪90年代以来大量出现。城市宣传片对内传播的目的是将城市精神、价值观、行为规范、法规政策、发展方向等传递给城市居民，增强其对所在城市的认同感，促进其对城市形象和品牌建设的参与度；对外传播的目的是促使优秀技术投资者、旅游者、外来者、中央政府或地方政府对城市形成完整认知，产生城市偏好，强化城市品牌拉力，提升原有品牌体验，进而达到城市形象和品牌塑造的目的。

毋庸置疑的是，城市形象宣传片具有招商引资、吸引旅游等功能，但这些功能实现的基础则是城市形象的可识别性。笔者认为，城市的可识别性体现在特定的人、生活和文化的融合性，这种“三位一体”的表述形成了城市形象的差异化传达。

现阶段，中国城市宣传片的诉求重点基本集中在自然风貌、人文历史、城市精神、城市发展及招商引资五个方面。当然，每个宣传片的诉求点并非单一体现，许多宣传片中同时存在几个诉求点，且表现不分伯仲。从展现频率来看，以人文历史诉求居多，其次是自然风貌，而后是城市发展和招商引资。从中不难发现，如今的城市宣传片大多以吸引旅游资源为主要诉求，其次则是招商引资。与此同时，综合类的城市宣传片也经常出现。此外，为了配合政府的某些公益宣传或大型活动，也会出现一些表现“城市精神”的宣传片，这类作品往往更易趋同。

2. 城市形象的内涵及其构成

城市形象是从人类感知城市的直接经验出发，以艺术和美学的视角建构城市形态的理论研究体系。城市形象的内涵极其丰富，其内容除了对复杂多变的表象特征进行分析外，还包括对透过表象所传递出的深层内涵进行挖掘。通过对城市形象的研究，可以在快速发展的城市建设中建立和谐有序的城市环境，使民族文化得以延续、地域特色得以加强。[1]

城市形象涵盖的内容极其丰富，包括一切可为人感知的物质形态元素及其蕴含的内在文化意蕴，其主要构成要素有以下几方面。

（1）城市建筑。城市建筑是城市形象的重要组成部分，建筑的样式和特征是反映城市面貌的主要载体。城市建筑的好坏决定了一个城市现代文明程度的高低，这不仅要求在城市中建设大规模的现代化建筑样式，体现出极高的科技水平，更为重要的是对传统文脉的继承和发扬。

（2）道路。道路是人们穿行城市的主要移动路线，可分为步行和交通运输两大类。传统的街道形式与现代道路有着显著的区别，在尺度和形式上，由原先的狭窄步行通道以及曲折不规则的道路系统，逐渐过渡到现代化的宽敞几何布局和立体交叉路网体系，这在很大程度上改变了传统道路的职能，由喧闹的聚会空间演变为一种以穿过性为主的交通空间。

（3）标志物。标志物的形象特征不仅代表着城市居民的某种审美取向，还是一个时代的写照，反映了特定民族的内在文化气质。要想突出标志物的形象特色和视觉效果，就要在充分体察地域文脉的基础上，利用简洁或夸张的形象特征，通过形式上的多元变化，强化标志物的视觉效果。

（4）空间及其组合关系。空间及其组合关系是与城市建筑相关联的城市形象要素。空间虽然在形式和建筑围合程度上易于为人所感知，但空间及其组合所传达出的更深层次的特定文化内涵是空间的重要意义所在。

（5）人的行为活动。人的活动是城市的可变元素，一切城市形象的塑造或多或少都离不开城市居民的生活状态。因此，人的行为活动是构成城市形象，体现城市特色的重要元素。

3. 城市宣传片与城市形象建构的关系

城市宣传片的主要目的是塑造和提升城市形象，把城市作为商品进行宣传推广。一部好的城市宣传片能够增加城市居民对城市的认同感和自豪感，以及市民间的凝聚力和向心力。而除了对本市民众进行熏陶，城市宣

---

[1] 苏永华．城市形象传播理论与实践［M］．杭州：浙江大学出版社，2013：35.

传片更重要的目的是促使外省市民众对该城市产生兴趣和向往。

作为一张需要广而告之的“城市名片”，城市宣传片的理想效果当然是家喻户晓、妇孺皆知，让城市形象为更多的公众所认知，并且内化为一种“固有印象”，提升城市的知名度。

通过对城市形象的全方位塑造，城市宣传片可以推广和发展城市旅游业，打造城市品牌，树立城市口碑，促进城市经济发展。因此，重视城市宣传片的创作，对于提升城市形象，更好地推介城市，具有特殊而重要的意义。

二、《We Are 厦门》城市宣传片对厦门城市形象的建构

《We Are 厦门》城市宣传片共 6 分 54 秒，除去片头，正片为 6 分 29 秒。正片共分为 3 个篇章，每个篇章围绕一个特定主题展开。

第 1 个篇章的主题为“自信谦和”。该篇章体现出厦门因海而生、城在海上、海在城中的城市特点。在片中，厦门既有古典的优雅，又有现代的活泼，犹如谦谦君子，屹立于中国东南沿海之滨。山海景观、侨乡风情、历史建筑、多元文化融合，呈现出厦门的无穷魅力，体现出厦门这座城市独特的历史纵深感。

第 2 个篇章的主题为“敢勇当先”。该篇章体现出小清新与大商业、小文艺与大科技、小情调与大格局在厦门的完美交融。厦门的各种形象要素，或古典或现代，或民族或时尚，犹如不同乐章，在这座滨海城市共同演奏出恢宏的交响曲，形成多元多维、立体丰富的国际城市形象。

第 3 个篇章的主题为“量如江海”。一曲童声合唱《厦门亲像一首歌》把人们带入特定的情绪中，各类代表性元素的拼接，回答了厦门“从哪里来，到哪里去”的世纪之问。中国人历来主张“世界大同，天下一家”，这也是这一篇章的最终落点。

本文从社会、经济、文化、历史、艺术这五个层面分析《We Are 厦门》城市宣传片是如何对厦门这座城市进行形象建构的。

1. 社会层面下的城市形象建构

一座城市作为一种社会空间形态，是由复杂多变的社会生活和人类活动组成的，其中人的活动是构成城市社会结构的主要部分，也是城市形象的组成要素之一。《We Are 厦门》开篇用一位小女孩唱歌的镜头来体现厦门这座滨海城市的勃勃生机，利用城市建筑及空间的组织关系，为人的社会活动提供了必要的场所空间。接着，以满足居民的使用需求为目标，兼顾不同社会活动的城市形象设计，创造出随时间的流逝越来越聚焦的城市环境。从中我们不难看出，人的活动对城市形象建构产生了积极的作用，通过对市民行为的多层次展现，建构出城市生活的秩序与氛围。具体来看，社会层面下的城市形象建构包括民族精神、城市精神、市民精神这三个方面的符号表达。

（1）民族精神的符号表达。民族精神是一座城市从政府到市民都应该展现的良好精神。无论经济发达与否，文化繁荣与否，都应当保持特定的民族精神、民族气节。可以说，有没有民族精神是一个城市人文形象好坏的重要因素。中华民族的民族精神集中体现为富有同情心、正义感、以和为贵、吃苦耐劳、开拓创新等。《We Are 厦门》里的每一个篇章都恰如其分地总结了中华民族的民族精神。在片中，制作漆线雕的非遗传承人、赛龙舟的选手、脚手架上的工人、琳琅满目的商品、飞速运转的现代化设备等，无不体现出这样的民族精神。

（2）城市精神的符号表达。一座没有独特精神的城市是缺乏凝聚力和吸引力的。城市精神是城市形象最重要的表现，是民族精神和国家精神的具体化，也是自身魅力的独特展现。在片中，从自然风光到城市建筑，从花鸟鱼虫到市民活动，无不体现出厦门这座沿海城市古典谦和、文艺清新、开放包容的独特城市精神。

（3）市民精神的符号表达。市民精神受民族精神和城市精神的影响，民族精神和城市精神最终需要通过市民精神展现出来。市民精神的塑造取决于城市的人文内涵，需要在全社会创造一种尊重人、关心人、爱护人的人文环境。在片中，通过市民丰富而富有趣味的社会活动，塑造出厦门这座城市独一无二的人文形象，自然而流畅地展现出厦门的市民精神。

2. 经济层面下的城市形象建构

经济的发展与城市形象有着密切的联系，它对城市的形象建构发挥着重要作用。只有国民经济不断发展，才能带动城市形象不断更新和演进；同时，城市形象的发展程度也反映了一个民族或者国家的总体经济实力。

厦门位于九龙江入海口，古称“下门”，自明朝始筑，就与海相伴相生，临海听风，气象万千。这座城市因其独特区位和历史际遇，与近现代中国命运紧紧勾连。改革开放以来，中国经济以出口为导向，充分利用全球化趋势，以出口贸易及引进外资推动经济发展。厦门作为沿海开放城市，正是典型的出口型城市，也是引进外资的产业集聚区。21 世纪初，位处陆海两条丝绸之路交汇点的厦门，正大踏步走向世界，拥抱未来。

《We Are 厦门》城市宣传片开头就交代了“21 世纪海上丝绸之路”“丝绸之路经济带”(“一带一路”）这一背景，向公众表明厦门是丝绸之路经济带途经的重要城市，其地位不言而喻。以此为基点，该宣传片围绕经济增长、社会发展、科技进步、文化宣传、体育健身、环境保护等诸多方面，利用机场上的飞机起飞、海上货运船、空中自行车道、海沧大桥、厦门地铁一号线、国际金融中心、观音山 CBD、五缘湾、东南国际航运中心、厦门国际马拉松等符号要素，着力体现出厦门追求公共服务、生活素质和城市文化，致力于打造宜居宜业的生产、生活和生态空间的发展内涵。可以说，通过此次宣传片，厦门向全国乃至全世界展示了这座城市面临的重大发展机遇，展现了其在经济上的巨大发展潜力，体现了紧跟时代潮流，位列时代发展前沿的经济发展目标。

3. 文化层面下的城市形象建构

城市文化向人们传递的信息是极为复杂和抽象的，城市中的文化具有极其丰富的多样性。在城市宣传片中，想要表达一个城市有“文化”，文化遗产、人文环境等都是可以使用的符号。

（1）文化遗产的符号表达。城市是人类文化的重要载体，同时又是文化得以延续和发展的推进器。城市的文化内涵和符号特征是通过城市形象中具体实在的构成要素体现出来的，它们之间的单体形式和组合关系是城市文化内涵的物质形态表现。在这些构成要素中，文化遗产作为首要的形象要素，对表达城市的文化特征起到了重要作用。它是文化的重要载体，是公众感受城市文明的主要参照物，包括城市中具体有形的物质文化遗产和介乎有形和无形之间的非物质文化遗产两个部分。这种文化遗产的延续和发展，从不同角度体现城市深厚的历史文化传承和丰富的人文特征，逐渐成为衡量城市文明程度的标准。《We Are 厦门》中对于厦门特有的文化符号，如世界文化遗产“鼓浪屿”、国家级非物质文化遗产“保生大帝信俗”“送王船”“漆线雕”“歌仔戏”等的展现，体现出厦门是一座有着深厚文化底蕴的城市。通过文化遗产来呈现城市文化的表象特征，有助于更好地使形象元素与地域文脉有机结合，使厦门特有的文化得以延续和发展。

（2）人文环境的符号表达。人文是指人类社会的各种文化现象，城市的人文环境说到底就是城市的文化环境。城市的人文环境形象集中表现在城市的精神文明、政治文明和物质文明三个层面。[1]其中，人文环境的核心要素是精神要素。一座城市必须具有一种富有特色的精神，没有精神的城市，物质条件再好，也缺乏人文特色，没有感染力。在《We Are 厦门》中，小孩子们追逐打闹的场景，中学生们上下学回家的脚步，大学生们在象牙塔里借光苦读，父亲在楼台上教自己的女儿跳踢踏舞，老年人围坐在一起喝茶、下棋，无不展现出厦门以人为本的城市精神，体现出这座城市蕴含的人文底蕴。

4. 历史层面下的城市形象建构

城市是历史的产物，无论是历史悠久的城市，还是刚刚形成的城市，都有其独一无二的发展历程。在城市形象的建构过程中，要有意识地进行历史的思考，对城市历史进行延续性的探索，而不是将历史作为静止不变的、割裂的物质形式；要精心梳理属于城市特有的历史渊源和印记，穿越时空屏障，将城市所逝去的宝贵记忆与现实的成就有机组合，诠释城市的

---

[1] 曹随．城市形象细分［M］．北京：中国建筑工业出版社，2003：64-65.

辉煌与魅力。

“厦门”这一名称最早出现于明初。洪武二十七年（1394），江夏侯周德兴在此筑城，并将永宁卫的中、左两个千户所移镇于此，派兵1204名，常年驻守，这是厦门有城之始。明代后期，葡萄牙人、“倭寇”和荷兰人相继侵扰东南，厦门的防卫力量有所增强，渐成闽南海防重镇。不过，明代的厦门始终只是一个扼守沿海航线的镇海兵城，虽说也有一些商船由此出口到南洋，但是远没有完成由城到市的凤凰涅槃。

厦门的第一次勃兴归功于明末清初的郑氏家族。这个家族的第一代郑芝龙是东亚著名的海商兼海盗，经过一系列的贸贩、争夺乃至火并，他的势力迅速膨胀，逐渐成为中国、日本和菲律宾之间广阔海面上最强大的一支力量。明清易代以后，郑芝龙投降清朝，为清廷构陷而死，他的儿子郑成功与其父分道扬镳，据守厦门、安平和漳州，坚持抗清。

对此，《We Are 厦门》给了鼓浪屿的郑成功雕像一个特写镜头。与此同时，影片的三个篇章分别从视觉形象上对城市不同历史时期形成的传统符号特征和形态特色进行展现，描摹出多样化的城市历史形象特征，其中既包括历史建筑、街区、城市布局及细部特征等物质文化遗产，又包括从不同角度体现城市深厚历史文化传承的非物质文化遗产。这些形象共同组成了人们对于厦门这座城市的完整记忆，成为城市继承历史遗存的主要依据，也是城市延续历史文脉的基本出发点和重要保障。

5. 艺术层面下的城市形象建构

从艺术视角建构城市形象，其目的是在城市形象建构中运用各类艺术技巧，树立城市形象的典型特征，利用艺术化的手段突出城市个性，彰显城市魅力。[1]有别于现代主义的功能至上原则，艺术层面下的城市形象建构是将关注点重新回归到传统城市的艺术形象上，并且试图建立现代城市的艺术风格，即将视觉艺术、听觉艺术、情感艺术等原则介入城市空间的设计中，为建立城市形象的整体艺术风貌提供帮助。

---

[1] 王豪．城市形象概论［M］．长沙：湖南美术出版社，2008：50–51.

（1）视觉符号系统。城市的视觉符号系统是城市形象最直接、最有形的反映，体现着一座城市的“体形、面孔和气质”。能够使人产生城市视觉效应的事物有很多，包括市徽、市花、市旗、吉祥物、城市别称、公共指示系统、交通标志、富有特色的旅游景点、建筑、绿地等。此外，城市理念、城市精神等抽象内容也可以通过标语、口号、图案、色彩等视觉符号表现出来。以《We Are 厦门》为例，其视觉符号有闽南古厝、中山路骑楼、鼓浪屿建筑、保生大帝信俗、送王船、漆线雕、歌仔戏、大街小巷弥漫的茶香、空气中咸鲜的海水味、飞流竞渡的龙舟、充满活力的产业等。这些城市视觉符号以城市的历史文化为背景，以城市的理念识别为基础，以城市的行为识别为依托，向公众直接、迅速地传达城市特征信息，形成城市形象识别的底色。

（2）听觉符号系统。声音在城市宣传片的创意表现及传播过程中也起到十分重要的作用，有时甚至可以弥补视觉形象的不足。好的背景音乐和背景声，能够对城市宣传片的基调和氛围进行烘托与渲染，起到画龙点睛的作用。《We Are 厦门》以大家耳熟能详的《鼓浪屿之波》作为开篇，简单的钢琴伴奏，小女孩的轻声哼唱，水波不兴，宠辱不惊；第二篇章先是延续了之前的伴奏，继而出现节奏明快而有力的打击乐，展现出厦门这座现代化城市蓬勃的生命力；第三篇章以经典闽南语歌曲《厦门亲像一首歌》作为收尾，前奏采用双簧管、长笛、大提琴作为伴奏，接着运用童声合唱主歌部分，副歌部分则由整个合唱团气势磅礴的加入，并且运用交响乐伴奏将歌曲推向高潮；片尾在《厦门亲像一首歌》轻松欢快的旋律中，各行各业的人们纷纷喊出“We Are 厦门”这一口号，气氛温馨而动人。在宣传片中，不时有闽南语童谣《天黑黑》、歌仔戏等富有当地特色的背景声插入，这些歌曲和配乐紧扣画面内容，对于厦门的城市气质与内涵有着生动而贴切的展现，能够迅速唤起人们对于这座城市特殊的情感记忆，恰如其分地展示出厦门最美的风景、最温暖的笑容、最动人的情谊。

（3）情感符号系统。符号互动论认为，事物本身不存在客观的意义，它是人在社会互动过程中赋予的；人在社会互动过程中，根据自身对事物意义的理解来应对事物；人对事物意义的理解可以随着社会互动的过程而发生改变，不是绝对不变的。因此，城市宣传片通过对具有代入感的情感符号的运用，能够引发人们的共鸣，让人们对城市产生特殊的情感联结。厦门城市形象宣传片《We Are 厦门》上线不到半小时，浏览量就达到几十万,一天后访问量过千万。短短6分54秒的宣传片，之所以能够引起公众的广泛共鸣，其中一个重要原因就在于其对情感符号系统的有效运用。在影片中，处处都能看到触动人心的符号要素，如父亲在露天房顶上教女儿跳踢踏舞、学生们朝气蓬勃地在校园里活动、老人们围坐在一起喝茶聊天，这些温馨融洽的画面能够引发人们回忆与联想，继而产生共情。

此外，宣传片提出的口号——“We Are 厦门”从始至终贯穿全片，宛如一个信念根植到厦门人心中。片尾处，不同国籍、不同肤色、不同口音、不同年龄、不同职业的厦门人接连喊出这一口号，让这句简简单单的话语有了沁入人心的力量。一夜之间，这句话在老厦门人和新厦门人的口中反复诵念，感动了许许多多的厦门人。

网友们纷纷转发、留言，真诚的话语，真挚的情感，引起厦门人更宏大的共鸣。“儿时的回忆历历在目！爸爸加入了厦门三航，一辈子的光阴都投入到厦门码头建设、桥梁建设、填海等建设工作……如今我也在厦门成了家，老爸已经离世5年了，但是面对他生活过的城市和设计过的建筑，感到无比思念，也为他这种为厦门建设默默付出三十多年的工作者觉得光荣。没有过去所有辛苦工作者的付出，就没有现在过着舒适生活的我们。我爱你，厦门！一个充满爱的地方。”“作为一个新厦门人，厦门让人有一种归属感。厦门的变化是在我们日常的生活中不知不觉地发生着，回首再看，让人惊喜她的变化！宣传片的歌唱出了我们的心声！”这些网友发自内心的情感表达，让宣传片的传播效果得到了更大程度的提升。

三、如何更好地运用城市宣传片建构城市形象

通过对《We Are 厦门》城市宣传片系统、深入的分析，可以看出一个好的城市宣传片在建构城市形象、塑造城市品牌方面发挥着至关重要的作用。作为一座城市的名片，城市宣传片能够向公众更好地展示、宣传和推介这座城市。整体而言，要想让城市宣传片更好地建构城市形象，达到预期的传播效果，须注意以下几点。

1. 精准的城市定位

城市定位是根据城市的地理位置、历史沿革、经济地位、人文氛围、竞争环境等要素，在全面分析影响城市发展的重大因素及其作用机理、复合效应的基础上，科学、合理地确定城市发展的基调、特色和策略的过程。通过精准的城市定位，能够揭示某个城市区别于其他城市的本质差别，抓住城市的基本特征，明确城市的发展目标。就城市宣传片而言，精准的城市定位对于其展现个性化的城市形象、形成更好的传播效果具有不可或缺的作用。

具体而言，城市定位须在充分调查、研究的基础上，找到本市发展的优势，也就是找到自己的位置，使之能在公众心中占据一个特定位置。它包含以下几个方面：（1）空间定位：确定城市的具体范围；（2）功能定位：确定城市承担的具体职能；（3）目标定位：确定城市发展的基本方向；（4）形象定位：确定城市呈现的具体风貌与气质。从以上几个方面出发，就能够较为准确、全面地确定城市的基本定位。

2. 生动的故事讲述

"讲故事"作为一种叙事手段，能够形象、具体地展现出一座城市的精神内核，并且有一种直达人心的效果。随着媒介技术的发展，以及公众媒介素养的不断提升，人们对各类视听信息的分析和处理能力也在不断提高。作为文化创意产业的一个分支，"城市宣传片"随着媒介环境的变化也在不断发展变化，逐渐从传统的说教形式向有情节、有情感、有故事的叙事模式转变。

城市宣传片中故事化的表达方式，赋予城市宣传片“形散而神不散”的叙述特点。在讲故事的过程中，要找到城市形象与故事内核的契合点，将其自然而然地融入故事讲述当中，通过叙事将城市形象生动而具体地展现出来。在城市宣传片中，往往会有一条或明或暗的主线贯穿始终。比如，在《We Are 厦门》中，每一个篇章都有属于自己的主线，所有故事都围绕这一主线展开。正是通过这种故事化的表达方式，城市宣传片带给公众一种身临其境的感受，使他们能够更好地融入宣传片营造的氛围当中，体会到城市的独特魅力。

3. 多元化的艺术表达

城市宣传片作为一种呈现地域文化、塑造城市形象的艺术形式和传播载体，早期由图片与解说词的简单组合构成，现如今逐步发展演变为声画并茂、充满意境的艺术片形式。其表现手法经历了较大的变化，并通过借鉴电视、电影的艺术表达方式，展现出多元化的艺术风格，带给人以审美的快感和艺术的陶冶。

作为一种新兴的艺术形式，城市宣传片需要在较短时间内传递尽可能多的有关城市的信息，并带给公众强烈的审美感受。城市宣传片的创意，关键是要注重“新颖性”“情感性”和“可理解性”的结合，即运用新奇的感观引发人们的兴趣，唤起人们的情感共鸣，让作品的主题和立意被人们充分理解，并留下深刻印象。其中的任何创意最终都要通过画面和声音（视听语言）这两种方式来表达，公众再通过视觉和听觉来感受和理解作品所传递的情感和思想。因此，城市宣传片一方面要有故事化的叙事方式来撑起整部作品，另一方面要让画面和影像具有视觉冲击力和听觉震撼力。

4. 多层次的形象建构

现代城市是一个极为复杂的体系，任何以孤立的视角对城市形象展开全面建构的理论或实践，都必然会陷入失败的境地。单一的城市形象，很有可能会带来盲目的形式主义特征。因此，在城市形象的建构中要结合多学科理论，从不同层面加以解剖和塑造。

《We Are 厦门》城市宣传片就从社会、经济、文化、历史、艺术等不同层面入手，寻找能够代表城市特征、反映城市形象的要素进行展现，进而呈现出一个立体、丰富、多元的城市形象，将厦门自信谦和、敢勇当先、量如江海的精神气质展现得淋漓尽致。

结 语

随着中国经济的快速发展，各个城市呈现出日新月异的面貌，城市间竞争不断加剧，城市形象宣传与推广变得越来越重要。作为一种特殊的传播形式，城市宣传片用多元化的视角、流畅的视听语言建构城市形象，多方位地展示出一座城市的地域特色、历史特色和文化特色，被认为是城市宣传的一张动态名片。制作一部高质量的城市宣传片，不仅能够快速提升城市的魅力和影响力，而且能够在较短的时间内吸引外来投资者的目光，加快本地区经济发展，推进城市综合实力的跃升。

在城市宣传片的创制过程中，一方面，要找准城市的定位，突出城市的个性，找寻与城市历史、人文相契合，与城市形象相匹配的要素加以展现，实现多层次的形象建构；另一方面，要淡化城市宣传片的广告色彩，用场景化的故事传递真情实感，实现潜移默化间的情感沟通，让公众产生情感共鸣，理解并认同影片建构的城市形象。

此外，在运用城市宣传片进行城市形象建构的过程中，还应该突出城市特色，塑造个性化的城市形象；树立正确的品牌营销观，提升城市的品牌价值；加强城市形象与城市文化的融合，提升城市形象的文化竞争力；注重城市形象的融媒体宣传，制定城市形象的整合传播策略。总之，应该在扎实内容的基础上，从理念、形式、渠道等多方面入手，多管齐下，最终使城市宣传片建构的城市形象达到最好的传播效果。